Lutz Michalski

Fälle zum Arbeitsrecht

Lutz Michalski

Fälle zum Arbeitsrecht

50 Fälle mit Lösungen

6., neu bearbeitete Auflage

C. F. Müller Verlag
Heidelberg

Lutz Michalski, Jahrgang 1950, Dr. iur. (Münster 1978), Habilitation (Bielefeld 1987), ist seit 1987 Inhaber des Lehrstuhls für Bürgerliches Recht, Handels-, Gesellschafts- und Wirtschaftsrecht der Universität Bayreuth.

Bibliografische Information der Deutschen Nationalbibliothek

Die Deutsche Nationalbibliothek verzeichnet diese Publikation in der Deutschen Nationalbibliografie; detaillierte bibliografische Daten sind im Internet über http://dnb.d-nb.de abrufbar.

ISBN 978-3-8114-3740-1

© 2008 C.F. Müller, Verlagsgruppe Hüthig Jehle Rehm GmbH,
Heidelberg, München, Landsberg, Berlin

www.cfmueller-verlag.de

Satz: Gottemeyer, Rot
Druck: Gulde-Druck, Tübingen
Printed in Germany

Vorwort

Ebenso wie in anderen Rechtsgebieten genügt auch im Arbeitsrecht das bloße Erlernen des Stoffes nicht, sondern es bedarf darüber hinaus einer Umsetzung in eine Falllösung. Die vorliegende Fallsammlung soll hierzu anleiten und stellt insofern eine bewusste Ergänzung des bereits erschienenen Grundrisses zum Arbeitsrecht dar. In nunmehr 50 Fällen und Lösungen werden neben der Erläuterung der zentralen Begriffe des Arbeitsrechts wesentliche Standardprobleme am Fall behandelt, wie sie dem Studenten in der Wahlfach-/Schwerpunktklausur, aber auch als der Teil der Pflichtfachklausur Zivilrecht häufig begegnen. Dem Verständnis, der Verdeutlichung sowie der Vertiefung dienen zusätzlich zahlreiche Abwandlungen und Exkurse.

Gegenüber der 5. Auflage mussten einzelne gesetzliche Neuerungen, wie insbesondere das BEEG und das AGG, eingearbeitet werden. Außerdem wurden einige Unklarheiten, auf die ich durch aufmerksame Leser hingewiesen worden bin, beseitigt. Dieser Umstand hat mich darüber hinaus veranlasst, den gesamten Text noch einmal gründlich durchzuarbeiten und weitere die Lesbarkeit verbessernde und das Verständnis fördernde Umformulierungen und Ergänzungen vorzunehmen. Dennoch bitte ich die Leserschaft auch weiterhin darum, Verbesserungsvorschläge zu machen und Anregungen zu geben, die an folgende E-Mail-Adresse gesendet werden können: lutz.michalski@uni-bayreuth.de.

Bayreuth, im August 2008   *Lutz Michalski*

Inhaltsverzeichnis

Abkürzungsverzeichnis

a. A.	anderer Ansicht
a. a. O.	am angegebenen Ort
AG	Aktiengesellschaft
a. E.	am Ende
Abs.	Absatz
AFG	Arbeitsförderungsgesetz
AktG	Aktiengesetz
Alt.	Alternative
Anm.	Anmerkung
AP	Arbeitsrechtliche Praxis
ArbGG	Arbeitsgerichtsgesetz
ArbnErfG	Gesetz über Arbeitnehmererfindungen
ArbuR	Arbeit und Recht
ARS	Arbeitsrechtssammlung mit Entscheidungen des Reichsarbeitsgericht, der Landes- arbeitsgerichte, und Arbeitsgerichte
Art.	Artikel
Aufl.	Auflage
BAG	Bundesarbeitsgericht
BAGE	Entscheidungen des Bundesarbeitsgerichts
BB	Betriebsberater
BBiG	Berufsbildungsgesetz
BEEG	Bundeselterngeld- und Elternzeitgesetz
BetrVG	Betriebsverfassungsgesetz
BErzGG	Bundeserziehungsgeldgesetz
BeschFG	Beschäftigungsförderungsgesetz
BGB	Bürgerliches Gesetzbuch
BGBl.	Bundesgesetzblatt
BSG	Bundessozialgericht
BSGE	Entscheidungen des Bundessozialgerichts
BT-Dr.	Bundestagsdrucksache
BUrlG	Bundesurlaubsgesetz
BVerfG	Bundesverfassungsgericht
BVerfGE	Entscheidungen des Bundesverfassungsgerichts
bzw.	beziehungsweise
DB	Der Betrieb
DStR	Deutsches Steuerrecht
EFZG	Entgeltfortzahlungsgesetz
EG	Europäische Gemeinschaft
Einl.	Einleitung
EU	Europäische Union
EuGH	Europäischer Gerichtshof
EWG	Europäische Wirtschaftsgemeinschaft
EzA	Entscheidungssammlung zum Arbeitsrecht

| f | folgende |
| ff | fortfolgende |

gem.	gemäß
GewO	Gewerbeordnung
GG	Grundgesetz
GmbH	Gesellschaft mit beschränkter Haftung
GmbHG	Gesetz betreffend die Gesellschaften mit beschränkter Haftung

HBV	Gewerkschaft Handel, Banken und Versicherungen
HGB	Handelsgesetzbuch
HK	Heidelberger Kommentar zum Kündigungsschutzgesetz, 4. Aufl., 2001

| i. S. d. | im Sinne des/der |
| i. V. m. | in Verbindung mit |

KG	Kommanditgesellschaft
KGaA	Kommanditgesellschaft auf Aktien
KSchG	Kündigungsschutzgesetz

LAG	Landesarbeitsgericht
LFZG	Lohnfortzahlungsgesetz
LG	Landgericht

MDR	Monatszeitschrift für Deutsches Recht
MüKo	Münchner Kommentar zum BGB, 4. bzw. 5. Aufl. ab 2005
MünchArbR	Münchner Handbuch zum Arbeitsrecht, 2. Aufl., 2000
	Band 1, §§ 1–113, Individualrecht I
	Band 2, §§ 114–239, Individualrecht II
	Band 3, §§ 240–394, Kollektives Arbeitsrecht
	Ergänzungsband, 2001
m. w. N.	mit weiteren Nachweisen

NJW	Neue Juristische Wochenschrift
Nr.	Nummer
NZA	Neue Zeitschrift für Arbeitsrecht

| o. ä. | oder ähnliche |
| OHG | Offene Handelsgesellschaft |

| pVV | positive Vertragsverletzung |

RdA	Recht der Arbeit
Rdn.	Randnummer
RVO	Reichsversicherungsordnung

S.	Seite
SGB	Sozialgesetzbuch
s. o.	siehe oben
sog.	so genannte

TV	Tarifvertrag
TVG	Tarifvertragsgesetz
TzBfG	Teilzeit- und Befristungsgesetz

vgl.	vergleiche
Vorbem.	Vorbemerkung
WM	Wertpapier-Mitteilungen
z. B.	zum Beispiel
ZfA	Zeitschrift für Arbeitsrecht
Ziff.	Ziffer
ZPO	Zivilprozessordnung

Erster Teil: Fälle

Fall 1
Feststellung der Arbeitnehmereigenschaft

Der A, ein türkischer Staatsangehöriger, ist seit 1999 ununterbrochen in Deutschland berufstätig. Seit September 2002 arbeitet er als Sprecher und Übersetzer für den türkischen Dienst der Rundfunkanstalt R und auf Grund von jeweils auf ein Jahr befristeten Honorarvereinbarungen als so genannter freier Mitarbeiter mit monatlicher Honorarpauschale in Höhe von zuletzt 1000,– €. Den wiederholten Wunsch des A auf Übernahme in ein festes Anstellungsverhältnis und einen dahingehenden Antrag der türkischen Redaktion, hatte R abgelehnt.

Die Tätigkeit des A bestand im Übersetzen und Sprechen von Kommentaren und Nachrichten, einschließlich einer obligatorischen Anwesenheit, die der Leiter der Redaktion des türkischen Dienstes vorgeschrieben hatte. Seine tägliche durchschnittliche Arbeitszeit betrug vier Stunden. In der Vorbereitung und Durchführung seiner Aufgaben war er von den Weisungen und Kontrollen seines Vorgesetzten abhängig. In der Redaktion hatte er einen festen Schreibtisch mit Schreibmaschine.

Im August 2008 erhebt A Klage vor dem Arbeitsgericht mit dem Antrag festzustellen, dass er in einem Arbeitsverhältnis steht. R wendet dagegen ein, dass A schon deshalb kein Arbeitnehmer sein könne, weil die für die Einstellung von Arbeitnehmern erforderliche Zustimmung des Personalrats fehlt. Zudem habe man auch nie Lohnsteuer und Sozialversicherungsbeiträge abgeführt.

Hat die Klage Aussicht auf Erfolg?

Fall 2
Die persönliche Abhängigkeit des Arbeitnehmers

Der A ist von Beruf Strahlenphysiker. Bereits im Februar 2002 schloss der damals 32-jährige A mit der deutschen Bundespost einen als Auftrag bezeichneten Vertrag. Danach bekam er von der Deutschen Bundespost eine Berghütte zur Verfügung gestellt, in der er wohnt und für die er monatlich 400,– € Miete zu zahlen hat. Auf Grund der vertraglichen Vereinbarung ist A verpflichtet, für die Deutsche Bundespost laufend die für die Beurteilung der Ionosphären-Verhältnisse maßgebenden Werte aufzunehmen, die Ergebnisse dem fernmeldetechnischen Zentralamt zweimal täglich fernmündlich zu bestimmten Zeiten bekannt zu geben und das fernmeldetechnische Zentralamt über die Auswertungen der Daten laufend zu beraten. Die für die Durchführung der Arbeiten von A benutzten Geräte stehen in seinem Eigentum. Als Gegenleistung für seine Tätigkeit erhält A eine monatliche Zahlung von 2200,– €. Diese Zahlungen sollen auch bei Urlaub und Krankheit erfolgen. Da die Tätigkeit nicht die ganze Arbeitszeit des A in Anspruch nimmt, beschäftigt er sich nebenbei mit wissenschaftlichen Untersuchungen, die er – mit Zustimmung der Deutschen Bundespost – der Ionosphären-Gesellschaft, deren Mitglied er ist, gegen ein geringes Entgelt zur Verfügung stellt.

Aus nicht mehr feststellbaren Gründen kündigt die Deutsche Bundespost dem A mit Schreiben vom 16. April 2008 zum 30. April 2008.

1. Erfolgte die Kündigung zum 30. April 2008 fristgerecht?
2. Welcher Rechtsweg ist eröffnet, wenn A für Mai 2008 seine Vergütungsansprüche geltend macht?

Fall 3
Die alternativen Arbeitnehmer

Die Bund-GmbH ist ein Betrieb, in welchem insbesondere Zimmereiarbeiten durchgeführt werden. Sie versteht sich als eine alternative Gesellschaft, in der alle Beschäftigten, unabhängig von ihrer Stellung im Betrieb, gleichberechtigt und gleichverpflichtet sind. Aus diesem Grund erhalten alle Mitarbeiter Gesellschafterstellung und Geschäftsführungsbefugnis.

Handelt es sich bei den Mitarbeitern um Arbeitnehmer?

Fall 4
Der Arbeitgeberbegriff

Der A ist auf Grund eines Arbeitsvertrages bei der B-GmbH beschäftigt. Bei der B-GmbH handelt es sich um eine Ein-Personen-GmbH, deren einziger Gesellschafter und Geschäftsführer der C ist. Nach Abschluss des Arbeitsvertrages fragt A sich,

1. wer überhaupt sein Arbeitgeber ist,
2. was man unter einem abstrakten Arbeitgeber versteht und wer dies im konkreten Fall ist und
3. was man unter einem konkreten Arbeitgeber versteht und wer dies bei ihm ist.

Fall 5
Willenserklärungen beschränkt Geschäftsfähiger

Der 16-jährige M hat ohne Wissen seiner Eltern einen Arbeitsvertrag mit dem Arbeitgeber A geschlossen, nach dem er sich zu einer Vollzeitbeschäftigung in der Firma des A verpflichtet. M weiß, dass seine Eltern der Aufnahme eines Arbeitsverhältnisses nicht zustimmen würden. Bei Abschluss des Arbeitsvertrages gab der M sein Alter auf Frage des A wahrheitswidrig mit 19 Jahren an. Als A drei Wochen nach Arbeitsaufnahme des M von dem wahren Sachverhalt erfährt, möchte er das Arbeitsverhältnis mit M beenden.

A fragt, ob er den Arbeitsvertrag gegenüber M anfechten oder kündigen kann.

Fall 6
Rechtslage bei Durchführung eines fehlerhaft begründeten Arbeitsverhältnisses

Wie Ausgangsfall 5, nur möchte A den Arbeitsvertrag nicht anfechten oder kündigen, sondern fragt allgemein, welche Rechtsfolgen sich aus der bestehenden Rechtslage für das Arbeitsverhältnis für die Zukunft und für die Vergangenheit ergeben.

Fall 7
Der Umfang der Direktionsbefugnis

In einem Pharmakonzern wird bei Forschungsarbeiten eine Substanz entdeckt, die geeignet ist, Erbrechen zu unterdrücken. Die ersten Forschungsergebnisse werden in einem Dokument wie folgt zusammengefasst:

„Falls sich die Strahlenkrankheit, hervorgerufen entweder bei der Strahlenbehandlung des Krebses oder als mögliche Folge eines Nuklearkrieges, durch eine Anwendung der Substanz als behandelbar oder verhütbar erweisen sollte, würde das Marktpotential für solch eine Substanz signifikant erhöht werden."

In der Forschungsabteilung, in der an der genannten Substanz gearbeitet wird, ist auch der Arzt A beschäftigt. Aus medizinisch-ethischen Gründen weigert er sich, die Substanz weiter zu betreuen. Die Entwicklung diene in erster Linie militärischen Zwecken. Die Substanz sei geeignet, Symptome atomarer Verstrahlung kurzfristig zu unterdrücken und dadurch den weiteren Einsatz von Soldaten im Falle des Einsatzes von Nuklearwaffen zu gewährleisten.

Trotz zahlreicher Gespräche weigert A sich, an dem Projekt weiter mitzuarbeiten. A fragt, inwieweit er zur Mitarbeit an dem Forschungsprojekt verpflichtet ist.

Fall 8
Das Fragerecht des Arbeitgebers

Der B betreibt eine Zahnarztpraxis, in der er i. d. R. nicht mehr als drei Angestellte als Zahnarzthelferinnen bzw. Sprechstundenhilfen beschäftigt. Als er die A als Sprechstundenhilfe einstellte, war diese schwanger. Der A war dies bekannt. Die von dem B vor der Einstellung gestellte Frage nach dem Bestehen einer Schwangerschaft verneinte sie. Als der B der A mit Schreiben vom 15. Oktober 2007, zugegangen am gleichen Tag, das zwischen ihnen am 1. September 2007 begründete Arbeitsverhältnis ordentlich kündigte, teilte ihm die A mit Schreiben vom 28. Oktober 2007, zugegangen am 29. Oktober 2007, erstmals mit, dass sie schwanger sei. In einem Schreiben vom 7. Februar 2008, das der A am 13. Februar 2008 zugegangen ist, erklärte der B, dass er das Arbeitsverhältnis wegen arglistiger Täuschung anfechte.

Wurde das Arbeitsverhältnis wirksam beendet?

Fall 9
Die Gleichbehandlung von Mann und Frau

Der B betreibt ein Tierheim. Im April 2008 schrieb er durch Aushang in den Betriebsräumen die Stelle einer „Ersatzkraft für den Spätdienst der Tierannahme und Bewachung" aus. Nach der Ausschreibung sollte der Spätdienst im Wechsel mit zwei anderen Mitarbeitern werktags bis 22.00 Uhr und sonntags bis 21.00 Uhr geleistet werden. Im Mai 2008 suchte der B für diese Stelle in einer Zeitungsanzeige einen „zuverlässigen Mitarbeiter". Am 21. April 2008 bewarb sich die A schriftlich unter Beifügung der erforderlichen Bewerbungsunterlagen bei B. Mitte Mai 2008 teilte der B der A fernmündlich mit, ihre Einstellung komme nicht in Betracht. Der B sandte der A die Bewerbungsunterlagen ohne weitere Begründung zurück.

Vom Betriebsratsvorsitzenden auf diesen Vorfall angesprochen, erklärt B, dass für diese Tätigkeit eine Frau nicht in Betracht käme, da die Tätigkeit zum einen zu gefährlich sei und zum anderen eine Frau für diese Stelle generell nicht vorgesehen sei. Die ausgeschriebene Stelle wurde von B zwischenzeitlich mit einem Mann besetzt.

Die A ist wegen des Verhaltens des B verärgert. Sie trägt vor, die erforderlichen Qualifikationen für die Tätigkeit im Tierheim mitzubringen, und meint, sie habe gegen B einen Anspruch auf Einstellung, auf jeden Fall aber auf Schadensersatz.

Bestehen die geltend gemachten Ansprüche? Welche Besonderheiten bestehen bei einem klageweisen Vorgehen?

Fall 10
Kurzarbeit und Feiertage

Der A ist als Bauarbeiter bei der B-AG in Ansbach/Bayern beschäftigt. Im Januar 2008 konnte er wegen ungünstiger Witterungsbedingungen nicht arbeiten und bezog in dieser Zeit Winterausfallgeld nach den §§ 209 ff SGB III. In dem für A und B verbindlichen Tarifvertrag findet sich folgende Klausel:

„Wird die Arbeitsleistung infolge ungünstiger Witterung unmöglich, entfällt der Lohnanspruch. Der Lohnausfall für gesetzliche Wochenfeiertage ist auch dann zu vergüten, wenn die Arbeit wegen ungünstiger Witterung an diesem Tag ausgefallen wäre."

Für den 6. Januar 2008 erhält A von B keinerlei Zahlungen. A ist der Auffassung, dass B den Betrag zu vergüten habe, den A erzielt hätte, wenn er am 6. Januar 2008 wie an einem Arbeitstag gearbeitet hätte. Aus diesem Grund fordert er das übliche Arbeitsentgelt.

Zu Recht?

Abwandlung: Wie wäre die Rechtslage, wenn A im Januar Kurzarbeitergeld nach den §§ 169 ff SGB III bezogen hätte?

Fall 11
Die tarifliche Lohnzahlung

Arbeitgeber B ist Mitglied in einem Arbeitgeberverband. Laut des für den Betrieb des B gültigen Tarifvertrages ist für die Beschäftigten ein Stundenlohn von 8,– € vorgesehen. Der bei B beschäftigte Arbeitnehmer A ist kein Mitglied einer Gewerkschaft und erhält einen Stundenlohn von 7,– € auf der Basis des Arbeitsvertrages. Nachdem A von der höheren Tarifzahlung erfährt, wendet er sich an den Arbeitgeber und begehrt ebenfalls den tariflichen Stundenlohn.

Zu Recht?

Fall 12
Das zusätzliche Urlaubsgeld

Arbeitgeber B hat in den letzten vier Jahren an sämtliche Arbeitnehmer ein zusätzliches Urlaubsgeld in Höhe von 300,– € gezahlt. Die Zahlung erfolgte jeweils mit dem Augustgehalt. Auf Grund der schlechten Geschäftsentwicklung verweigert B für 2008 die Zahlung mit Hinweis auf den freiwilligen Charakter der bisherigen Urlaubsgeldgewährung.

Kann der bereits seit 1999 bei B beschäftigte Arbeitnehmer A für 2008 das zusätzliche Urlaubsgeld verlangen?

Fall 13
Die betriebliche Übung

Im Ausgangsfall 12 stellt sich der Arbeitnehmer C, der seit dem 1. April 2008 bei K beschäftigt ist, die Frage, ob er ebenfalls das zusätzliche Urlaubsgeld beanspruchen kann.

Fall 14
Weihnachtsgeld und Elternzeit

A ist seit 2000 bei B als Arzthelferin beschäftigt. Ihr monatlicher Bruttolohn beträgt 2000,– €. Seit Jahren erhält sie mit dem Novembergehalt eine Jahressondervergütung (Weihnachtsgeld) in Höhe ihres Bruttomonatsverdienstes.

Während des gesamten Jahres 2007 ist A in Elternzeit. Als sie Ende November ihre Kontoauszüge kontrolliert, muss sie feststellen, dass ihr nicht wie üblich Mitte November das zusätzliche Monatsgehalt ausgezahlt wurde. Empört wendet sie sich an B und verlangt unter Hinweis auf die frühere Gewährung und die Auszahlung auch an die Kolleginnen, die erst seit einem oder zwei Jahren im Betrieb sind, gleichfalls die Zahlung des Weihnachtsgeldes.

B verweigert die Zahlung unter Hinweis auf die bei ihm übliche Handhabung, dass Mitarbeiter im Erziehungsurlaub keine Jahressonderzahlung erhalten.

Zu Recht?

Abwandlung: Für die Zeit der Elternzeit von A wurde C zum 1. Januar 2007 neu eingestellt. Im Gegensatz zu A arbeitet C nur halbtags und erhält hierfür eine Bruttovergütung von 1000,– €. Auch C gegenüber verweigert B die Zahlung des Weihnachtsgeldes. Zur Begründung führt B an, dass diese Zusatzzahlung nur Vollzeitkräften gewährt wird.

Zu Recht?

Fall 15
Die Berechnung des Urlaubs

Im Betrieb des A sind die Arbeitnehmer B, C und D von Montag bis einschließlich Samstag beschäftigt. B ist zum 1. September 2007, C zum 1. Januar 2008 bei A eingestellt worden. D ist schon seit 2005 bei A tätig, will aber zum 30. April 2008 ausscheiden.

Wie viele Urlaubstage stehen B, C und D am 1. April 2008 für 2008 zu?

Fall 16
Die Urlaubsgewährung

A ist seit 1999 im Unternehmen des B zu einem Bruttomonatslohn von 3250,– € bei einer 5-Tage-Woche angestellt. In seinem Arbeitsvertrag ist im Hinblick auf den Urlaub geregelt, dass der jährliche Urlaubsanspruch 25 Tage beträgt.

Vom 10. Januar 2007 bis zum 15. Dezember 2007 war A arbeitunfähig krank. Am 12. März 2008 teilte A dem B mit, dass er vom 25. März 2008 bis zum 28. April 2008 seine 25 Tage Urlaub aus dem Jahr 2007 nehmen wolle.

B verweigerte den Urlaub. Er verwies darauf, dass A im Jahr 2007 fast nicht gearbeitet habe. Zudem sei der Urlaub längst verfallen. Bedingt durch die Erfüllung termingebundener Aufträge könne zudem im März kein Urlaub mehr gewährt werden.

Hatte A einen Anspruch auf Gewährung des Urlaubs aus dem Jahr 2007 und wie hoch wäre der Urlaubsentgeltanspruch?

Abwandlung: A hatte im April und Mai seine 25 Tage Urlaub für 2008 genommen. Am 30. Juni 2008 schied er aus dem Arbeitsverhältnis bei B aus und trat bei C ein. Kann B Rückzahlung des an A zuviel gezahlten Urlaubentgelts verlangen? Kann A von C nach Ablauf der Wartezeit von C noch einmal Urlaub für 2008 verlangen?

Fall 17
Die Urlaubsabgeltung

Der A ist nach 4 jähriger Tätigkeit im Betrieb der B-KG zum 31. Mai 2008 ausgeschieden. Zu diesem Zeitpunkt hatte er noch keinen Urlaub für das laufende Kalenderjahr erhalten. Die Beschäftigung des A bezog sich auf Montag bis einschließlich Freitag.

A möchte wissen, welche Ansprüche ihm wegen des nicht genommenen Urlaubs noch zustehen.

Abwandlung 1: Wie würde es sich im Ausgangsfall auswirken, wenn A vom 1. Januar 2008 bis zum 28. Februar 2008 Elternzeit genommen hätte?

Abwandlung 2: Wie würde es sich im Ausgangsfall auswirken, wenn A vom 1. Januar 2008 bis zum 31. März 2008 arbeitsunfähig krank gewesen wäre und es um die Urlaubsabgeltung für 2007 ginge?

Fall 18
Die Nachwirkungen einer Feier

Arbeiter A erscheint am Mittwoch, dem 1. August 2008, nicht zur Arbeit, da er bis in die späte Nacht gefeiert hat und deshalb am nächsten Tag keine Lust verspürte, seine Arbeitsleistung zu erbringen.

Kann A dennoch die Vergütung für diesen Tag verlangen?

Fall 19
Der Beinbruch

Der Arbeiter A erleidet beim Fußballspielen einen schweren Beinbruch und kann aus diesem Grunde sechs Monate nicht arbeiten. Besteht ein Vergütungsanspruch für diesen Zeitraum?

Abwandlung 1: Würde sich am Ergebnis etwas ändern, falls der Beinbruch beim Kickboxen passiert wäre?

Abwandlung 2: Ändert sich der Anspruch, wenn A am Tag des Beinbruchs erst 4 Tage beim Arbeitgeber gearbeitet hat?

Fall 20
Die sozialversicherungsrechtlichen Ansprüche

Besteht im Ausgangsfall 19 über einen eventuellen Vergütungsanspruch hinaus ein aus der Krankheit resultierender sozialversicherungsrechtlicher Anspruch auf Geldleistung und wenn ja, in welcher Höhe und Dauer?

Fall 21
Der Smog-Alarm

Der Arbeiter A ist in dem Stahlbetrieb der B-OHG beschäftigt. Die B-OHG bietet ihren Arbeitnehmern einen kostenlosen Transport zur Arbeitsstätte mit einem Werksbus an. A nimmt wie viele andere seiner Kollegen dieses Angebot seit Jahren wahr. Am 12. Januar 2006 wartet der A morgens vergeblich auf den Firmenbus. Auf Grund eines Smog-Alarms wurde ein behördliches Verbot erlassen, demzufolge der Betrieb eines KFZ während der Smoglage unzulässig ist.

A möchte wissen, ob er für den 12. Januar 2008 einen Anspruch auf Zahlung des Arbeitsentgelts hat.

Fall 22
Die beschädigte Geige

G ist für die Zeit der Bayreuther Festspiele als erster Geiger im Orchester des Festspielhauses beschäftigt. In dem mit B, dem Veranstalter der Festspiele, ausgehandelten Vertrag ist eine tägliche Gage von 300,– € vorgesehen. Aus Unachtsamkeit des Reinigungspersonals des B wird die hochwertige Geige des A leicht beschädigt und muss repariert werden. Während der 2 Tage dauernden Reparatur kann A nicht spielen, da auch eine andere gleichwertige Geige so kurzfristig nicht beschaffbar war und eine einfache Geige sowohl dem Anspruch des A als auch den Festspielen nicht gerecht werden würde.

Kann A vom Veranstalter der Festspiele B für die 2 Tage trotzdem die vereinbarte Gage verlangen?

Fall 23
Die Folgen einer unberechtigten Kündigung

Dem seit 2001 bei der B-AG beschäftigten A wurde am 9. Mai 2008 schriftlich zum 31. Mai 2008 gekündigt. Die hiergegen von A am 15. Mai 2008 erhobene Klage hatte insofern Erfolg, als festgestellt wurde, dass das Arbeitsverhältnis erst am 31. Juli endet. Vom 26. Mai bis zum 30. Mai 2008 war A arbeitsunfähig krank. Auch danach erfolgte keine weitere Beschäftigung des A bei B.

A verlangt nun für die Monate Juni und Juli 2008 den Lohn. B weigert sich und bringt vor, dass A die Wiederherstellung seiner Arbeitsfähigkeit hätte anzeigen müssen. Zu Recht?

Fall 24
Die Arbeitnehmererfindung

Der A war in der Firma W als Ingenieur beschäftigt. Im Laufe seiner Tätigkeit gelingt es ihm, mehrere Erfindungen zu machen, die patentiert werden und von der Firma W unbeschränkt für den Schützenpanzer „Marder" benutzt werden. Im Jahre 2008 tritt A in den Ruhestand.

Zwischen A und W bestand bis zu dessen Ausscheiden aus der Firma Streit darüber, inwieweit die W verpflichtet sei, für die Erfindungen des A eine Arbeitnehmererfindervergütung zu zahlen. Der A nimmt deshalb bei seinem Ausscheiden Kopien von Arbeitsunterlagen mit, um diese als Beweismittel über seinen Anspruch auf Arbeitnehmererfindervergütung zu benutzen. Zu diesem Zwecke sind die Unterlagen auch geeignet.

Die Firma W fragt, ob sie von A diese Arbeitsunterlagen herausverlangen kann.

Fall 25
Die gesetzliche Unfallversicherung

A und B sind als Arbeiter im Betrieb des X beschäftigt. Bei Aufräumarbeiten im Lager wird der A wegen einer Unachtsamkeit des B verletzt und kann deshalb für eine Woche seine Arbeitsleistung nicht erbringen. Ferner entstehen Kosten für die Heilbehandlung.

A fragt, ob er Ansprüche aus der gesetzlichen Unfallversicherung hat und um welche Leistungen es sich dabei handelt.

Fall 26
Der Anspruch gegen den Arbeitskollegen

Im Ausgangsfall 22 möchte A auch wissen, ob er einen Ersatzanspruch gegen den B hat.

Fall 27
Die Sachschäden des Arbeitnehmers

Der A ist als Hafenarbeiter bei der B-GmbH beschäftigt. Seine Arbeitstätigkeit besteht darin, Korbflaschen mit Ameisensäure von einem eisernen Karren in Ladekästen um-zusetzen. Am 3. April 2008 platzt bei einer von A getragenen Korbflasche der Glas-boden ab. Die Säure fließt aus und verletzt den A und beschädigt seine Kleider. Die zuständige Berufsgenossenschaft erkennt den Vorfall als Arbeitsunfall an. Der entstan-dene Gesundheitsschaden des A wird dementsprechend abgedeckt. Keinen Ersatz von der Unfallversicherung erhält A hingegen für den Sachschaden an seiner Kleidung in Höhe von 80,– €.

Von wem kann A diesen Sachschaden ersetzt bekommen?

Fall 28
Mankohaftung

A ist zu einem Bruttogehalt von 1700,– € im Spielcasino des B beschäftigt. Zu seinen Aufgaben gehört es, die Gäste mit Münzen für den Betrieb der Spielautomaten zu versorgen und einzuwechseln und sonstige Tätigkeiten im Rahmen der Kassenver-waltung vorzunehmen. Im Arbeitsvertrag ist vereinbart, dass A im Monat zusätzlich 100,– € als Mankovergütung erhält; er dafür aber unabhängig vom Verschulden zum vollen Ersatz der jährlich auftretenden Fehlbeträge verpflichtet ist. Im Laufe des Jahres 2007 summierten sich die Fehlbeträge auf 5000,– €. Die Ursache der Defizite ist zum Teil darauf zurückzuführen, dass A aus Unachtsamkeit einem Trickbetrüger aufgelaufen ist, wodurch ein Schaden von 2000,– € entstanden ist. Im Übrigen lässt sich nicht ermitteln, wie es zu den Fehlbeträgen kam.

B verlangt nun von A Ersatz der 5000,– €. Zu Recht?

Fall 29
Die Befristung von Arbeitsverträgen

A ist bei der schon im Jahre 1990 gegründeten B-OHG seit September 2004 auf Grund eines befristeten schriftlichen Arbeitsvertrages tätig. Das Arbeitsverhältnis wurde bereits zweimal verlängert, beim zweiten Mal nur mündlich. Nach der letzten Verlängerung vom August 2006 sollte das Arbeitsverhältnis am 31. August 2007 enden. Am 24. September 2007 ging beim zuständigen Arbeitsgericht eine Klage der A ein, in dem sie die Feststellung begehrt, dass das Arbeitsverhältnis auf Grund der Befristung nicht beendet ist. Zur Begründung führt sie an, dass nach so langer Beschäftigung ein unbefristetes Arbeitsverhältnis vorliegen müsse. Die B wendet dagegen ein, dass sie i. d. R. nur 4 Arbeitnehmer voll (inklusive der A) und 2 Teilzeitbeschäftigte mit einer regelmäßigen wöchentlichen Arbeitszeit von 10 Stunden in ihrem Betrieb beschäftige. Die Befristung des Arbeitsverhältnisses mit A war zudem auf Grund der unsicheren Konjunktur und Absatzentwicklung erforderlich.

Hat die Klage der A Aussicht auf Erfolg?

Fall 30
Nachwirkende Pflichten aus dem Arbeitsverhältnis

Bei der B-GmbH handelt es sich um ein großes Autohaus mit mehreren Filialen. Der A ist bei der B-GmbH als einer der Filialleiter angestellt. In dem von A und dem Geschäftsführer der B-GmbH unterschriebenen Arbeitsvertrag des A ist für dessen Ausscheiden folgende Klausel vereinbart:

„A verpflichtet sich, für den Fall der Beendigung des Arbeitsverhältnisses für die Dauer von zwei Jahren keine gleichgelagerte Tätigkeit zu übernehmen und in Wettbewerb zu der B-GmbH zu treten."

Weitere diesbezügliche Vereinbarungen sind dem Arbeitsvertrag nicht zu entnehmen.

Im April 2008 kündigt A den Arbeitsvertrag mit der B-GmbH und schließt einen Arbeitsvertrag mit einem Konkurrenten der B-GmbH, der C-OHG, bei der er am 1. August 2008 die Arbeit aufnimmt. Als die B-GmbH von dem Sachverhalt erfährt, verlangt sie von A Unterlassung seiner Tätigkeit bei der C-OHG.

Zu Recht?

Fall 31
Die HIV-Infektion

Der Bäckermeister B sucht für seinen Betrieb einen Gesellen. Auf seine Stellenanzeige hin meldet sich bei ihm der Bäckergeselle A. Auf die Frage des B nach bestehenden Krankheiten und insbesondere einer HIV-Infektion antwortet A, dass er gesund sei. A sagt dabei bewusst die Unwahrheit, da er weiß, dass er sich mit dem HIV-Virus infiziert hat. Er befürchtet aber, die angebotene Stelle bei einer wahrheitsgemäßen Auskunft, nicht zu bekommen. B stellt den A daraufhin ein.

Durch Zufall erfährt B zwei Monate nach Vertragsschluss von dem Sachverhalt. Er ist sich zunächst unsicher, wie er sich A gegenüber verhalten soll, und da A wegen einer Grippe krank geschrieben ist, unternimmt B zunächst nichts. 3 Wochen später hat A seine Grippe auskuriert und will seine Arbeit bei B wieder antreten. Dies will B unbedingt vermeiden, da er gesundheitliche Bedenken hat und zudem Umsatzeinbußen befürchtet, sollte die Erkrankung des A publik werden.

Welche Möglichkeiten stehen B dafür zur Verfügung?

Abwandlung: A ist nicht in einer Bäckerei, sondern in einem Baubetrieb mit 10 anderen Arbeitnehmern tätig. Als die HIV-Infektion des A bekannt wird, drohen 5 Arbeitskollegen des A, dass sie ihre Arbeitsverhältnisse kündigen würden, falls A weiterhin im Betrieb bliebe. Sie weisen darauf hin, dass es ihnen nicht mehr zuzumuten sei, mit A zu arbeiten, da die Gefahr einer Ansteckung für sie zu hoch sei. B fragt, ob er A deshalb außerordentlich kündigen könne.

Fall 32
Mutterschutz und Kündigung

Die langjährig Arbeitslose A ist seit dem 1. Februar 2008 bei der B-GmbH, einem Textilhandelsunternehmen, als Debitoren-Buchhalterin zu einem Brutto-Monatsgehalt von 2600,– € beschäftigt. In der B-GmbH sind weitere 10 Arbeitnehmer neben der A tätig. Ein Betriebsrat besteht nicht.

Am 26. Juni 2008 hat die A ihren Lebensgefährten L, von dem sie schwanger war, geheiratet. Ihre Hochzeitsreise verbrachten A und L in der Zeit vom 27. Juni bis 18. Juli 2008 in der Dominikanischen Republik.

Mit Schreiben vom 2. Juli 2008 hat die B-GmbH das Arbeitsverhältnis der A zum 31. Juli 2008 gekündigt. Die B-GmbH führt in dem Kündigungsschreiben dazu aus, dass man sich entschlossen habe, die Debitoren-Buchhaltung über ein auswärtiges Dienstleistungsbüro, an dem auch der L zu 50 % beteiligt ist, zu erledigen. Wegen der Beteiligung des L an dem Dienstleistungsbüro entstünde der A letztlich kein Schaden. Das Kündigungsschreiben hat der Prokurist P der B-GmbH am Abend des 3. Juli 2008 in den Briefkasten der A geworfen. P wusste nicht, dass sich die A im Ausland aufhielt.

A war schockiert und erlitt einen Nervenzusammenbruch, als sie nach ihrer Rückkehr von der Hochzeitsreise in ihrer Post das Kündigungsschreiben entdeckte. Sie suchte am 21. Juli 2008 ihren Hausarzt auf, der sie sogleich wegen ihrer psychischen Lage krank schrieb. Noch am gleichen Tag eröffnete die A zudem ihrem Arbeitgeber, dass sie schwanger ist. Sie überreichte dem P dazu neben ihrer Arbeitsunfähigkeitsbescheinigung vom 21. Juli 2008 auch ihren Mutterpass, der am 2. April 2008 ausgestellt und der A ausgehändigt wurde.

Nachdem P der A erklärt hat, dass er nicht gewillt ist, die Kündigung zurückzunehmen, sucht A am 23. Juli 2008 Rechtsanwalt R auf und beauftragt diesen mit der Vertretung ihrer Interessen. Mit Schriftsatz vom 23. Juli 2008, eingegangen beim zuständigen Arbeitsgericht am 24. Juli 2008, erhebt R Kündigungsschutzklage.

Hat die Klage in der Sache Aussicht auf Erfolg?

Fall 33
Alkohol und Arbeitsvertrag

Die B-GmbH & Co. KG ist ein größeres mittelständisches Bauunternehmen. Sie beschäftigt insgesamt 200 Mitarbeiter und hat einen Betriebsrat, der aus 7 Mitgliedern besteht. Der A ist bei der B seit 1995 als LKW-Fahrer beschäftigt. Er übt insofern eine spezielle Tätigkeit aus, als er für den Tieflader verantwortlich ist, d. h., er transportiert das Großgerät, das nicht am allgemeinen Straßenverkehr teilnehmen kann, von einer Baustelle zur anderen.

Auf Grund familiärer Schwierigkeiten neigt A dazu, u. a. auch während der Arbeitszeit zu viel zu trinken.

A ist vorbestraft, da er bereits Ende 1999 wegen Trunkenheit im Verkehr (§ 316 StGB) rechtskräftig verurteilt wurde. Bereits damals wies ihn die B darauf hin, derartige Trunkenheitsfahrten in Zukunft zu unterlassen, da anderenfalls sein Arbeitsverhältnis gefährdet sei, wenn ihm noch einmal sein Führerschein entzogen würde.

Am 23. Februar 2008 verursachte A während einer Privatfahrt in alkoholisiertem Zustand einen Unfall, worauf ihm mit Wirkung vom 23. März 2008 die Fahrerlaubnis für ein Jahr entzogen wurde. Von diesem Sachverhalt setzte A die B am 25. März 2008 in Kenntnis. A meinte, dies alles sei nicht so tragisch, da ein guter Freund von ihm, der zur Zeit arbeitslos und ihm noch eine Gefälligkeit schuldig sei, sich bereit erklärt habe, die Fahrtätigkeit für ein Jahr unentgeltlich zu übernehmen. Er, A, würde selbstverständlich mitfahren und das Auf- und Abladen des Gerätes überwachen. Der B würden letztendlich keinerlei Nachteile entstehen.

Mit Schreiben vom 7. April 2008 kündigte die B nach ordnungsgemäßer Anhörung des Betriebsrates das Arbeitsverhältnis mit A fristlos. Das Schreiben der B ging dem A am

8. April 2008 zu. Sie berief sich im Wesentlichen darauf, dass die Grundlage ihres Arbeitsverhältnisses mit A erschüttert sei, da er seine vertraglichen Verpflichtungen als LKW-Fahrer nicht mehr ausüben könne. Im Übrigen lehne sie es ab, sich auf die Einschaltung eines Freundes verweisen zu lassen.

In der am 29. April 2008 beim zuständigen Arbeitsgericht eingegangenen, formell ordnungsgemäß erhobenen Kündigungsschutzklage beantragt A festzustellen, dass die Kündigung vom 7. April 2008 nichtig ist. Er ist der Auffassung, dass der geschilderte Sachverhalt eine außerordentliche Kündigung nicht rechtfertige. Erschwerend käme hinzu, dass er seit dem 14. April 2008 krank geschrieben sei und deshalb auf unabsehbare Zeit seine Arbeitsleistung sowieso nicht erbringen könne.

Wie wird das Arbeitsgericht entscheiden?

Fall 34
Die Verdachtskündigung

Die B-KG ist ein großes Bauunternehmen mit 500 Beschäftigten. Es hat sich für sie als notwendig erwiesen, für den Fuhrpark und die Geräte eine eigene Werkstatt auf dem Firmengelände zu unterhalten. Angeschlossen an die Werkstatt ist ein Materiallager. Die Ausgabe von Material erfolgt nur gegen entsprechende Belege. Für das Materiallager verantwortlich ist der eigens dafür beschäftigte A, der seit 1996 bei der B angestellt ist.

Bei der jährlichen Inventur stellt sich Ende 2007 heraus, dass Material im Werte von insgesamt 5000,– € fehlt. A wird daraufhin zur Rechenschaft gezogen und um eine Erklärung gebeten. Eine solche verweigerte A, da er der Auffassung ist, dass es das Problem der B sei, wenn Material abhanden käme. Sie solle gefälligst bessere Kontrollen durchführen. Ihn jedenfalls interessiere die Sachlage nicht.

Die B teilt daraufhin dem Betriebsrat am 15. Januar 2008 mit, dass sie dem A kündigen würde, da nach dessen Aussage für sie feststehe, dass er die fehlenden Materialien unberechtigt an sich genommen habe. Der Betriebsrat äußerte sich hierzu nicht.

Mit Schreiben vom 1. Februar 2008, das dem A am 2. Februar 2008 zuging, kündigte die B dem A fristgemäß ordentlich. Am 13. Februar 2008 erhob A gegen die Kündigung formell ordnungsgemäß Kündigungsschutzklage beim zuständigen Arbeitsgericht. Er beruft sich dabei darauf, dass ihm ein Diebstahl nicht nachgewiesen werden könne. Die nach einer entsprechenden Strafanzeige angestellten Ermittlungen der Staatsanwaltschaft haben ebenfalls dazu geführt, dass das Verfahren eingestellt worden sei. Dies wurde von der B unstreitig gestellt, aber zugleich der Einwand erhoben, dass dies für den Ausgang des Prozesses unerheblich sei. Sie beruft sich ausdrücklich darauf, dass eine ordentliche Kündigung auch auf den Verdacht einer Straftat gestützt werden könne.

1. Ist die Kündigungsschutzklage begründet?
2. A möchte selbst bei Begründetheit seiner Kündigungsschutzklage auf keinen Fall mehr für die B-KG arbeiten. Was ist A zu raten?

Fall 35
Die Änderungskündigung

Die 55-jährige A ist seit über 10 Jahren bei der W-AG, die 200 Arbeitnehmer hat, mit einem monatlichen Bruttolohn von 1500,– € bei einer wöchentlichen Arbeitszeit von 40 Stunden beschäftigt. Sie ist mit der Essensausgabe, mit Reinigungsarbeiten und einmal wöchentlich mit dem Personalverkauf betraut. In diesem Bereich sind insgesamt sechs Arbeitnehmerinnen beschäftigt. Im Zuge des Programms „Straffung der Aufgaben im Bereich Küche/Reinigung" will die W-AG die wöchentliche Arbeitszeit der A sowie von deren Kollegin B auf 20 Stunden verkürzen. Zu dieser Rationalisierungsmaßnahme sah sich die W-AG auf Grund erheblicher Verluste gezwungen. Im Gegensatz zu B ist A hiermit nicht einverstanden. Insbesondere ist sie der Auffassung, dass die W-AG dem Arbeitskräfteüberhang nicht durch mehrere Änderungskündigungen, sondern durch eine Beendigungskündigung hätte begegnen müssen. Bei der insofern durchzuführenden Sozialauswahl wäre die A gegenüber der B im Vorteil gewesen, da sie länger bei der W-AG beschäftigt und älter als die B ist. Daraufhin erhielt sie vom Prokuristen P der W-AG am 3. Oktober 2007 ein Schreiben ausgehändigt, in dem ihr zum 31. Dezember 2007 gekündigt wurde, verbunden mit dem Angebot, das Arbeitsverhältnis ab dem 1. Januar 2008 dergestalt fortzusetzen, dass ihre wöchentliche Arbeitszeit 20 Stunden beträgt. Der Betriebsrat wurde ordnungsgemäß beteiligt.

1. Welche Reaktionsmöglichkeiten stehen der A zur Verfügung?
2. Wäre eine beim zuständigen Arbeitsgericht am 10. Oktober 2007 erhobene Klage mit dem Antrag festzustellen, dass die Änderung der Arbeitsbedingungen sozial ungerechtfertigt ist, begründet?

Fall 36
Die Nichteinhaltung eines Arbeitsvertrages

Das Bauunternehmen B-KG sucht per Annonce in einschlägigen Fachzeitschriften und der Tagespresse nach einem neuen Bauingenieur, der die Tiefbauabteilung übernehmen soll. Es melden sich verschiedene Bewerber. Nach einem Auswahlverfahren schließt die B-KG mit dem A Mitte Januar 2008 einen Einstellungsvertrag. Danach soll der A am 1. April 2008 bei der B-KG seine Arbeit aufnehmen.

Der höchstqualifizierte A nimmt jedoch trotz des mit der B-KG abgeschlossenen Arbeitsvertrages an weiteren Bewerbungsverfahren anderer Firmen teil. Im Februar 2008 wird ihm von der C-AG ein erheblich besseres Arbeitsangebot gemacht. Daraufhin unterschreibt A bei der C-AG ebenfalls einen Arbeitsvertrag und tritt diese Stelle auch an.

Am 7. März 2006 teilt er der B-KG mit, dass er die Stelle bei ihr nicht antreten werde.

Auch nach mehrmaliger Aufforderung durch die B-KG tritt A diese Stelle nicht an. Für die B-KG ergibt sich das Problem, dass eine Ersatzkraft nicht zur Verfügung steht. Eine solche könnte zwar möglicherweise durch Annoncen gefunden werden, wäre aber erheblich teurer als A.

Wie ist die Rechtslage?

Fall 37
Der Weiterbeschäftigungsanspruch des Arbeitnehmers

Zwischen A und der B-GmbH, die keinen Betriebsrat hat, besteht ein Arbeitsvertrag. Am 30. Juni 2007 geht dem A eine Kündigung des Arbeitsverhältnisses zum 30. September 2007 zu. Gegen diese Kündigung erhebt A Kündigungsschutzklage zum zuständigen Arbeitsgericht. Seiner Klage gab das Arbeitsgericht mit Urteil vom 20. November 2007 in vollem Umfang statt. Über die dagegen eingelegte Berufung der B-GmbH wurde bislang noch nicht entschieden.

A verlangt von der B-GmbH, für die Zeit nach Erlass des erstinstanzlichen Urteils weiterbeschäftigt zu werden.

Zu Recht?

Fall 38
Aufsaugungsprinzip und Effektivgarantieklauseln

Zwischen dem Arbeiter A und dem Bauunternehmer B besteht ein Arbeitsvertrag. Der arbeitsvertragliche Lohn wurde auf 10,– E pro Stunde festgelegt. Sowohl A als auch B sind tarifgebunden. In dem bisherigen Tarifvertrag wird der Stundenlohn für die betreffende Tätigkeit des A auf 8,– € festgesetzt. Im Tarifvertrag finden sich alternativ folgende Formulierungen:

Alternative 1: „Der Tariflohn wird um 10 % erhöht."

Alternative 2: „Der Gesamtlohn erhöht sich effektiv um 1,– € pro Stunde."

Alternative 3: „Der Tariflohn erhöht sich von 8,– € auf 9,– € pro Stunde. Die Tariflohnerhöhung muss in jeden Fall zusätzlich zu dem tatsächlich gezahlten Lohn gewährt werden."

Welchen Lohn kann der A bei den jeweiligen Möglichkeiten verlangen?

Fall 39
Die Voraussetzungen eines Streiks

Zur Eindämmung des Staatsdefizits beschließt die Bundesregierung erhebliche Einschnitte in das soziale Netz. Die Arbeitnehmer in dem Unternehmen des E sind darüber derart empört, dass sie sich entschließen, spontan die Arbeit niederzulegen. Sie formieren einen Protestzug und ziehen durch die Stadt, um ihrer Meinung Ausdruck zu verleihen. Die für den Betrieb des E zuständige Gewerkschaft erfährt davon. Sie erklärt sich mit den Streikzielen solidarisch und übernimmt den Streik.

Arbeitgeber B ist seinerseits ebenfalls empört und weigert sich, für die ausgefallene Zeit Lohn zu zahlen. Er fragt den Rechtsanwalt R, ob er zur Lohnzahlung verpflichtet ist und gegebenenfalls einen Schadensersatzanspruch gegen die Arbeitnehmer geltend machen kann.

Fall 40
Die Fernwirkungen von Arbeitskampfmaßnahmen

Die Firma A stellt Autositze her, die an den Autohersteller B geliefert werden. Die für die Autositze notwendigen Stoffe werden von der Firma C bezogen. Für alle drei Betriebe ist eine Gewerkschaft zuständig, die mit einem Arbeitgeberverband, in dem A, B und C Mitglieder sind, Tarifverträge abschließt. Nach dem Scheitern der Tarifverhandlungen und des anschließenden Schlichtungsverfahrens sowie nach Durchführung der Urabstimmung ruft die zuständige Gewerkschaft zum Streik auf. Die Gewerkschaft entschließt sich zur Durchführung von Schwerpunktstreiks. A selbst wird nicht bestreikt, muss jedoch die Produktion einstellen, weil

Alternative 1: B bestreikt wird und deshalb keine Autositze mehr abnimmt.

Alternative 2: C bestreikt wird und deshalb keine Stoffe mehr liefern kann.

Können die bei A beschäftigten Arbeitnehmer in der Alternative 1 bzw. 2 Fortzahlung ihres Lohnes verlangen?

Abwandlung: Die V-AG stellt Autos her. Wegen eines französischen Fernfahrerstreiks kommt es zu Zulieferungsengpässen, weil ein Großteil des Materials aus Spanien stammt und nun nicht rechtzeitig nach Deutschland transportiert werden kann. Die V-AG kann deshalb ihre Arbeitnehmer nicht mehr sinnvoll beschäftigen und fragt, ob sie weiter zur Lohnfortzahlung verpflichtet ist bzw. welche Möglichkeiten ihr zur Einschränkung der Lohnzahlungspflicht zustehen.

Fall 41
Der Umfang des Streikrechts

Im Rahmen eines Arbeitskampfes werden von der A-Gewerkschaft gegen die B-GmbH Streikmaßnahmen ergriffen. Während der Streikmaßnahmen kommt es zu bestimmten Vorfällen:

1. Der arbeitswillige Arbeitnehmer C, der in dem Betrieb arbeiten will, wird durch Zureden und Argumentieren davon überzeugt, sich an dem Streik zu beteiligen.
2. Bei F wird nach einem Passierschein gefragt.
3. Der ebenfalls arbeitswillige Arbeitnehmer E wird durch Gewalt daran gehindert, den Betrieb zu betreten.
4. Ferner wird der Abtransport von Waren verhindert.
5. Dem Kunden F wird verboten, das Betriebsgelände zu betreten.

Sind die betreffenden Handlungen vom Streikrecht gedeckt?

Abwandlung: Als der arbeitswillige Arbeitnehmer E die B-GmbH am 1. Streiktag betreten will, wird ihm vom Streikposten S der Weg versperrt. Als E an S vorbeigehen will, wird er von S zurückgerissen, wobei sein Anorak beschädigt wird. E fragt, ob er von der A-Gewerkschaft, die S erstmalig als Streikposten eingesetzt hat, die entstandenen Reparaturkosten in Höhe von 25,– € ersetzt verlangen kann.

Fall 42
Arbeitskampf und Entgeltfortzahlung

Im Ausgangsfall 41 nimmt der Arbeitnehmer G nicht am Arbeitskampf teil, weil er bereits vorher infolge Krankheit arbeitsunfähig war und nicht zur Arbeit kommen konnte.

Welche Auswirkungen hat der Streik auf seinen Entgeltfortzahlungsanspruch?

Fall 43
Zulässigkeit und Grenzen der Aussperrung

In Hessen kommt es im Sommer 2008 zu einem Arbeitskampf.

Die Gewerkschaft ruft nach Durchführung des hierzu erforderlichen Verfahrens zum Streik auf, dem sich ca. 30 % der Arbeitnehmer des Tarifgebietes anschließen. Der Arbeitgeberverband, dem die bestreikten Unternehmen angehören, will dem Streik mittels Aussperrung begegnen und er fragt sich, ob und in welchem Umfang eine solche Aussperrung zulässig ist. Assessor Gut wird mit der Begutachtung dieser Fragen beauftragt. Fertigen Sie sein Gutachten an.

Abwandlung: Vom Streik betroffen ist auch der Betrieb des U. Er legt daraufhin den Betrieb still. Arbeitnehmer A fragt nach der Zulässigkeit dieser Maßnahme und den sich hieraus ergebenden Rechtsfolgen.

Fall 44
Rechtsfolgen der Aussperrung

Im Ausgangsfall 43 kommt es zu Aussperrungen. Dabei wird auch der Arbeitnehmer A ausgesperrt. Seinem Arbeitgeber, der B-KG, ist der A während des Streiks und der Aussperrung als Streikleiter und „Rädelsführer" aufgefallen.

Die B-KG wendet sich an den Rechtsanwalt R, um zu erfahren, inwieweit sie nach Beendigung der Arbeitskampfmaßnahmen verpflichtet ist, den A weiter zu beschäftigen.

Fall 45
Das Zugangsrecht der Gewerkschaften

In der B-AG ist nur ein geringer Anteil der Beschäftigten gewerkschaftlich organisiert. Um dies zu ändern, verteilt der Arbeitnehmer A, der zugleich Mitglied der für diesen Betrieb zuständigen Gewerkschaft ist, während einer Arbeitspause gewerkschaftliche Werbe- und Informationsschriften. Gleichzeitig hängt er im Pausenraum und am Schwarzen Brett Plakate auf. Der nicht in der B-AG beschäftigte Gewerkschaftsvertreter C spricht während der Arbeitszeit einzelne Arbeitnehmer an, um sie davon zu überzeugen, seiner Gewerkschaft beizutreten.

Als die Betriebsleitung davon erfährt, lässt sie die Plakate entfernen und beseitigt das Informationsmaterial aus den Pausenräumen. Ferner untersagt sie dem C den Zutritt zu dem Betrieb.

Sind diese Maßnahmen zulässig?

Fall 46
Die umständliche Betriebsratswahl

Im Betrieb der B-KG sind 60 Arbeitnehmer beschäftigt, davon A, B und C seit dem 1. Januar 2005. Einen Betriebsrat gab es bisher nicht. Auch ein Gesamt- oder ein Konzernbetriebsrat besteht nicht. Dies verärgert den Arbeitnehmer A, der gleichzeitig Gewerkschaftsmitglied ist. Er informiert seine Gewerkschaft über den Sachverhalt. Diese lädt für den 1. September 2007 durch einen Aushang am „Schwarzen Brett" zu einer Betriebsversammlung ein. Zu dieser erscheint nur der A.

Nicht entmutigt, beantragt die Gewerkschaft beim sachlich und örtlich zuständigen Arbeitsgericht die Einberufung eines Wahlvorstands. Dieses bestellt den A, D und E als Wahlvorstand. Diese führen unverzüglich die Wahl durch und geben am 7. 12. 2007 die Wahl des F als Betriebsrat bekannt.

Am 4. 1. 2008 beauftragt die B-KG den Rechtsanwalt R, die Wahl anzufechten, da gegen wesentliche Vorschriften des BetrVG verstoßen worden sei.

Kann die Betriebsratswahl erfolgreich angefochten werden?

Fall 47
Mitbestimmung bei der Verhängung einer Betriebsbuße

Im Betrieb der C-GmbH existiert ein Betriebsrat.

Der Arbeitgeber reagiert jeweils auf Verhaltensweisen seiner Mitarbeiter, die er als Verletzung arbeitsvertraglicher Pflichten ansieht, mit Schreiben, welche von ihm als „Ermahnung", „Rüge" oder „schwerwiegende Rüge" bezeichnet wurden. Diese Schreiben werden zur Personalakte des Mitarbeiters genommen und verbleiben dort drei Jahre, bei einer schwerwiegenden Rüge fünf Jahre, sofern nicht vor Ablauf dieser Frist eine erneute Ermahnung oder Rüge erfolgt. Alle diese Schreiben sind mit dem Hinweis verbunden, dass der Mitarbeiter im Wiederholungsfall mit weitergehenden arbeitsrechtlichen Maßnahmen rechnen müsse.

Der Betriebsrat bezeichnet diese Schreiben als „beförderungshemmende Missbilligungen". In den Ausschreibungsrichtlinien des Arbeitgebers für freie Stellen im Rahmen der innerbetrieblichen Stellenbesetzung heißt es, dass als nicht geeignet für den Förderungsaufstieg derjenige Bewerber gilt, der innerhalb der letzten 12 Monate durch eine Rüge wegen Verstoßes gegen die innere Ordnung abgemahnt worden ist bzw. Anlass zu wesentlichen schriftlichen Beanstandungen wegen Verstoßes gegen die äußere Ordnung gegeben hat.

Der Betriebsrat ist der Ansicht, ihr stehe bei solchen beförderungshemmenden Missbilligungen ein Mitbestimmungsrecht zu. Der Arbeitgeber ist der Ansicht, die genannten Schreiben seien rechtlich als Abmahnungen zu werten, bei denen dem Betriebsrat kein Mitbestimmungsrecht zustehe.

1. Hat der Betriebsrat ein Mitbestimmungsrecht?
2. Wäre eine mit Zustimmung des Betriebsrats ausgesprochene „Ermahnung" im oben aufgeführten Sinne zulässig?

Fall 48
Der teure Betriebsrat

In der B-GmbH sind 2500 Arbeitnehmer beschäftigt, die Hälfte davon sind Angestellte. Maschinenschlosser M gehört seit 2001 dem Betriebsrat an. Er ist Sprecher des Fachausschusses „Neue Technologie", Stellvertretender Sprecher des Wohnungsausschusses, Mitglied des Betriebsausschusses und des Ausschusses für Arbeitsplatzsicherheit und -gestaltung. Daneben ist er Verhandlungsführer gegenüber der Geschäftsleitung in EDV- und Sozialplanangelegenheiten.

In der ordentlichen Sitzung am 17. Oktober 2007 hat der Betriebsrat beschlossen, M auf die DGB-Schulungsveranstaltung „Management-Techniken für Betriebsräte" zu schicken. Schwerpunkt dieser Veranstaltung sollte dabei die rhetorische Schulung der Betriebsratmitglieder sein. Das nur halbtags beschäftigte Betriebsratsmitglied A soll zudem zu dem ganztägigen Kurs „Die Auswirkungen des Betriebsverfassungsreformgesetzes" geschickt werden, da insofern ein erheblicher Aufklärungsbedarf besteht.

Daneben beschloss der Betriebsrat, dass die 24. Auflage des Betriebsverfassungsgesetz-Kommentars „Fitting/Engels/Schmidt/Trebinger/Linsenmaier" und das „Handelsblatt" angeschafft werden soll. Bislang hatte der Betriebsrat nur die 23. Auflage des Kommentars.

Auf Grund erheblicher Differenzen in der Vergangenheit fragt der Betriebsratsvorsitzende V in der Rechtsabteilung des Unternehmens Assessor R, ob die S-GmbH die Kosten für die Schulung des M und der A sowie die Anschaffung des Kommentars und der Zeitung zu tragen hat. Zudem möchte er wissen, inwieweit M und A von ihrer Arbeitserbringung befreit sind und ob A ein Anspruch auf Freizeitausgleich für die Schulungszeit zusteht, die außerhalb ihrer Arbeitszeit erfolgt.

Welche Auskunft wird R erteilen?

Fall 49
Klagefrist und allgemeiner Feststellungsantrag

Die Parteien streiten über die Wirksamkeit von fristlosen Kündigungen, die dem A mit Schreiben vom 12. Dezember 2007 und 5. Januar 2008 erklärt wurden.

Der am 1. Februar 1940 geborene A war seit dem 22. März 1980 bei der Stadt Hannover als Chefarzt der Abteilung für Anästhesiologie und operative Intensivmedizin am Städtischen Krankenhaus Hannover beschäftigt. Er war zuletzt in die Vergütungsgruppe I der Anlage 1 a zum BAT eingestuft und erhielt darüber hinaus eine außertarifliche Zulage von jährlich 7500,– € brutto. Außerdem erzielte A Einnahmen aus dem Recht, privat liquidieren zu können, wobei sich diese nach Abzug der Abgaben an einen Krankenhausmitarbeiterpool auf etwa 100 000,– € pro Jahr beliefen.

A hatte sich, nachdem die Errichtung einer Eigenbluttransfusionsabteilung für das Städtische Krankenhaus Hannover im Januar 2006 besprochen worden war, mit Schreiben vom 2. März 2008 bereit erklärt, hierfür ein Konzept zu erstellen.

Am 27. November 2007 fand eine Sitzung des ärztlichen Vorstandes statt. Dabei wurde A von Seiten des ärztlichen Direktors aufgefordert, über die Problematik der Eigenbluttransfusion und seine diesbezügliche Tätigkeit einen Sachstandsbericht zu geben. A erklärte daraufhin, dass er sich in einem Rechtsstreit mit dem Oberbürgermeister der Stadt Hannover befinde und vor dessen Klärung die Organisation seiner Abteilung nicht verändern werde.

Mit Schreiben vom 12. Dezember 2007 kündigte die Stadt Hannover das Arbeitsverhältnis fristlos. Das Kündigungsschreiben wurde am 12. Dezember 2007 durch Boten zum Privathaus des an diesem Tag ortsabwesenden A überbracht. Diesen Brief fand A bei seiner Rückkehr am nächsten Morgen um 6.00 Uhr vor. Darüber hinaus ließ die Stadt Hannover die Kündigung auch noch durch einen Gerichtsvollzieher am 12. Dezember 2007 zustellen. Da dieser in der Wohnung des A niemanden antraf, legte er das Kündigungsschreiben beim Amtsgericht Hannover nieder und heftete an die Haustür des A eine schriftliche Mitteilung über die Niederlegung des Schriftstückes. Außerdem übermittelte die Stadt Hannover das Kündigungsschreiben am 12. Dezember 2007 per Telefax an den Prozessbevollmächtigten des A.

A erhob, unter dem 14. Dezember 2007 bei Gericht eingehend, Klage mit dem Antrag:
„1. Es wird festgestellt, dass das Arbeitsverhältnis zwischen den Parteien weiterhin besteht und durch die außerordentliche Kündigung vom 12. Dezember 2005 nicht beendet worden ist.
 2. Die Kosten des Rechtsstreits trägt die Beklagte."

Mit Schreiben vom 5. Januar 2008, welches A noch am selben Tag übergeben wurde, erklärte die Stadt Hannover wegen der anhaltenden Auseinandersetzungen des A mit dem Oberbürgermeister (A hatte u. a. Strafanzeige erstattet und Dienstaufsichtsbeschwerde erhoben) eine weitere fristlose Kündigung.

Am 16. Januar 2008 fand ein erfolgloser Gütetermin statt. Mit Schriftsatz vom 9. Februar 2008, bei Gericht eingegangen am 21. Februar 2008, kündigte A dann folgende Anträge an:
„1. Es wird festgestellt, dass das Arbeitsverhältnis zwischen den Parteien weiterhin besteht und durch die außerordentlichen Kündigungen vom 12. Dezember 2007 und 5. Januar 2008 nicht beendet worden ist.
 2. Die Beklagte wird dazu verurteilt, den Kläger bis zur rechtskräftigen Entscheidung über den Klageantrag Ziff. 1 in seiner Position als Chefarzt der Abteilung für Anästhesiologie und operative Intensivmedizin weiter zu beschäftigen und gem. BAT I zu besolden.
 3. Die Kosten des Rechtsstreit trägt die Beklagte."

A hat u. a. geltend gemacht, für die Kündigung vom 12. Dezember 2007 fehle es an einer vorherigen Abmahnung und unabhängig davon an einem wichtigen Grund; auch habe die Stadt Hannover die Ausschlussfrist des § 626 Abs. 2 BGB versäumt. Die Kündigung vom 5. Januar 2008 sei ebenso wenig durch einen wichtigen Grund gerechtfertigt, seine Reaktionen auf das Verhalten des Oberbürgermeisters seien arbeitsrechtlich nicht zu beanstanden.

Im Kammertermin beantragte A schließlich,
„1. festzustellen, dass das Arbeitsverhältnis zwischen den Parteien weiter besteht und durch die außerordentlichen Kündigungen vom 12. Dezember 2007 und 5. Januar 2008 nicht beendet worden ist,
2. die Beklagte zu verurteilen, ihn bis zur rechtskräftigen Entscheidung über den Klageantrag Ziff. 1. in seiner Position als Chefarzt in der Abteilung für Anästhesiologie und operative Intensivmedizin weiter zu beschäftigen."

Die Stadt Hannover beantragte, die Klage abzuweisen. Sie hat u. a. die Ansicht vertreten, die Kündigung vom 12. Dezember 2007 sei wegen beharrlicher Arbeitsverweigerung berechtigt. Hinsichtlich der weiteren Kündigung vom 5. Januar 2008 habe A schon die Klagefrist versäumt.

Das Arbeitsgericht wies die Klage ab.

Auf die Berufung des A, mit der dieser seinen Weiterbeschäftigungsantrag nicht mehr gestellt hat, hat das Landesarbeitsgericht das Urteil des Arbeitsgerichts teilweise abgeändert und festgestellt, dass das Arbeitsverhältnis der Parteien erst durch die Kündigung vom 5. Januar 2008 beendet worden ist. Die Kosten des Rechtsstreites hat das Landesarbeitsgericht A auferlegt. Die weitergehende Berufung des A hat das Landesarbeitsgericht zurückgewiesen und die Revision zum Bundesarbeitsgericht zugelassen, wobei es die Revisionszulassung in den Entscheidungsgründen des Urteils auf die Frage der Rechtzeitigkeit der Klageerweiterung vom 9. Februar 2008 bezüglich der Kündigung vom 5. Januar 2008 beschränkt hat; demgemäß besagt die von der Kammer unterschriebene Rechtsmittelbelehrung, die Revision könne von A eingelegt werden, für die Stadt Hannover sei gegen die Entscheidung kein Rechtsmittel gegeben.

Das LAG hat seine Entscheidung damit begründet, die Kündigung vom 12. Dezember 2007 sei nicht fristgerecht erklärt worden (§ 626 Abs. 2 BGB). Das Arbeitsverhältnis der Parteien sei aber durch die Kündigung vom 5. Januar 2008 fristlos beendet worden, weil A diese Kündigung nicht innerhalb der Klagefrist des § 4 KSchG angegriffen habe; sein ursprünglicher Klageantrag habe insoweit nicht fristwahrend gewirkt, denn für eine Feststellung gem. § 256 ZPO habe kein Rechtsschutzbedürfnis bestanden und A habe auch in der Güteverhandlung am 16. Januar 2008 keinen Bezug zu der Kündigung vom 5. Januar 2008 hergestellt.

Mit seiner Revision begehrt A die Feststellung, dass das Arbeitsverhältnis zwischen den Parteien über den 12. Dezember 2007 und den 5. Januar 2008 hinaus wegen der Unwirksamkeit der an diesen Tagen ausgesprochenen Kündigungen weiterhin besteht;

hilfsweise beantragt A festzustellen, dass das Arbeitsverhältnis zwischen den Parteien besteht. Die Stadt Hannover hat ebenfalls Revision eingelegt mit dem Ziel der Wiederherstellung des Urteils des ArbG.

Wie wird das BAG entscheiden?

Fall 50
Fristwahrende Schriftsätze und das Telefax

Die Parteien streiten um die Wirksamkeit einer fristlosen Kündigung des Arbeitgebers und um Lohnansprüche des Arbeitnehmers aus Annahmeverzug. Das ArbG hat nach den Klageanträgen erkannt.

Gegen das am 3. März 2008 zugestellte Urteil hatte der Arbeitgeber bereits am selben Tag Berufung eingelegt. Am 28. März 2008 beantragte der Prozessbevollmächtigte des Arbeitgebers die Verlängerung der Berufungsbegründungsfrist bis zum 8. Mai 2008. Mit Beschluss des LAG vom 28. März 2008 wurde diesem Antrag entsprochen. Die Berufungsbegründung ging am 9. Mai 2008 beim LAG ein. Am selben Tag erhielt das LAG über das Gewerbeaufsichtsamt die Berufungsbegründung auch als Telefax; das Telefax war dort am 8. Mai 2008 um 16.56 Uhr eingegangen.

Nachdem der Prozessbevollmächtigte des Arbeitgebers am 15. Mai 2008 durch richterlichen Hinweis von der Versäumung der Berufungsbegründungsfrist erfahren hatte, beantragte er für den Arbeitgeber mit Schriftsatz vom 29. Mai 2008, eingegangen beim LAG am selben Tag, Wiedereinsetzung in den vorherigen Stand.

Zur Begründung hat er anwaltlich versichert, er habe die Berufungsbegründung am frühen Nachmittag des 8. Mai 2008 unterschrieben und einem als Anwalts- und Notargehilfen ausgebildeten, seit über 15 Jahren beschäftigten Bürovorsteher mit der Anweisung ausgehändigt, die Übermittlung per Telefax zu veranlassen. Der Mitarbeiter, der das Telefaxgerät fast täglich mehrmals bediene und bei dem Fehler bisher nie vorgekommen seien, habe die Telefaxnummer dem anwaltlichen Telefaxverzeichnis entnommen, jedoch versehentlich die in dem Verzeichnis unmittelbar über dem zutreffenden Anschluss abgedruckte Nummer des Gewerbeaufsichtsamtes gewählt. Am Ende des Übermittlungsvorganges habe der Mitarbeiter dem Telefaxgerät das Übermittlungsergebnis o.k. entnommen und ihm dieses mitgeteilt. Der Prozessbevollmächtigte des Arbeitgebers hat zur Glaubhaftmachung ferner eine entsprechende eidesstattliche Versicherung des Mitarbeiters vom 29. Mai 2008 vorgelegt.

Das LAG verwarf die Berufung als unzulässig, ließ aber die Revision zu. Der Prozessbevollmächtigte des Arbeitgebers legte Revision ein.

Was ist sein Begehren und wie wird das BAG entscheiden?

Zweiter Teil: Lösungen

Lösung Fall 1
Feststellung der Arbeitnehmereigenschaft

Die Klage ist erfolgreich, wenn sie zulässig und begründet ist.

I. Zulässigkeit
1. Nach § 2 Abs. 1 Nr. 3 b ArbGG ist der Rechtsweg zu den Arbeitsgerichten für Rechtsstreitigkeiten zwischen Arbeitgebern und Arbeitnehmern über das Bestehen oder Nichtbestehen eines Arbeitsverhältnisses eröffnet.

a) Bereits die Rechtswegeröffnung zu den Arbeitsgerichten hängt also von der Arbeitnehmereigenschaft des A und mithin vom Vorliegen eines Arbeitsverhältnisses ab. Aber auch in der Sache hat die Klage des A nur Erfolg, wenn tatsächlich ein Arbeitsverhältnis besteht. Insofern liegt ein Umstand vor, der sowohl für die Rechtswegzuständigkeit als auch für die Begründetheit der Klage maßgebend ist (sog. sic-non-Fall, vgl. ausführlich *Michalski*, Arbeitsrecht, 7. Aufl., Rdn. 320).

Während nach der Auffassung des 2. Senats des BAG (vgl. NZA 1994, 141 und 234) bereits im Rahmen der Zuständigkeitsprüfung über die Frage des Bestehens eines Arbeitsverhältnisses Beweis zu erheben ist, soll nach Ansicht des 5. Senat des BAG (vgl. NZA 1996, 1005; 1997, 175; 2001, 210) die bloße Rechtsbehauptung des Klägers, dass ein Arbeitsverhältnis vorliegt, zur Eröffnung des Rechtswegs genügen. Dem 5. Senat ist aus Gründen der Prozessökonomie zu folgen. Mit der Verneinung der Rechtswegzuständigkeit wird praktisch auch in der Sache entschieden, denn das Gericht, an das verwiesen wird, wird i. d. R. nicht anders entscheiden als das zunächst angegangene. Eine Verweisung in einen anderen Rechtsweg würde im Ergebnis den Rechtsstreit nur verzögern, was dem Interesse des Beklagten an einer möglichst schnellen Klageabweisung entgegenstehen würde. Gegen eine Verweisung spricht zudem, dass der Kläger nicht mehr verlangen kann als eine – wenn auch abweisende – Sachentscheidung des Gerichts, vor dem er selbst geklagt hat.

Um der Begründetheitsprüfung nicht vorzugreifen, reicht daher in den sog. sic-non-Fällen die bloße Rechtsbehauptung des Klägers, dass ein Arbeitsverhältnis vorliegt, zur Rechtswegeröffnung aus. Indem A vorliegend das Bestehen eines Arbeitsverhältnisses geltend macht, ist der Rechtsweg zu den Arbeitsgerichten eröffnet.

2. Das Arbeitsgericht entscheidet gem. §§ 2 Abs. 5, 46 Abs. 1 ArbGG im Urteilsverfahren, so dass nach Maßgabe des § 46 Abs. 2 ArbGG die Vorschriften der ZPO anwendbar sind.

3. A hat Klage erhoben mit dem Antrag festzustellen, dass zwischen ihm und R ein Arbeitsverhältnis besteht. Es handelt sich also um einen Streit über das Bestehen eines Rechtsverhältnisses, und zwar als sog. positive Feststellungsklage nach § 46 Abs. 2 ArbGG i. V. m. § 256 ZPO. Zulässigkeitsvoraussetzung ist daher, dass der Kläger ein rechtliches Interesse an der Feststellung des Rechtsverhältnisses durch alsbaldige richterliche Entscheidung hat (§ 256 Abs. 1 ZPO). Dieses Feststellungsinteresse ist bei einem Streit um das Bestehen bzw. Nichtbestehen eines Arbeitsverhältnisses stets gegeben. Die Rechtsnatur des Arbeitsverhältnisses als Dauerschuldverhältnis erfordert eine alsbaldige Entscheidung. Auch der Grundsatz der Subsidiarität der Feststellungsklage gegenüber der Leistungsklage steht dem nicht entgegen, da die Wirkung des Feststellungsurteils weitergehend ist als etwa eine Leistungsklage auf Lohnfortzahlung. Zudem ist zwischen den Parteien allein das Vorliegen eines Arbeitsverhältnisses strittig.

Ergebnis: Die Klage des A ist zulässig.

Exkurs: Für Verfahren, bei denen der Bestand bzw. Fortbestand eines Arbeitsverhältnisses umstritten ist, hat das angerufene Arbeitsgericht das besondere Beschleunigungsgebot des § 61 a ArbGG zu beachten (vgl. dazu Grunsky, ArbGG, 7. Aufl., § 61 a Rdn. 3 ff).

II. Begründetheit
Die Klage ist begründet, wenn zwischen A und R ein Arbeitsverhältnis besteht.

1. Ein Arbeitsverhältnis zwischen A und R liegt dann vor, wenn A im Verhältnis zu R Arbeitnehmer ist. Arbeitnehmer ist, wer auf Grund eines privatrechtlichen Vertrages zur Arbeit im Dienste eines anderen verpflichtet ist (*Michalski*, Arbeitsrecht, 7. Aufl., Rdn. 105).

Die Arbeitnehmereigenschaft beinhaltet drei Tatbestandsmerkmale:
- privatrechtlicher Vertrag,
- Verpflichtung zur Erbringung der Arbeitsleistung,
- im Dienste eines anderen, meist auch als „persönliche Abhängigkeit" bezeichnet, d. h., es muss sich um eine Beschäftigung in abhängiger Tätigkeit handeln; gebräuchlich ist auch die Bezeichnung als fremdbestimmte Arbeit im Gegensatz zur selbstbestimmten Arbeit der Selbständigen.

a) Die Rechtsbeziehungen zwischen A und R sind durch einen privatrechtlichen Vertrag begründet worden.

b) A war auf Grund der Vertragsbeziehung verpflichtet, für R als Übersetzer und Sprecher tätig zu werden, also eine Arbeitsleistung zu erbringen.

c) Besondere Probleme bereitet das Merkmal der persönlichen Abhängigkeit. Es ist das entscheidende Abgrenzungskriterium zwischen einem Arbeitnehmer und einem freien (selbstständigen) Mitarbeiter. Eine wirtschaftliche Abhängigkeit ist dagegen weder erforderlich noch ausreichend.

aa) Als Ausgangspunkt zur Ausfüllung des unbestimmten Rechtsbegriffs „persönliche Abhängigkeit" ziehen die Rechtsprechung und die h. M. die im § 84 Abs. 1 S. 2 HGB enthaltene allgemeine gesetzliche Wertung heran:

Danach ist selbständig, wer
- seine Tätigkeit im Wesentlichen frei gestalten und
- seine Arbeitszeit selbst bestimmen kann (Zeitsouveränität).

Konkret werden zur Feststellung der persönlichen Abhängigkeit zahlreiche Einzelmerkmale herangezogen. Das BAG stellt dabei in seinen Entscheidungen immer wieder klar, dass es für die Abgrenzung von Arbeitnehmern und freien Mitarbeitern kein Einzelmerkmal gibt, welches aus der Vielzahl möglicher Merkmale unverzichtbar vorliegen muss (BAG, AP Nr. 6, 14, 23 zu § 613 Abhängigkeit; BB 1996, 2690). Erst eine Prüfung vieler in Betracht kommender Abgrenzungskriterien kann die Frage beantworten, ob ein Arbeitsverhältnis oder ein freies Mitarbeiterverhältnis vorliegt. Dabei finden sich in der Rechtsprechung im Einzelnen folgende Abgrenzungskriterien (vgl. auch *Reiserer*, BB 1998, 1259 f):
- Weisungsgebundenheit,
- Eingliederung in den Betriebsablauf,
- Leistungserbringung nur in eigener Person,
- Unterordnung unter andere im Dienste des Geschäftsherrn stehende Person,
- Zulässigkeit von Nebentätigkeiten oder Pflicht, die ganze Arbeitskraft dem Geschäftsherrn zur Verfügung zu stellen,
- Form der Vergütung (Einzelhonorar oder Zeitlohn),
- Tätigkeit für nur einen Auftraggeber,
- Aufnahme in den Dienstplan,
- Abführung von Steuern und Sozialversicherungsbeiträgen,
- Urlaubsgewährung,
- Führung von Personalpapieren,
- Zurverfügungstellung von Arbeitsgeräten,
- Weiterbezahlung auch bei Krankheit oder Urlaub.

Das wichtigste Indiz für die persönliche Abhängigkeit einer Person ist der Umfang der Weisungsgebundenheit. Je mehr der Dienstverpflichtete hinsichtlich seiner Arbeitszeit, des Arbeitsortes, der Arbeitsfolge und der Arbeitsausführung den Weisungen des Dienstberechtigten unterliegt, desto mehr spricht für die Arbeitnehmerstellung. Dagegen knüpfen andere Indizien – wie insbesondere die Vergütungsform und die Abführung von Steuern und Sozialversicherungsbeiträgen sowie die Weiterzahlung von Arbeitsentgelt auch bei Krankheit oder Urlaub – zum Teil bereits selbst an den Arbeitnehmerbegriff an, so dass ihnen nur eine Hilfsfunktion zukommen darf.

bb) Grundlage der Rechtsbeziehungen zwischen A und R stellt die sog. Honorarvereinbarung dar. Dieser Vertrag ist wie jeder andere Vertrag nach den Regelungen der §§ 133, 157 BGB auszulegen. Es kommt daher auf den von den Vertragsparteien objektiv bekundeten Willen an. Unerheblich ist dagegen, wie die Vertragsparteien ihre Rechtsbeziehungen bezeichnen und welche Wertungen sie daraus ziehen (BAGE 19, 324, 329).

Die Tätigkeit des A bestand vorwiegend in Sprecher- oder Übersetzungsaufgaben. Seine Tätigkeit war dementsprechend nicht durch die Notwendigkeit zu individueller, wissenschaftlicher, kultureller oder künstlerischer Gestaltung geprägt. In der Redaktion hatte er einen festen Arbeitsplatz, seine Arbeitszeit war vorgeschrieben und die Anwesenheit obligatorisch. Es bestand eine Weisungsgebundenheit nach Ort und Zeit der Arbeitsleistung, ferner war eine Eingliederung in das organisatorische System der R gegeben. Bei dem Übersetzen und Sprechen von Kommentaren und Nachrichten liegt es schon in der Natur der Sache, dass eine Bindung an die allgemeine Aufgabenstellung besteht und für persönliche Initiative und Gestaltung kein Raum verbleibt. Bereits daraus ergibt sich notwendigerweise eine erhebliche Bindung des A an allgemeine Weisungen des Dienstempfängers, die die Tagesarbeit bestimmen, wenn sie auch bei erfahrenen und erprobten Beschäftigten keiner fühlbaren Einzelkontrolle mehr bedürfen. A hat daher seine Leistung in persönlicher Abhängigkeit erbracht. Die Nichtabführung der Lohnsteuer und der Sozialabgaben ändert an dieser Feststellung nichts. Insofern ist zu beachten, dass in erster Linie die Umstände der Dienstleistung und erst in zweiter Linie die Modalitäten der Vertragsabwicklung ausschlaggebend sind (BAG, NZA 1994, 170). Der Bejahung eines Arbeitsverhältnisses steht auch nicht entgegen, dass die an sich notwendige Zustimmung des Personalrats zur Einstellung nicht vorliegt, solange nicht Umstände bekannt sind, die der Zustimmung des Personalrats im Wege stehen könnten (BAG, BB 1976, 271).

A ist somit als Arbeitnehmer anzusehen; es besteht daher ein Arbeitsverhältnis zwischen A und R. Ein anderes Ergebnis gebietet auch nicht Art. 5 Abs. 2 GG, da die Rundfunkfreiheit bei der Beurteilung der Arbeitnehmereigenschaft keine Rolle spielt (vgl. BVerfG, NZA, 2000, 653).

Ergebnis: Die Klage des A ist auch begründet.

Lösung Fall 2
Die persönliche Abhängigkeit des Arbeitnehmers

Frage 1: Fristgerechte Kündigung

I. Die Kündigung könnte allenfalls nach § 621 Nr. 3 BGB fristgerecht sein, denn die Kündigungsfrist des § 622 Abs. 2 S. 1 Nr. 3 S. 2 BGB wurde offensichtlich nicht eingehalten. Die Vorschrift des § 621 BGB gilt nur bei unabhängigen Dienstverträgen (vgl. MüKo/*Hesse*, § 621 Rdn. 4). Auch bei arbeitnehmerähnlichen Personen findet § 621 BGB Anwendung (vgl. *Hümmerich*, NJW 1995, 1177 m. w. N.; die Kündigungsfrist des § 29 HAG gilt nicht analog – str., vgl. MüKo/*Hesse*, § 621 Rdn. 9). Die Kündigung des Vertrages durch die Deutsche Bundespost ist daher nur dann nach § 621 Nr. 3 BGB zu beurteilen, wenn A in einem Dienstverhältnis stand, also gerade kein Arbeitnehmer war.

Arbeitnehmer ist, wer auf Grund eines privatrechtlichen Vertrages zur Arbeit im Dienste eines anderen verpflichtet ist. A hat sich auf Grund eines privatrechtlichen Vertrages zur Erbringung der genannten Dienstleistung verpflichtet. Problematisch ist aber, inwieweit diese Tätigkeit im Dienste eines anderen – im Sinne einer „persönlichen Abhängigkeit" – geleistet wird. Stellt man auf die im vorhergehenden Fall genannten Abgrenzungskriterien ab, so ergibt sich Folgendes:

1. Der Umfang der Weisungsgebundenheit ist relativ gering.

a) A hat zweimal täglich zu festgelegten Zeiten fernmündlich bestimmte Daten an die Deutsche Bundespost durchzugeben. Damit ist seine Tätigkeit weitgehend durch fremdbestimmte Zeitfaktoren vorgegeben, da ihm ein gewisses Arbeitstempo und eine gewisse tägliche Arbeitsdauer durch die vertraglich übernommene Verpflichtung abgenötigt wird. Der Umstand aber, dass die Einhaltung der Verpflichtung, vereinbarte Arbeitsleistungen zu festgelegten Terminen zu erbringen, zu einer gewissen Arbeitsintensität in der zur Verfügung stehenden Zeit zwingt, bedeutet noch nicht, dass der Verpflichtete in der Einteilung der Arbeitszeit der Disposition des Vertragspartners unterworfen ist.

Von einer persönlichen Abhängigkeit in zeitlicher Hinsicht wird man im Regelfall nur dann sprechen können, wenn die Arbeitsleistung selbst und nicht nur der Arbeitserfolg zu einem bestimmten Zeitpunkt erbracht werden muss (BAGE 12, 303, 310).

b) Bezüglich seiner Verpflichtung, die deutsche Bundespost über die Auswertung der Daten zu beraten, ist A in der Art und Weise der Durchführung seiner Dienste frei und unterliegt insoweit keiner sachlichen Weisungsbefugnis.

2. A ist in keiner Weise in die Betriebsorganisation und den Betriebsablauf der Deutschen Bundespost eingegliedert.

3. Dem A ist es ferner gestattet, Nebentätigkeiten auszuüben. Er schuldet der Deutschen Bundespost nicht seine gesamte Arbeitsleistung. Dies war der Deutschen Bundespost auch bekannt.

4. Gegen ein Arbeitsverhältnis zwischen A und der Deutschen Bundespost spricht auch, dass er für seinen Arbeitsplatz Miete bezahlt und dass das Messgerät in seinem Eigentum steht.

5. Auf der anderen Seite ist aber zu berücksichtigen, dass der A eine geregelte Vergütung bekommt, die auch im Krankheitsfall und im Urlaub weitergezahlt wird. Wägt man dies allerdings gegen die vorgenannten Gesichtspunkte ab, kann diesen Umständen kein entscheidendes Gewicht beigelegt werden.

Zwischen A und der Deutschen Bundespost besteht somit kein Arbeitsvertrag, vielmehr handelt es sich bei dieser Rechtsbeziehung um einen schlichten Dienstvertrag mit einem selbständig Tätigen, der entweder ein unabhängiger Dienstverpflichteter oder eine arbeitnehmerähnliche Person sein kann, denn nur Arbeitnehmer fallen nicht unter § 621 Nr. 3 BGB, so dass für dessen Anwendbarkeit nur die Arbeitnehmereigenschaft des Gekündigten und damit dessen Weisungsabhängigkeit ausgeschlossen werden kann. Die Voraussetzungen für die Anwendung des § 621 Nr. 3 BGB sind erfüllt.

II. Voraussetzung für die Wirksamkeit der Kündigung ist jedoch nach § 621 Nr. 3 BGB, dass die Kündigung spätestens am 15. eines Monats für den Schluss des Kalendermonats erklärt wird.

Die Deutsche Bundespost erklärte dem A mit Schreiben vom 16. April 2008 zum 30. April 2008 die Kündigung. Die Kündigung ist eine einseitige empfangsbedürftige Willenserklärung. Sie wird erst dann wirksam, wenn sie dem Kündigungsgegner zugegangen ist, § 130 Abs. 1 S. 1 BGB (MüKo/*Hesse,* vor § 620 Rdn. 93). Der Sachverhalt lässt offen, wann dem A das Kündigungsschreiben vom 16. April 2005 zugegangen ist. Selbst beim Zugang der Kündigungserklärung noch am 16. April 2005 wäre eine Rechtzeitigkeit der Kündigung i. S. d. § 621 Nr. 3 BGB aber schon nicht mehr gegeben.

Ergebnis: Die Kündigung vom 16. April 2008 zum 30. April 2008 erfolgte damit gem. § 621 Nr. 3 BGB nicht fristgerecht. Die Kündigung kann aber gem. § 140 BGB in eine Kündigung zum 31. Mai 2008 als den nächst zulässigen Termin umgedeutet werden (MüKo/*Hesse,* vor § 620 Rdn. 119).

> **Exkurs**
> Von der individual-rechtlichen Frage, ob ein Mitarbeiter Arbeitnehmer ist oder nicht, ist die kollektiv-rechtliche Seite zu trennen: Bei der Einstellung von Mitarbeitern in seinem Betrieb hat der Arbeitgeber die Zustimmung des Betriebsrates gem. § 99 BetrVG zu beachten. Das BAG hat vor allem in jüngster Zeit den Begriff der tatsächlichen Einstellung erheblich erweitert. Danach liegt eine mitbestimmungspflichtige Einstellung vor, wenn Personen (also nicht nur Arbeitnehmer) in den Betrieb eingegliedert werden, um zusammen mit dort schon beschäftigten Arbeitnehmern den arbeitstechnischen Zweck des Betriebes durch weisungsgebundene Tätigkeit zu verwirklichen. Auf das Rechtsverhältnis, in dem diese Personen zum Arbeitgeber als Betriebsinhaber stehen, kommt es nicht an, so dass § 99 BetrVG auch für Nichtarbeitnehmer gilt. Maßgebend ist vielmehr, ob die zu verrichtende Tätigkeit ihrer Art nach eine weisungsgebundene Tätigkeit ist, die der Verwirklichung des arbeitstechnischen Zwecks des Betriebes zu dienen bestimmt ist und daher vom Arbeitgeber organisiert werden muss. Unerheblich ist dagegen, ob und ggf. von wem diesen Personen tatsächlich Weisungen hinsichtlich ihrer Tätigkeit gegeben werden (vgl. BAG, AP Nr. 35, 65, 68, 80, 81, 98, 106 zu § 99 BetrVG 1972).

Frage 2: Rechtswegzuständigkeit

I. Der Rechtsweg zu den Arbeitsgerichten ist gem. § 2 Abs. 1 Nr. 3 a ArbGG bei Rechtsstreitigkeiten zwischen Arbeitnehmern und Arbeitgebern aus dem Arbeitsverhältnis eröffnet. Ein Arbeitsverhältnis im Geltungsbereich des ArbGG ist dann anzunehmen, wenn der Dienstverpflichtete Arbeitnehmer i. S. d. § 5 ArbGG ist (*Grunsky,* ArbGG, 7. Aufl., § 2 Rdn. 87). Nach § 5 Abs. 1 S. 2 ArbGG gelten dabei – anders als bei § 621 Nr. 3 BGB – auch arbeitnehmerähnliche Personen als Arbeitnehmer. Dabei genügt es hier nicht, das Vorliegen eines Dienstvertrages, an den neben den unabhängig Dienstverpflichteten auch die arbeitnehmerähnlichen Personen gebunden sind, festzustellen, vielmehr muss die Arbeitnehmerähnlichkeit positiv bejaht werden.

Als arbeitnehmerähnliche Personen bezeichnet man Personen, die ihre Arbeit im Wesentlichen ohne Hilfskräfte erbringen und hierbei Art und Weise der Arbeit frei bestimmen, dabei aber doch wirtschaftlich anhängig sind und deshalb einem Arbeitnehmer vergleichbar sozial schutzbedürftig sind (vgl. auch § 12 a TVG). Anders als der Arbeitnehmer ist die arbeitnehmerähnliche Person also nur wirtschaftlich und nicht auch persönlich abhängig. Arbeitnehmerähnliche Personen werden regelmäßig persönlich ohne Mithilfe Dritter für nur einen Auftraggeber tätig und sind nicht in eine fremde Betriebsorganisation eingegliedert. Ein Tätigsein für mehrere Auftraggeber schadet nicht, sofern es sich nicht um einen ständigen Wechsel handelt.

II. Vorliegend wird A persönlich, ohne Einschaltung Dritter, primär für die Deutsche Bundespost tätig. Seine Betätigung für die Ionosphären-Gesellschaft fällt weder zeitlich noch finanziell ins Gewicht. Dass A von der Tätigkeit für die Deutsche Bundespost wirtschaftlich abhängig ist, belegt nicht nur die Höhe der Vergütung, sondern auch die Weiterzahlung des Entgelts bei Urlaub oder Krankheit. Außer seiner persönlichen Unabhängigkeit unterscheidet sich A in seiner sozialen Stellung nicht von einem Arbeitnehmer, so dass er als arbeitnehmerähnliche Person anzusehen ist. Im Geltungsbereich des ArbGG ist A daher als Arbeitnehmer anzusehen; damit ist die Rechtswegzuständigkeit der Arbeitsgerichte gegeben.

Exkurs Die bloße Rechtsansicht, dass A Arbeitnehmer i. S. d. § 5 ArbGG ist, würde hier zur Rechtswegbegründung nicht ausreichen. Insofern liegt ein sog. aut-aut-Fall vor, denn die Vergütungsansprüche können entweder auf eine arbeitsvertragliche oder eine bürgerlich-rechtliche Anspruchsgrundlage gestützt werden, die sich aber gegenseitig ausschließen. Im Zweifel müsste das angegangene Gericht daher schon im Rahmen der Zuständigkeitsprüfung über die Arbeitnehmereigenschaft des A Beweis erheben.

Ergebnis: Der Rechtsweg zu den Arbeitsgerichten ist für die Lohnzahlungsklage des A eröffnet.

Exkurs Das Arbeitsrecht ist auf arbeitnehmerähnliche Personen grundsätzlich nicht anwendbar. Einige gesetzliche Vorschriften gebieten jedoch die entsprechende Anwendung von arbeitsrechtlichen Regelungen, vgl. etwa § 2 S. 1 BUrlG § 12 a TVG, § 17 Abs. 1 S. 1 BetrAVG, § 2 Abs. 2 Nr. 3 ArbSchG, §§ 183 ff SGB III und eben § 5 Abs. 1 Nr. 2 ArbGG. Für die wohl größte Gruppe der arbeitnehmerähnlichen Personen, den Heimarbeitern, enthält das HAG spezielle Regelungen.

Lösung Fall 3
Die alternativen Arbeitnehmer

Die Beschäftigten der Bund-GmbH sind dann Arbeitnehmer, wenn sie abhängige Arbeit schulden.

I. Allein wegen der Stellung der Mitarbeiter als Gesellschafter der GmbH kann deren Arbeitnehmereigenschaft noch nicht verneint werden. In Literatur und Rechtsprechung ist grundsätzlich anerkannt, dass ein geschäftsführender Gesellschafter neben seiner gesellschaftsrechtlichen Stellung auch Arbeitnehmer der Gesellschaft sein kann, wenn bei ihm die sonstigen Merkmale des Arbeitnehmerbegriffs, insbesondere seine persönliche Abhängigkeit, vorliegen (BAG, NZA 1991, 392, 393). Für die Beurteilung der Frage, ob der Gesellschafter Arbeitnehmer ist, muss auf das Gesamtbild der zu berücksichtigenden Rechtsbeziehung abgestellt werden. Die Arbeitnehmereigenschaft eines Gesellschafters wird regelmäßig dann verneint, wenn er eine herausgehobene Stellung innerhalb der Gesellschaft hat, wie bei einer Mehrheitsbeteiligung, oder wenn ihm eine Sperrminorität zusteht (BAG, NZA 1991, 392, 393).

II. Wer Mitglied eines Organs einer juristischen Person ist, das zur gesetzlichen Vertretung berufen ist, steht nicht in einem Arbeitsverhältnis zur juristischen Person, sondern repräsentiert die juristische Person unmittelbar als Arbeitgeber (MünchArbR/*Richardi*, § 24 Rdn. 111).

Das ergibt sich aber nicht aus § 5 Abs. 2 Nr. 1 BetrVG bzw. § 5 Abs. 1 S. 3 ArbGG, wonach als Arbeitnehmer i. S. d. Gesetzes nicht die Mitglieder des Organs juristischen Personen gelten. Beide Vorschriften enthalten zwar eine negative Definition des Arbeitnehmerbegriffs; allerdings gilt dies nur für den Bereich des Betriebsverfassungs- bzw. des Prozessrechts selbst. Es können daraus keine Schlüsse auf das Individualarbeitsrecht gezogen werden. Das ergibt sich insbesondere aus § 5 Abs. 3 S. 1 BetrVG, wonach das Gesetz weiterhin keine Anwendung findet auf leitende Angestellte. Nach individualrechtlichen Regelungen sind aber auch leitende Angestellte Arbeitnehmer. § 5 BetrVG will nur von der „Vertretung" der Arbeitnehmer im Betrieb durch den Betriebsrat bestimmte herausgehobene Personengruppen ausnehmen.

Vereinzelt werden Bedenken dagegen erhoben, dass die Arbeitnehmereigenschaft eines Geschäftsführers einer GmbH grundsätzlich verneint wird (vgl. MünchArbR/ *Richardi,* § 24 Rdn. 113). Dagegen spricht, dass der Geschäftsführer einer GmbH gegenüber den Gesellschaftern weisungsgebunden ist (§ 37 GmbHG). Mit seiner Stellung als vertretungsberechtigtes Organ der Gesellschaft soll es aber demnach unvereinbar sein, gleichzeitig ein Arbeitsverhältnis anzunehmen. Der Geschäftsführer kann nicht gleichzeitig Arbeitgeber und Arbeitnehmer sein. Diese Ansicht ist aber deshalb bedenklich, weil zwischen der GmbH und dem Geschäftsführer ein von der organschaftlichen Bestellung zu unterscheidender Anstellungsvertrag abgeschlossen wird. Eine Weisungsabhängigkeit, wie sie sich schon aus § 37 Abs. 1 GmbHG ergibt, spricht eindeutig für die Arbeitnehmereigenschaft, was im Übrigen durch § 14 Abs. 1 Nr. 1 KSchG bestätigt wird. Denn danach werden Organmitglieder juristischer Personen von der Gruppe der leitenden Angestellten ausdrücklich ausgenommen („… gelten nicht …"), was im Sinne einer als Fiktion geregelten Vorschrift nicht erforderlich wäre, wenn sie schon die Arbeitnehmereigenschaft nicht erfüllten. Was bei GmbH-Geschäftsführern an sich offensichtlich ist, sieht allerdings bei den Vorstandsmitgliedern einer AG anders aus. Diese sind nach § 76 Abs. 1 AktG nicht weisungsabhängig, und zwar nicht einmal vom Aufsichtsrat, jedenfalls nicht unmittelbar, sondern allenfalls mittelbar über § 84 Abs. 3 S. 1 AktG (Abberufung ist aber nur aus wichtigem Grund möglich) und § 111 Abs. 1 AktG (Überwachungspflicht des Aufsichtsrates). Der dennoch abgeschlossene „Anstellungsvertrag" erweist sich damit als Dienst- und nicht als Arbeitsvertrag.

III. Im vorliegenden Fall sind die Beschäftigten sowohl Gesellschafter als auch Geschäftsführer.

Bereits aus ihrer Stellung als Gesellschafter folgt, dass sie keine Arbeitnehmer sind, da nach dem „Arbeitsvertrag" alle Mitarbeiter unabhängig von ihrer formalen Stellung gleichberechtigt und gleichverantwortlich sind. Sie üben alle im Betrieb anfallenden Arbeiten einschließlich der Verwaltungs- und Organisationsarbeiten gleichberechtigt aus. Ein Über-/Unterordnungsverhältnis, wie es für die abhängigen Beschäftigten kennzeichnend ist, liegt nicht vor.

Darüber hinaus könnte, was allerdings problematisch ist (s. o.), die Arbeitnehmereigenschaft der Beschäftigten der Bund-GmbH auch wegen ihrer Stellung als Geschäftsführer verneint werden.

Ergebnis: Die Mitarbeiter der Bund-GmbH sind keine Arbeitnehmer.

Auch bei der Bund-GmbH handelt es sich dagegen nicht um eine sog. Eigengruppe, d. h. um eine Mehrheit von Arbeitnehmern, die sich zu gemeinsamer Arbeitsleistung aus eigener Initiative zusammengeschlossen haben und als Gruppe ihre Dienstleistung dem Arbeitgeber/Auftraggeber anbieten (zur Eigengruppe vgl. *Schaub,* Arbeitsrechtshandbuch, 12. Aufl., § 182 Rdn. 12 ff).
Es ist zwar durchaus denkbar, dass sich mehrere Arbeitnehmer einer Gruppe zusammenschließen und gemeinschaftlich ihre Arbeitskraft anbieten. Dabei bestehen insbesondere Probleme für die Frage, ob der Zusammenschluss der Arbeitnehmer, der regelmäßig in der Form einer BGB-Gesellschaft geführt wird, ihre Arbeitskraft als Einzelperson anbieten oder ob die Gesellschaft selbst die Arbeitskraft anbietet. Die Frage nach einem Gruppenarbeitsverhältnis, wie es bei einer sog. Eigengruppe vorliegt, stellt sich hier aber schon deswegen nicht, weil die Bund-GmbH ein selbständiger Betrieb ist. Sie führt die Zimmereiarbeiten in Eigenregie durch. Die Verhältnisse zu den Auftraggebern sind daher als Werkverträge oder zumindest als Dienstverträge, nicht aber als Arbeitsverträge zu qualifizieren (vgl. *Schaub,* Arbeitsrechtshandbuch, 12. Aufl., § 182 Rdn. 16 ff).

Lösung Fall 4
Der Arbeitgeberbegriff

Im Gegensatz zum Arbeitnehmerbegriff wirft der Arbeitgeberbegriff kaum Probleme auf.

I. Die übliche Definition des Arbeitgeberbegriffs lautet: Arbeitgeber ist, wer mindestens einen Arbeitnehmer beschäftigt.

II. Von Bedeutung für die Frage des A nach dem Arbeitgeber ist die Unterscheidung zwischen abstraktem und konkretem Arbeitgeber.

Abstrakter Arbeitgeber ist derjenige, dem der Anspruch auf die Arbeitsleistung zusteht.

Dies kann nicht nur eine natürliche Person, ein Mensch, sondern auch eine juristische Person, wie etwa eine GmbH, sein. Auch eine Gemeinde als Körperschaft des öffentlichen Rechts, kann abstrakter Arbeitgeber, insbesondere für Arbeitnehmer im öffentlichen Dienst, sein. Die juristische Person ist Vertragspartner des Arbeitnehmers, sie hat daher den Anspruch auf die Arbeitsleistung.

Ergebnis: Demnach ist der abstrakte Arbeitgeber des A die B-GmbH.

III. Kennzeichnend für den Arbeitgeber ist, dass er Inhaber des Direktions- bzw. Weisungsrechts ist. Er muss im Rahmen der vertraglich geschuldeten Arbeit bestimmen, welche konkreten Arbeiten wann und wo zu verrichten sind.

Eine juristische Person ist allerdings selbst nicht handlungsfähig. Sie kann nicht Weisungen selbst erteilen. Für die juristische Person handeln deren Organe. Für die GmbH ist dies der Geschäftsführer, § 35 Abs. 1 GmbHG. Diese Person bezeichnet man als konkreten Arbeitgeber. Demnach ist konkreter Arbeitgeber derjenige, der Inhaber des Weisungsrechts ist *(Michalski,* Arbeitsrecht, 7. Aufl., Rdn. 175).

Ergebnis: Konkreter Arbeitgeber des A ist damit der einzige Gesellschafter und Geschäftsführer der GmbH, der C.

Lösung Fall 5
Willenserklärungen beschränkt Geschäftsfähiger

I. Eine Anfechtung der bei Abschluss des Arbeitsvertrages abgegebenen Willenserklärung oder eine Kündigung des Arbeitsvertrages kommt zunächst immer dann in Betracht, wenn ein wirksamer Arbeitsvertrag zwischen den Parteien abgeschlossen worden ist.

Daran könnte es aber vorliegend mangeln, weil der M bei Abgabe seiner Willenserklärung nicht unbeschränkt geschäftsfähig war.

1. Der Arbeitsvertrag als schuldrechtlicher Vertrag unterliegt den allgemeinen Regelungen des BGB. Insbesondere sind die Vorschriften über das Minderjährigenrecht anwendbar. Der Arbeitsvertrag ist für den Minderjährigen nicht lediglich rechtlich vorteilhaft, da sich der Minderjährige in ihm zur Arbeitsleistung verpflichtet.

Der erst 16 Jahre alte minderjährige M ist nur beschränkt geschäftsfähig, §§ 2, 106 BGB. Gem. § 107 BGB bedarf er deshalb zum Abschluss des Arbeitsvertrages, weil dieser ihm schon wegen seiner Verpflichtung zur Erbringung der Arbeitsleistung, keinen lediglich rechtlichen Vorteil bringt, der Einwilligung seiner Eltern. Da eine solche Einwilligung nicht vorliegt, ist der Arbeitsvertrag nach § 108 Abs. 1 BGB schwebend unwirksam.

2. Ein wirksamer Arbeitsvertrag könnte aber unter den Voraussetzungen des § 113 BGB zu Stande gekommen sein. § 113 BGB ermächtigt den beschränkt Geschäftsfähigen zum Eintritt in Dienste oder Arbeit. Nicht dazu gehören jedoch Berufsausbildungsverhältnisse, da bei diesen nicht die Leistung von Dienst oder Arbeit, sondern die Vermittlung fachlicher Fähigkeiten und Fertigkeiten im Vordergrund steht, vgl. § 1 Abs. 2 BBiG.

Da M kein Berufsausbildungsverhältnis eingegangen ist, könnte § 113 BGB anwendbar sein. Allerdings fehlt es auch hier an einer entsprechenden Ermächtigung durch die Eltern des M, so dass der Arbeitsvertrag auch nicht nach § 113 BGB wirksam ist. Zwar kann die Ermächtigung nach § 113 BGB vor oder nach Begründung des Arbeitsverhältnisses auch konkludent erfolgen, jedoch muss sie hinreichend klar zum Ausdruck kommen (*Schaub*, Arbeitsrechtshandbuch, 12. Aufl., § 34 Rdn. 37). Hierzu reicht aber weder „resignierendes Dulden" (BAG, AP Nr. 6 zu § 113) noch die Duldung der Arbeitsaufnahme an sich, da die Duldung der Arbeitsaufnahme keine stillschweigende Ermächtigung i. S. v. § 113 BGB darstellt (LAG München, AMBL BY 1970, C 41).

Mangels wirksamer Einwilligung ist der Arbeitsvertrag schwebend unwirksam, vgl. § 108 Abs 1 BGB.

II. Möglicherweise kann auch ein schwebend unwirksamer Arbeitsvertrag angefochten oder gekündigt werden.

1. Die Formulierung „Anfechtung des Arbeitsvertrages" ist etwas ungenau, da immer nur eine Willenserklärung angefochten werden kann, §§ 119, 123 BGB. Danach wird, wenn die Willenserklärung, die zum Zustandekommen eines Arbeitsvertrages geführt hat, angefochten und deshalb nach in Vollzug gesetztem Arbeitsverhältnis in Abweichung von der dem § 142 Abs. 1 BGB zu Grunde liegenden ex-tunc-Unwirksamkeit erst für die Zukunft endgültig unwirksam wird, rechtlich der Arbeitsvertrag selbst vernichtet, weil es dann an dem Erfordernis von zwei wirksamen Willenserklärungen fehlt.

a) Aus dogmatischer Sicht ist daher die Anfechtung eines schwebend unwirksamen Arbeitsvertrages zulässig. Auch nichtige Rechtsgeschäfte können nach h. M. angefochten werden (*Palandt/Heinrichs/Ellenberger*, BGB, 67. Aufl., Überbl. v. § 104 Rdn. 35 m. w. N.; vgl. auch BGH, NJW 1992, 2483, 2484 zur Insolvenzanfechtung und Nichtigkeit).

b) Als Anfechtungsgründe kommen § 119 Abs. 2 BGB und § 123 BGB in Betracht.

aa) Die Minderjährigkeit des M ist eine verkehrswesentliche Eigenschaft i. S. d. § 119 Abs. 2 BGB, weil sie Auswirkungen auf das Arbeitsverhältnis zu A hat, insbesondere durch die Vorschriften des JArbSchG. So steht dem Minderjährigen z. B. ein höherer gesetzlicher Urlaubsanspruch zu, § 19 JArbSchG.

bb) Dadurch, dass M sein Alter wahrheitswidrig mit 19 Jahren angab, hat er den A überdies arglistig getäuscht. Die Frage nach dem Alter war dabei zulässig, da der Arbeitgeber wissen muss, ob er einen Minderjährigen einstellt (vgl. zum Fragerecht des Arbeitgebers, s. Lösung **Fall 8**).

c) Die Anfechtung ist gem. § 143 Abs. 2 BGB grundsätzlich gegenüber dem Vertragspartner zu erklären. Die Anfechtung ist eine empfangsbedürftige Willenserklärung und wird mit Zugang wirksam, § 130 Abs. 1 S. 1 BGB. Allerdings ist M gem. §§ 2, 106 BGB beschränkt geschäftsfähig. Zur Wirksamkeit einer ihm gegenüber abgegebenen Willenserklärung bedarf es daher nach § 131 Abs. 2 S. 1 BGB des Zugangs der Erklärung bei dem gesetzlichen Vertreter, also den Eltern des M (vgl. §§ 1626 Abs. 1 S. 1, 1629 Abs. 1 BGB). Ausgenommen sind nur die Fälle, bei denen die Willenserklärung für den beschränkt Geschäftsfähigen lediglich einen rechtlichen Vorteil bringt oder der gesetzliche Vertreter seine Einwilligung erteilt hat, § 131 Abs. 2 S. 2 BGB. Jedoch ist die Anfechtung des Vertrages für M nicht lediglich rechtlich vorteilhaft, da er hierdurch auch keine Rechte mehr aus dem Vertrag herleiten kann. Auch eine Einwilligung ist abzulehnen. Zwar waren die Eltern des M gegen die Aufnahme eines Arbeitsverhältnisses durch M, jedoch kann hierin noch keine konkludente Einwilligung im Hinblick auf eine Anfechtungserklärung des A gesehen werden. Zu denken wäre noch an eine analoge Anwendung des § 109 Abs. 1 S. 2 BGB mit der Folge, dass auch die Anfechtungserklärung gegenüber dem Minderjährigen erklärt werden kann, jedoch ist dies auf Grund des Ausnahmecharakters von § 109 BGB zu § 131 Abs. 2 BGB abzulehnen.

Daher wird eine dem M gegenüber erklärte Anfechtung gem. § 131 Abs. 2 S. 1 BGB erst wirksam, wenn sie dem gesetzlichen Vertreter zugeht. Das bedeutet aber nicht, dass die Anfechtung auch an den gesetzlichen Vertreter gerichtet sein muss. Wie sich aus § 131 BGB ergibt, kann eine Willenserklärung durchaus einem Minderjährigen gegenüber abgegeben werden; sie wird nur nicht schon mit dem Zugang beim Minderjährigen, sondern erst dann wirksam, wenn sie dem gesetzlichem Vertreter zugeht, d. h. zumindest dann, wenn dieser tatsächlich davon Kenntnis erlangt (LAG Hamm, DB 1975, 407; MüKo/*Einsele*, § 131 Rdn. 4). M ist dann insofern als Erklärungsbote des A anzusehen (vgl. *Soergel/Hefermehl*, BGB, 12. Aufl., § 131 Rdn. 3), und zwar mit der Folge, dass A das Zugangs- und Verspätungsrisiko trägt. Das Verspätungsrisiko ist dabei vor allem im Hinblick auf die Anfechtungsfristen relevant, dürfte aber auf Grund des Eingreifens der Jahresfrist des § 124 Abs. 1 BGB für die Anfechtung nach § 123 BGB noch hinnehmbar sein.

2. Problematischer ist die Kündigung eines schwebend unwirksamen Arbeitsvertrages. Auf den ersten Blick erscheint es, als ob eine Kündigung nicht zulässig wäre, da ein schwebend unwirksamer Vertrag eben kein voll wirksamer Vertrag ist.

Allerdings erzeugt auch ein schwebend unwirksamer Vertrag Rechtswirkungen (vgl. Lösung **Fall 6**). Während des Schwebezustandes sind beide Parteien an den Vertrag gebunden (vgl. *Palandt/Heinrichs*, BGB, 65. Aufl., § 108 Rdn. 1), der Arbeitgeber allerdings nur im Rahmen von § 109 BGB.

Daher ist auch bei schwebend unwirksamen Arbeitsverträgen eine Kündigungsmöglichkeit nicht von vornherein sinnlos.

Dass der Arbeitgeber darüber hinaus die Möglichkeit hat, nach §§ 108, 109 BGB vorzugehen, kann nicht gegen die Kündbarkeit des Vertrages sprechen. Die Konkurrenz mehrerer Beendigungsmöglichkeiten ist nichts Ungewöhnliches.

a) Als Kündigungsform kommt hier die außerordentliche Kündigung gem. § 626 BGB in Betracht.

Die vorsätzliche Falschangabe des M ist ein wichtiger Grund i. S. d. § 626 Abs. 1 BGB, weil dadurch das Vertrauensverhältnis zum Arbeitgeber empfindlich gestört wurde. Sie führt auch dazu, dass dem A die Fortsetzung des Arbeitsverhältnisses unzumutbar ist.

b) Die Kündigungserklärungsfrist von zwei Wochen nach Bekanntwerden des Kündigungsgrundes, § 626 Abs. 2 BGB, müsste A einhalten.

c) Im Gegensatz zur formfreien Anfechtungserklärung bedarf die Kündigung zu ihrer Wirksamkeit der Schriftform (unter Ausschluss der elektronischen Form, §§ 126 Abs. 3, 126 a BGB), **§ 623 BGB**. Die Nichteinhaltung der Schriftform macht die Kündigung unwirksam, § 125 S. 1 BGB.

Exkurs

§ 623 BGB ist durch das Gesetz zur Vereinfachung und Beschleunigung des arbeitsgerichtlichen Verfahrens (Arbeitsgerichtsbeschleunigungsgesetz) neu gefasst worden und gilt seit dem 1. 5. 2000. Zweck der Einführung der Schriftform für Kündigung und Aufhebungsvertrag ist es, der besonderen Bedeutung dieser Beendigungstatbestände Rechnung zu tragen und größtmögliche Rechtssicherheit herbeizuführen. In seiner ursprünglichen Fassung erstreckte § 623 BGB das Schriftformerfordernis auch auf die Befristung des Arbeitsvertrages. Seit dem 1. 1. 2001 ergibt sich diese Bestimmung nunmehr aus § 14 Abs. 4 TzBfG (vgl. auch Lösung **Fall 29**).

d) Zudem wird auch die Kündigungserklärung – wie schon die Anfechtungserklärung – gem. § 131 Abs. 2 S. 1 BGB nur wirksam, wenn sie den Eltern des M zugeht. Eine an M adressierte schriftliche Kündigung wäre zwar grundsätzlich möglich (vgl. LAG Hamm, DB 1975, 407), jedoch würde A wiederum das Zugangs- und Verspätungsrisiko tragen, was im Hinblick auf die kurze Kündigungserklärungsfrist des **§ 626 Abs. 2 BGB** von 2 Wochen **besonders gefährlich** ist.

Ergebnis: A kann die Anfechtung oder die Kündigung gegenüber M erklären. Wirksam werden die Erklärungen aber nur, wenn sie den Eltern des M fristgerecht zugehen. Vor diesem Hintergrund ist dem A zu raten, Anfechtung und Kündigung direkt gegenüber den Eltern des M zu erklären. Bei der Kündigung ist zudem zu beachten, dass sie nur schriftlich erfolgen kann.

Natürlich kann A auch den Arbeitsvertrag nach § 109 Abs. 1 S. 1 BGB widerrufen. Da der Widerruf gem. § 109 Abs. 1 S. 2 BGB auch gegenüber M erklärt werden kann, dürfte dieser Weg sogar die einfachste Lösung sein.

Lösung Fall 6
Rechtslage bei Durchführung eines fehlerhaft begründeten Arbeitsverhältnisses

Der Arbeitsvertrag zwischen M und A ist schwebend unwirksam. Die Wirksamkeit des Vertrages hängt von der Genehmigung der gesetzlichen Vertreter des M ab, § 108 Abs. 1 BGB.

Dieser Schwebezustand ist grundsätzlich unbegrenzt (BGHZ 81, 93). Die Ungewissheit über die Wirksamkeit des Arbeitsvertrages kann der Arbeitgeber gem. § 108 Abs. 2 BGB durch Aufforderung zur Genehmigung des Vertrages durch die Eltern oder durch Widerruf gem. § 109 Abs. 1 BGB beenden. Die beiden Möglichkeiten des Arbeitgebers, den Schwebezustand zu beenden, bestehen nebeneinander (MüKo/*Schmitt*, § 108 BGB Rdn. 2). Der Arbeitgeber wird gem. § 108 Abs. 2 BGB den gesetzlichen Vertreter zur Genehmigung des Vertrages dann auffordern, wenn er an dem Vertragsverhältnis festhalten will. Möchte er sich dagegen von dem Vertrag lösen, so wird er den Vertrag gem. § 109 BGB widerrufen.

I.   Soweit der Arbeitgeber an dem Vertrag festhalten will, wird er den gesetzlichen Vertreter des Arbeitnehmers zur Genehmigung über den Vertrag gem. § 108 Abs. 2 S. 1 BGB auffordern. Der gesetzliche Vertreter hat nach Zugang der Aufforderung an ihn zwei Wochen Zeit, die Genehmigung zu erteilen oder zu verweigern. Soweit der gesetzliche Vertreter nichts erklärt, gilt die Genehmigung des Vertrages nach Ablauf von zwei Wochen als verweigert (§ 108 Abs. 2 S. 2 BGB).

Möchte sich dagegen der Arbeitgeber sofort von dem Vertrag mit dem Minderjährigen lösen, wird er den Widerruf des Vertrages gem. § 109 BGB erklären. Der Widerruf ist nur bis zur Genehmigung des Vertrages möglich.

II.   Soweit der gesetzliche Vertreter den Vertrag genehmigt, wird der Vertrag rückwirkend wirksam. Weitere Probleme treten nicht auf.

Soweit allerdings die Genehmigung verweigert wird bzw. als verweigert gilt, ist der Vertrag von Anfang an unwirksam (*Palandt/Heinrichs/Ellenberger*, BGB, 67. Aufl., § 108 Rdn. 3). Das gleiche gilt für den Widerruf, der die Wirkung hat, dass der Vertrag nach erklärtem Widerruf als nicht rechtswirksam geschlossen gilt (RGRK, § 109 Rdn. 2).

Da M bereits seine Arbeitsleistung erbracht hat, auf die der Arbeitgeber wegen des unwirksamen Vertrages keinen Anspruch hatte, müssten nach allgemeinen zivilrechtlichen Regelungen die Leistungen gem. § 812 Abs. 1 S. 1, 1. Alt. BGB zurückgewährt werden. Da eine Herausgabe der Arbeitsleistung nicht möglich ist, müsste gem. § 818 Abs. 2 BGB Wertersatz erbracht werden.

Das erste Problem, das sich bei einem Wertersatz gem. § 818 Abs. 2 BGB im Arbeitsrecht ergeben würde, ist die Frage der Bewertbarkeit der Arbeitsleistung, insbesondere hinsichtlich ergänzender Lohnbestandteile, wie etwa Schmutz- und Erschwerniszulagen. Darüber hinaus ist bei freiwilligen Arbeitgeberleistungen nicht ohne weiteres erkennbar, ob sie Lohnfunktion haben sollen oder ob sie nur einen Anreiz zum Bleiben bilden. Im letzteren Fall wäre ein Wertersatz dieser Leistung nicht gerechtfertigt.

Bei einem Wertersatz gem. §§ 812, 818 Abs. 2 BGB würde darüber hinaus der Pfändungsschutz des Arbeitsentgelts nach §§ 850 ff ZPO und das Aufrechnungsverbot nach § 394 BGB nicht eingreifen. Wesentliche Schutzrechte der Arbeitnehmer wären damit ausgeschlossen.

Um dem Schutzbedürfnis des Arbeitnehmers gerecht zu werden, wurde die Lehre vom faktischen Arbeitsverhältnis (oder besser: „fehlerhaftes Arbeitsverhältnis") entwickelt. Danach wird ein fehlerhafter Arbeitsvertrag, der in Vollzug gesetzt wurde, für die Vergangenheit als wirksam behandelt, d. h., für die Dauer des Vollzuges haben die Arbeitsvertragsparteien dieselben umfassenden Rechte und Pflichten, wie sie bei einem wirksamen Arbeitsverhältnis bestehen würden.

Soweit ein fehlerhaftes Arbeitsverhältnis besteht, kann sich der Arbeitgeber von diesem mittels einfacher Erklärung gegenüber dem Arbeitnehmer lösen (vgl. *Schaub*, Arbeitsrechtshandbuch, 12. Aufl., § 35 Rdn. 51). Dabei sind keine Fristen einzuhalten. Für den obigen Fall bedarf es einer solchen einfachen Erklärung des Arbeitgebers dagegen nicht, da er sich von dem M bereits durch den Widerruf des Vertrages gem. § 109 BGB gelöst hat oder dadurch lösen konnte, dass nach seiner Aufforderung an die gesetzlichen Vertreter diese die Genehmigung des Vertrages verweigerten oder innerhalb von zwei Wochen die Genehmigung nicht erteilten.

Von einem faktischen Arbeitsverhältnis wird dann gesprochen, wenn ein Arbeitsvertrag zwischen Arbeitgeber und Arbeitnehmer geschlossen wurde, dieser Arbeitsvertrag aber wegen Formmangels, §§ 125, 126 BGB, Verstoßes gegen ein gesetzliches Verbot, § 134 BGB, Sittenwidrigkeit, §§ 138 BGB, mangelnder Geschäftsfähigkeit, §§ 104 ff BGB, oder auch wegen Anfechtung, §§ 119 ff, 142 Abs. 1 BGB, von Anfang an rechtsunwirksam ist, dieser fehlerhafte Vertrag allerdings in Vollzug gesetzt wurde, d. h., der Arbeitnehmer seine Arbeit bei dem Arbeitgeber aufgenommen hat.

Der Arbeitsvertrag zwischen M und A ist, soweit A den Vertrag widerruft (§ 109 Abs. 1 BGB) oder dieser nach Aufforderung von den gesetzlichen Vertretern nicht genehmigt wird (§ 108 Abs. 2 BGB), von Anfang an unwirksam. M hat seine Arbeit bei A bereits aufgenommen. Es liegt damit ein faktisches Arbeitsverhältnis vor. Damit scheidet eine Rückabwicklung der erbrachten Arbeitsleistung mittels Wertersatzes gem. §§ 812 Abs. 1, 818 Abs. 2 BGB aus. Vielmehr muss A dem M seine Arbeitsleistung so vergüten, wie dies nach dem fehlerhaften Arbeitsvertrag vorgesehen war.

Soweit das fehlerhafte Arbeitsverhältnis noch nicht in Vollzug gesetzt wurde, bedarf es der Lehre vom faktischen Arbeitsverhältnis nicht. Es entstehen keinerlei Primärrechte aus dem Vertrag (BAG, AP Nr. 24 zu § 123 BGB).

Exkurs Liegt ein Mangel der Geschäftsfähigkeit auf Arbeitnehmerseite vor, so erfordert es der Schutzzweck der §§ 104 ff BGB, dass der Arbeitgeber nicht im gleichen Maße alle Rechte aus dem Arbeitsvertrag herleiten kann wie der Arbeitnehmer. Auf Grund des Mangels seiner Geschäftsfähigkeit konnte sich der Arbeitnehmer nicht wirksam verpflichten, so dass ihn auch keine Pflichten aus dem Arbeitsvertrag treffen können. Der Arbeitgeber ist insofern auf Ansprüche aus §§ 823 ff BGB und § 812 BGB beschränkt (vgl. *Schaub*, Arbeitsrechtshandbuch, 12. Aufl., § 36 Rdn. 51 f).

Ansprüche aus faktischen Arbeitsverhältnissen fallen ebenso in die Zuständigkeit der Gerichte für Arbeitssachen wie Ansprüche aus einem nichtigen Arbeitsverhältnis (vgl. *Grunsky*, ArbGG, 7. Aufl., § 2 Rdn. 87).

Lösung Fall 7
Der Umfang der Direktionsbefugnis

A ist dann zur Erbringung der geforderten Arbeitsleistung verpflichtet, wenn sich diese Verpflichtung aus dem Arbeitsvertrag ergibt.

I. Welche Arbeitsleistung der Arbeitnehmer konkret zu erbringen hat, bestimmt sich in erster Linie nach den Vereinbarungen im Arbeitsvertrag. Dabei sind zwingende Gesetzesvorschriften und/oder zwingende tarifliche oder betriebsverfassungsrechtliche Normen vorrangig zu beachten.

Nach dem Arbeitsvertrag ist der in der Forschungsabteilung beschäftigte A zur Forschungstätigkeit verpflichtet. Im Arbeitsvertrag wird regelmäßig nicht in allen Einzelheiten festgelegt, welche konkreten Arbeiten zu welcher Zeit und an welchem Ort zu verrichten sind. Für die Frage, ob A verpflichtet ist, am konkreten Forschungsprojekt mitzuarbeiten, ist aus dem Arbeitsvertrag nichts zu entnehmen.

II. Die vertraglich geschuldete Arbeitsleistung wird durch das sog. Weisungs- oder Direktionsrecht des Arbeitgebers konkretisiert.

Die dogmatische Grundlage für das Weisungsrecht wird allgemein aus dem Arbeitsvertrag oder dem „Wesen des Arbeitsverhältnisses" abgeleitet. Der Sache nach handelt es sich um die Ausübung eines einseitigen Gestaltungsrechts zur Leistungsbestimmung, das gem. § 315 Abs. 1 BGB bzw. § 106 GewO, der nach § 6 Abs. 2 GewO für alle Arbeitnehmer gilt, nur nach billigem Ermessen ausgeübt werden darf. Die einzelne Gestaltung unterliegt dabei einer Billigkeitskontrolle gem. § 315 Abs. 3 BGB (MünchArbR/*Blomeyer*, § 48 Rdn. 31).

Das Weisungsrecht des Arbeitgebers ist zudem nicht völlig grenzenlos. Es wird insbesondere durch zwingende gesetzliche, tarifvertragliche oder betriebsverfassungsrechtliche Bestimmungen beschränkt. Darüber hinaus kann das Weisungsrecht nur im Rahmen der arbeitsvertraglich geschuldeten Leistung ausgeübt werden (MünchArbR/*Blomeyer*, § 48 Rdn. 37).

Rechtsgrundlage für die konkrete Arbeitsverpflichtung ist damit der Arbeitsvertrag, konkretisiert durch eine auf Grund des Weisungsrechts ergangene Weisung. Problematisch ist vorliegend lediglich die Rechtswirksamkeit der Weisung hinsichtlich der Art der zu leistenden Arbeit, nicht dagegen stehen Ort und Zeit der Arbeit in Frage.

1. Die Weisung des Arbeitgebers, den A bei dem in Frage stehenden Projekt einzusetzen, verstößt weder gegen gesetzliche noch betriebsverfassungsrechtliche oder tarifvertragliche Bestimmungen.

2. Fraglich ist aber, ob die Weisung einer Ermessensüberprüfung gem. § 315 Abs. 3 BGB standhält. Bei der Billigkeitskontrolle müssen sowohl die Interessen des Arbeitgebers als auch die Interessen des Arbeitnehmers gegeneinander abgewogen werden.

Das Weisungsrecht wird inhaltlich auch durch das Grundrecht der Gewissensfreiheit bestimmt (BAG, NJW 1990, 203, 204). Dogmatisch handelt es sich hierbei um eine sog. Drittwirkung von Grundrechten (*v. Münch/Kunig,* GG, Vorb., Rdn. 28 ff). Kollidiert die Gewissensbetätigung mit dem Recht des Arbeitgebers, im Rahmen seiner unternehmerischen Betätigungsfreiheit den Inhalt der Arbeitsvertragsverpflichtung des Arbeitnehmers anhand dessen Arbeitsvertrages zu konkretisieren, so ist diese Spannungslage auf Grund des § 315 BGB unter Abwägung aller Umstände des Einzelfalls aufzulösen. Die für die Interessensabwägung maßgeblichen Kriterien sind dabei die Vorhersehbarkeit, aktuelle betriebliche Erfordernisse und eine Wiederholungswahrscheinlichkeit.

a) Da sich A darauf beruft, er könne die Teilnahme an dem Projekt mit seinem Gewissen nicht vereinbaren, muss eine Gewissensentscheidung vorliegen. Das BAG geht – wie auch das BVerfG – von einem subjektiven Gewissensbegriff aus. Eine Gewissensentscheidung ist danach jede ernste, sittliche, d. h. an den Kategorien von „gut" und „böse" orientierte Entscheidung, die der Einzelne in einer bestimmten Lage als für sich bindend und unbedingt verpflichtend innerlich erfährt, so dass er gegen sie nicht ohne ernste Gewissensnot handeln könne (BVerfGE 12, 45, 54 f; BAG, NJW 1990, 203, 204).

Da A seine Entscheidung ernsthaft und nachvollziehbar erläutern kann, hat er eine Gewissensentscheidung getroffen. Dabei kommt es auf die Motivation des Pharmakonzerns bei der Entwicklung des Medikaments nicht an. A stellte klar, nicht die Zweckbestimmung, sondern die objektive Verwendbarkeit des Medikaments im Kriegsfall löse seinen Gewissenskonflikt aus. Diese objektive Verwendbarkeit des Medikaments im Falle einer nuklearen Auseinandersetzung wird nicht in Frage gestellt.

b) Der Gewissenskonflikt war für A nicht vorhersehbar. Er musste zwar durch seine Beschäftigung in einem Pharmakonzern mit der Beteiligung an der Entwicklung von Medikamenten rechnen, die im Kriegsfall auch an Soldaten verabreicht werden können. Hierin liegt aber nicht sein Gewissenskonflikt. Der A hat die Mitarbeit an dem Medikament deshalb verweigert, weil die Substanz eine Indikation bekämpft, die gerade im Falle atomarer Verstrahlung massenhaft vorkommen würde.

Dafür, dass A wiederholt mit der Entwicklung von entsprechenden Präparaten, die im Falle atomarer Auseinandersetzung verwendet werden könnten, beauftragt werden sollte, liegen keine Anhaltspunkte vor.

Ebenso wenig ist erkennbar, dass aktuelle betriebliche Erfordernisse gegen die Beteiligung des A an dem umstrittenen Projekt bestehen. Dabei muss davon ausgegangen werden, dass die Beschäftigten in dem Forschungsbereich eines Pharmakonzerns regelmäßig neue Medikamente entwickeln müssen und deren Einsatz bei verschiedenen Projekten ein betriebliches Erfordernis darstellt. Darüber hinausgehende aktuelle betriebliche Erfordernisse sind dagegen nicht ersichtlich.

c) Aus dem Inhalt der Gewissensentscheidung ergibt sich auch, dass es sich nur auf das aktuelle Forschungsprojekt bezieht und daher mit weiteren vergleichbaren Konflikten nach Abschluss des Forschungsprojekts nicht zu rechnen ist.

d) Eine Abwägung der Interessen von Arbeitgeber und Arbeitnehmer ergibt, dass die Gewissensentscheidung des Arbeitnehmers das Interesse des Arbeitgebers an der Beteiligung des A an dem fraglichen Projekt überwiegt.

Ergebnis: A ist nicht verpflichtet, an dem Forschungsprojekt mitzuarbeiten.

Von der Frage, ob der Arbeitnehmer verpflichtet ist, der Weisung Folge zu leisten oder nicht, ist die Frage zu trennen, ob dem Arbeitgeber auf Grund der Weigerung ein Kündigungsgrund zusteht. Für den Fall, dass die Anweisung rechtmäßig war und der Arbeitnehmer dieser Folge zu leisten hatte, kommt für den Arbeitgeber ggf. wegen beharrlicher Arbeitsverweigerung ein verhaltensbedingter Kündigungsgrund in Betracht. Verbietet dagegen eine nach § 315 Abs. 1 BGB im Rahmen des billigen Ermessens erhebliche Gewissensentscheidung dem Arbeitgeber, dem Arbeitnehmer eine an sich geschuldete Arbeit zuzuweisen, so kommt eine personenbedingte Kündigung in Betracht (vgl. BAG, NJW 1990, 203 ff).

Lösung Fall 8
Das Fragerecht des Arbeitgebers

Das Arbeitsverhältnis zwischen A und B ist dann beendet, wenn entweder die Anfechtung oder die Kündigung rechtswirksam waren.

I. Das Arbeitsverhältnis könnte durch die Anfechtung des Arbeitsvertrages vom 7. Februar 2006 beendet worden sein.

Eine Anfechtung des Arbeitsvertrages ist neben der generell bestehenden Kündigungsmöglichkeit zulässig, da Kündigung und Anfechtung unterschiedliche Voraussetzungen haben und an unterschiedliche Sachverhalte anknüpfen. Insbesondere auch im Verhältnis zur außerordentlichen Kündigung ist eine Anfechtung des Arbeitsvertrages dann sinnvoll, wenn der besondere oder allgemeine Kündigungsschutz eine Kündigung nicht zulassen würde (*Schaub*, Arbeitsrechtshandbuch, 12. Aufl., § 36 Rdn. 23 ff).

1. Zu denken ist zunächst an eine Anfechtung wegen eines Eigenschaftsirrtums gem. § 119 Abs. 2 BGB.

§ 119 Abs. 2 BGB ist grundsätzlich auch auf den Arbeitsvertrag anwendbar. Die Folgen der Anfechtung werden jedoch eingeschränkt, indem entweder die Anfechtung abweichend von § 142 Abs. 1 BGB nur ex nunc wirkt (so BAG, AP Nr. 2 zu § 123 BGB; *Palandt/Heinrichs/Ellenberger*, BGB, 67. Aufl., § 142 Rdn. 2) oder auf die Figur des „fehlerhaften Arbeitsverhältnisses" zurückgegriffen wird (vgl. *Schaub*, Arbeitsrechtshandbuch, 12. Aufl., § 36 Rdn. 51). Als Eigenschaft der B, über die sich A geirrt hat, kommt vorliegend die Schwangerschaft in Betracht. Jedoch ist die Schwangerschaft nur ein vorübergehender Zustand und eignet sich grundsätzlich nicht für eine Anfechtung nach § 119 Abs. 2 BGB. Nur ausnahmsweise ist diese Eigenschaft einer Person wesentlich, wenn das Nichtbestehen einer Schwangerschaft nach objektiver Anschauung ausnahmsweise als verkehrswesentlich angesehen wird, wie dies z. B. bei Mannequins, Tänzerinnen, Schauspielerinnen oder Artistinnen der Fall ist, oder wenn generelle Beschäftigungsverbote für Schwangere bestehen.

Ein solcher Ausnahmefall ist hier nicht gegeben.

Exkurs Die Ablehnung der „Verkehrswesentlichkeit" einer Schwangerschaft kann nicht recht überzeugen. Wenige Dinge sind für den Arbeitgeber so „wesentlich" wie die Schwangerschaft (vgl. *Gamillscheg*, Arbeitsrecht I, 8. Aufl., S. 241). Besser wäre es, § 9 MuSchG entsprechend heranzuziehen, denn der eigentliche Grund der Anfechtungsablehnung liegt ja im Schutz der Schwangeren und des ungeborenen Lebens.

2. Da der B die A über das Bestehen einer Schwangerschaft gefragt hat und A diese Frage verneint hat, ist auch an eine Anfechtung wegen arglistiger Täuschung gem. § 123 BGB zu denken.

a) Grundsätzlich hat eine Anfechtung wegen arglistiger Täuschung zur Voraussetzung, dass eine Täuschung erfolgt sein muss, d.h., ein Irrtum über Tatsachen erregt, verstärkt oder aufrecht erhalten wurde, und zwar durch positives Tun oder durch Unterlassen. Letzteres reicht aber nur dann aus, wenn eine Pflicht zur Aufklärung bestanden hat. Die Täuschung muss kausal für die Willenserklärung des Getäuschten gewesen und darüber hinaus musste die Täuschung arglistig erfolgt sein, also durch vorsätzliches Handeln.

b) Für die Anfechtung eines Arbeitsvertrages bedeutet dies, dass die Anfechtung wegen arglistiger Täuschung dann wirksam ist, wenn

- der Anfechtungsgegner in zulässiger Weise nach der verschwiegenen Tatsache gefragt worden ist oder er nach Treu und Glauben mit Rücksicht auf die Verkehrssitte auch ohne besondere Befragung zur Offenbarung der Tatsache verpflichtet war,
- der Anfechtungsgegner die Frage bewusst falsch beantwortet oder die nicht offenbarte Tatsache bewusst verschwiegen hat,
- der Anfechtungsgegner wissen oder erkennen musste, dass die von ihm verschwiegene Tatsache für die Entscheidung zur Begründung des Arbeitsvertrages wesentlich sein kann und
- die verschwiegene Tatsache für die Begründung des Arbeitsvertrages ursächlich war (vgl. *Schaub*, Arbeitsrechtshandbuch, 12. Aufl., § 36 Rdn. 37 ff).

Die nach einer bestehenden Schwangerschaft befragte A hat diese Frage bewusst falsch beantwortet und wusste dabei, dass sie für den B bezüglich der Frage, ob ein Arbeitsvertrag mit ihr eingegangen wird, wesentlich war. Darüber hinaus war die verschwiegene Tatsache für die Begründung des Arbeitsvertrages ursächlich, denn anderenfalls hätte B die A nicht angestellt. Fraglich ist allerdings, ob die Frage nach der Schwangerschaft selbst zulässig war.

Nach der früheren Rechtsprechung war eine Frage nach einer Schwangerschaft grundsätzlich ohne Rücksicht auf den Arbeitsplatz zulässig (BAG, AP Nr. 15 zu § 123 BGB). Später hat das BAG die Auffassung vertreten, dass bei einer Einstellung die Frage nach einer bestehenden Schwangerschaft dann zulässig ist, wenn sich nur Frauen um den ausgeschriebenen Arbeitsplatz bewerben (BAG, NZA 1986, 739 f). Ein Verstoß gegen § 611 a BGB a. F., der auf Grund der EG-Richtlinie 76/207/EWG eingefügt worden ist, wurde mit der Begründung verneint, dass § 611 a BGB a. F. keine Erweiterung des Mutterschutzes bezweckt und insbesondere ein Verstoß gegen § 611 a BGB a. F. dann vorliegen kann, wenn gerade Männer und Frauen unterschiedlich behandelt werden. Um einen solchen Fall handelte es sich nach der früheren Auffassung des BAG nicht.

Anders beurteilte der EuGH am 8. 11. 1990 die Situation. Demnach verstößt der Arbeitgeber gegen die Richtlinie 76/207/EWG des Rates vom 9. 2. 1976 zur Verwirklichung des Grundsatzes der Gleichbehandlung von Männern und Frauen hinsichtlich des Zugangs zur Beschäftigung, wenn er es ablehnt, mit einer von ihm als geeignet befundenen Bewerberin einen Arbeitsvertrag zu schließen, weil er aus der Einstellung einer schwangeren Frau finanzielle Nachteile zu befürchten habe, die sich aus einer staatlichen Regelung über den Mutterschutz ergeben. Dies soll unabhängig davon gelten, ob sich nur Frauen oder auch Männer um die ausgeschriebene Stelle bewerben. Begründet wurde die Entscheidung damit, dass die Weigerung des Arbeitgebers, eine schwangere Frau einzustellen, unmittelbar an das Geschlecht der Bewerberin anknüpft. Damit liegt eine Diskriminierung auf Grund des Geschlechts vor (EuGH, NZA 1991, 171 f), wie sich nunmehr auch ausdrücklich aus § 3 Abs. 1 S. 2 AGG ergibt.

Das BAG hat daraufhin seine Rechtsprechung angepasst. In einer ersten Entscheidung hat es die Frage nach der Schwangerschaft grundsätzlich als unzulässig angesehen, weil sie eine Frauendiskriminierung enthält (BAG, NZA 92, 695). In einer weiteren Entscheidung hat es die Frage dann als zulässig angesehen, wenn sie objektiv dem gesundheitlichen Schutz der Bewerberin und des ungeborenen Kindes dient (BAG, NZA 1993, 933). Wenn beispielsweise die Tätigkeit einer Arzthelferin beinhaltet, mit infektiösem Material umzugehen und die Arzthelferin aus diesem Grunde Handschuhe und Mundschutz tragen muss, besteht eine objektive Gefahr für die Gesundheit der Bewerberin und des ungeborenen Kindes, so dass ein Fragerecht besteht (vgl. BAG, AP Nr. 36 zu § 123 BGB).

Im vorliegenden Fall war daher die Frage des B nach der bestehenden Schwangerschaft bei A unzulässig. Ein Ausnahmetatbestand liegt ersichtlich nicht vor. Folge ist, dass es der A freistand, die Frage wahrheitsgemäß, falsch oder auch gar nicht zu beantworten. Eine Anfechtung wegen arglistiger Täuschung scheidet daher aus.

> **Exkurs**
> Der EuGH hat in einer weiteren Entscheidung die am Schutz der Schwangeren und des Neugeborenen orientierte Rechtsprechung des BAG wieder relativiert, in dem es selbst dann, wenn die Beschäftigung für Frau und Kind gefährlich oder verboten ist, eine Benachteiligung der Frauen angenommen hat (EuGH, AP Nr. 3 zu EWG-RL 76/207). Begründet hat er dies damit, dass die Frau nach Ablauf der Schutzfrist wieder taugliche Arbeit leisten könne und daher dem Arbeitgeber aufzulegen sei, für die Dauer der Schutzzeit unter Umständen Lohn ohne Arbeit zu zahlen.

II. Das Arbeitsvertrag könnte aber wirksam gekündigt worden sein. Grundsätzlich kann jedes Arbeitsverhältnis, dessen Dauer nicht bestimmt oder bestimmbar ist, durch Kündigung gem. §§ 622, 620 Abs. 2 BGB beendet werden.

> **Exkurs**
> Für die Rechtmäßigkeit einer Kündigung war früher die Unterscheidung zwischen Arbeitern und Angestellten im Hinblick auf die unterschiedlichen Kündigungsfristen in § 622 Abs. 1 und Abs. 2 BGB von wesentlicher Bedeutung. Die kürzere Kündigungsfrist für Arbeiter in § 622 Abs. 2 BGB

wurde durch die Entscheidung des BVerfG vom 30. 5. 1990 (NZA 1990, 721 ff) für verfassungs-widrig erklärt, da es keinen sachlichen Grund für die unterschiedlich langen Kündigungsfristen gibt. Durch das Gesetz zur Vereinheitlichung der Kündigungsfristen von Arbeitern und Angestellten, das am 15. Oktober 1993 in Kraft getreten ist, wurden die Kündigungsfristen für Arbeiter und Angestellte angeglichen. Eine Unterscheidung zwischen Arbeitern und Angestellten bei der Frage nach der Wirksamkeit einer Kündigung ist daher nicht mehr notwendig.

1. Die Kündigungserklärung vom 15. Oktober 2007 erfolgte schriftlich und mithin formgemäß i. S. d. § 623 BGB. Sie ist der B am gleichen Tage zugegangen und damit wirksam geworden, § 130 BGB.

2. Da in dem Betrieb des B i.d.R. nicht mehr als drei Arbeitnehmer beschäftigt werden, konnte dort ein Betriebsrat nicht gewählt werden, § 1 BetrVG. Eine Anhörung eines Betriebsrates gem. § 102 BetrVG war damit nicht notwendig.

3. Da die A zum Zeitpunkt des Zugangs der Kündigungserklärung noch nicht sechs Monate in dem Betrieb des B beschäftigt war, ist bereits aus diesem Grund das KSchG nicht anwendbar. Im Übrigen würde das KSchG schon deswegen nicht eingreifen, weil B i. d. R. nicht mehr als fünf Arbeitnehmer beschäftigt, § 23 Abs. 1 S. 2 KSchG.

Der Schwellenwert des § 23 Abs. 1 KSchG wurde durch das BeschFG zum 1. 10. 1996 von i. d. R. mehr als 5 auf i. d. R. mehr als 10 Arbeitnehmer heraufgesetzt. Mit dem Gesetz zu Korrekturen in der Sozialversicherung und zur Sicherung der Arbeitnehmerrechte ist der Schwellenwert ab dem 1. 1. 1999 wieder auf 5 zurückgenommen worden (vgl. HK-KSchG/*Kriebel*, § 23 Rdn. 23 ff), doch ist dem bisherigen S. 2 ein neuer S. 3 hinzugefügt worden. Danach gelten die Vorschriften des 1. Abschnitts des KSchG mit Ausnahme der §§ 4–7, 13 I, II in Betrieben mit i. d. R. zehn oder weniger Arbeitnehmern nicht für die Arbeitnehmer, deren Arbeitsverhältnis nach dem 31. 12. 2003 begonnen hat. Der Schwellenwert des § 23 Abs. 1 KSchG orientiert sich dabei am Betrieb und nicht am Unternehmen, was verfassungsmäßig nicht zu beanstanden ist (vgl. BVerfG, NZA 1998, 470, 474).

4. Möglicherweise greift allerdings der besondere Kündigungsschutz des § 9 MuSchG ein, weil die A schwanger war.

Gem. § 9 MuSchG ist die Kündigung einer Frau während der Schwangerschaft und bis zum Ablauf von vier Monaten nach der Entbindung unzulässig, wenn dem Arbeitgeber zum Zeitpunkt der Kündigung die Schwangerschaft bekannt war oder innerhalb von zwei Wochen nach Zugang der Kündigung mitgeteilt wurde.

Zwar war dies dem B zum Zeitpunkt der Kündigungserklärung vom 15. Oktober 2007 nicht bekannt, jedoch teilte die A dem B innerhalb von zwei Wochen nach Zugang der Kündigungserklärung dem B mit, dass sie schwanger sei, §§ 187 Abs. 2, 188 Abs. 2 BGB. Die Mitteilung von der Schwangerschaft, die dem A am letzten Tag der Frist am 29. Oktober 2007 zugegangen ist, ist noch rechtzeitig erfolgt.

Nach der Entscheidung des BVerfG vom 13. 11. 1979 (BGBl. I, 1980, S. 147) war § 9 Abs. 1 S. 1 MuSchG insoweit mit Art. 6 Abs. 4 GG unvereinbar, als diese Norm den besonderen Kündigungsschutz solchen Arbeitnehmerinnen entzog, die im Zeitpunkt der Kündigung schwanger waren, ihren Arbeitgeber hierüber unverschuldet nicht innerhalb zweier Wochen nach Zugang der Kündigung unterrichteten, dies aber unverzüglich nachholten. Der Gesetzgeber hat diese Entscheidung nunmehr im Gesetzeswortlaut von § 9 Abs. 1 S. 1 MuSchG mitberücksichtigt.

Die Kündigung des A ist somit wegen Verstoßes gegen § 9 MuSchG unwirksam, das Arbeitsverhältnis dadurch also noch nicht aufgelöst worden.

Ergebnis: Das Arbeitsverhältnis wurde nicht wirksam beendet, sondern besteht weiterhin fort.

Lösung Fall 9
Die Gleichbehandlung von Mann und Frau

I. Eine geschlechtsspezifische Benachteiligung unterstellt, wäre der A am Besten durch einen Anspruch auf Einstellung gedient und auch § 249 Abs. 1 BGB legt dieses Ergebnis nahe. Jedoch scheidet ein solcher Anspruch von vornherein gem. § 15 Abs. 6 AGG aus. Ein solcher Anspruch ergibt sich auch nicht aus der EG-Richtlinie 76/207/EWG (EuGH, AP Nr. 1 und 2 zu § 611 a BGB a. F.) oder kann aus anderen Gründen (z. B. § 242 BGB) hergeleitet werden. Insofern steht dem grundsätzlich die Abschlussfreiheit des Arbeitgebers als Ausfluss der allgemeinen Handlungsfreiheit nach Art. 2 Abs. 1 GG entgegen.

II. In Betracht kommt jedoch ein Schadensersatzanspruch gem. § 15 Abs. 2 AGG. Der Sache nach handelt es sich hierbei um einen Schmerzensgeldanspruch für die durch die unrechtmäßige Zurückweisung erfolgte Verletzung des Persönlichkeitsrechts, der einen Ausnahmefall zu § 253 BGB darstellt.

Die Geschichte der Schadensersatzregelung des § 15 AGG ist mit Blick auf die Vorgängerregelung in § 611 a BGB wechselhaft. § 611 a BGB a. F. wurde zur Durchsetzung der Gleichberechtigung von Mann und Frau am Arbeitsplatz in Umsetzung der EG-Richtlinie 76/207/EWG durch das EG-Anpassungsgesetz vom 13. 8. 1980 neben den §§ 611 b, 612 Abs. 3 a. F. und 612 a in das BGB eingeführt. Zunächst war nur ein Ersatz der erfolglos aufgewendeten Bewerbungskosten vorgesehen. Dies wurde vom EuGH als nicht ausreichende Umsetzung der EG-Richtlinie 76/207/EWG angesehen, da es an der gebotenen Abschreckung fehle (EuGH, AP Nr. 1 und 2 zu § 611 a BGB). Dem wurde durch das am 1. 9. 1994 in Kraft getretene 2. Gleichberechtigungsgesetz (BGBl. I 1406 ff) Rechnung getragen. Die danach erfolgte Neufassung des § 611 a BGB verpflichtete den Arbeitgeber zu einer angemessenen Entschädigung von höchstens drei Monatsverdiensten, soweit er die Diskriminierung zu vertreten hatte. Ergänzt wurde § 611 a BGB durch die verfahrensrechtliche Vorschrift des § 61 b ArbGG, der u. a. die Gesamtentschädigungssumme auf sechs bzw. zwölf Monatsgehälter begrenzte. Die Anknüpfung an ein Verschulden des Arbeitgebers, die Höchstgrenze der Entschädigung von maximal drei Monatsverdiensten, soweit ein Bewerber im Fall einer nicht diskriminierenden Auswahlentscheidung den Arbeitsplatz erhalten hätte, sowie die höhenmäßige Begrenzung der Gesamtentschädigungssumme wurden indes vom EuGH als nicht richtlinienkonform angesehen. Der Gesetzgeber ist den Vorgaben des EuGH durch Gesetz vom 29. 6. 1998 nachgekommen und hat die § 611 a BGB, § 61 b ArbGG entsprechend geändert (dazu *Hohmeister*, BB 1998, 1790). Im Zuge der Umsetzung weiterer EG-Richtlinien (2000/43/EG, 2000/78/EG, 2002/73/EG) wurde § 611 a BGB a. F. schließlich aufgehoben und in das am 18. 8. 2006 in Kraft getretene AGG (BGBl. I 1897 ff.) überführt. Das AGG soll Benachteiligungen aus verschiedenen Gründen verhindern und beschränkt sich demnach nicht auf geschlechtsspezifische Diskriminierungen (vgl. § 1 AGG). Der Anspruch auf Schadensersatz wird nunmehr in § 15 AGG geregelt, wobei Abs. 2 ausdrücklich klarstellt, dass auch für Nichtvermögensschäden eine angemessene Entschädigung in Geld zu leisten ist. Den Arbeitgeber trifft gem. § 12 Abs. 5 AGG die Pflicht zur Bekanntmachung der Vorschriften des AGG in seinem Betrieb.

Voraussetzung für das Bestehen eines Schadensersatzanspruchs ist dabei nach § 15 Abs. 2 S. 1 i. V. m. § 15 Abs. 1 S. 1 AGG ein Verstoß gegen das Benachteiligungsverbot des § 7 Abs. 1 AGG. Danach ist eine Benachteiligung aus den in § 1 AGG genannten Gründen verboten. Hiervon ist auch die Schlechterstellung eines Bewerbers bei der Begründung eines Arbeitsverhältnisses auf Grund des Geschlechts erfasst (§ 2 Abs. 1 Nr. 1 i. V. m. § 6 Abs. 1 S. 2 AGG). Auf der Bewerberseite ist zudem erforderlich, dass es sich subjektiv um eine ernsthafte Bewerbung handelt und der Bewerber/die Bewerberin objektiv für die zu besetzende Stelle in Betracht kommt (vgl. BAG, BB 1998, 2528; NZA 1999, 373). Hierdurch sollen Scheinbewerbungen mit dem Ziel, die Zahlung einer Entschädigung zu erreichen, ausgeschlossen werden. Auf ein Verschulden des Arbeitgebers kommt es ausweislich der Gesetzesbegründung (BT-Drucks. 16/1780, 38) im Rahmen des § 15 Abs. 2 AGG nicht an. § 15 Abs. 2 AGG verweist insofern nicht auf § 15 Abs. 1 S. 2 AGG (krit. MüKo/*Thüsing*, § 15 AGG Rdn. 5, 32 f.). Zu beachten ist schließlich auch die Ausschlussfrist des § 15 Abs. 4 AGG.

1. Geschlechtsspezifische Benachteiligung
a) Nach § 7 Abs. 1 AGG darf der Arbeitgeber einen Beschäftigten nicht wegen eines in § 1 AGG genannten Grundes benachteiligen. Eine Benachteiligung aufgrund des Geschlechtes ist demnach insbesondere bei Auswahl und Einstellung unzulässig (§ 2 Abs. 1 Nr. 1 AGG). § 6 Abs. 1 S. 2 AGG begünstigt auch den Einstellungsbewerber und geht insoweit über den allgemeinen arbeitsrechtlichen Gleichbehandlungsgrundsatz hinaus. Verboten ist danach jede geschlechtsbezogene Differenzierung tatsächlicher und rechtlicher Art, sei es durch unmittelbares Anknüpfen an das Geschlecht des Arbeitnehmers (§ 3 Abs. 1 AGG) oder durch Abstellen auf bestimmte Merkmale, die i. d. R. nur von Personen eines Geschlechts erfüllt werden (§ 3 Abs. 2 AGG). Das Benachteiligungsverbot ist gem. § 7 Abs. 2 AGG unabdingbar. Eine unterschiedliche Behandlung wegen des Geschlechts ist gem. § 8 Abs. 1 AGG nur zulässig, soweit ein bestimmtes Geschlecht wegen der Art der auszuübenden Tätigkeit oder der Bedingungen ihrer Ausübung eine wesentliche und entscheidende berufliche Anforderung darstellt. Zudem muss der Zweck rechtmäßig und die Anforderung angemessen sein. Die wesentliche und entscheidende berufliche Anforderung ist unter Beachtung der bisherigen Rechtsprechung zu § 611 a BGB a. F. nur dann anzunehmen, wenn ein Angehöriger des jeweils anderen Geschlechts die vertragsmäßige Leistung nicht erbringen kann und dieses Unvermögen auf Gründen beruht, die ihrerseits der gesetzlichen Wertentscheidung der Gleichberechtigung beider Geschlechter genügen (BAG, NZA 1999, 372). Dies ist etwa dann der Fall, wenn der Arbeitgeber normativ auf Grund von Beschäftigungsverboten oder sonstigen Arbeitsschutzvorschriften Personen des anderen Geschlechts anders behandeln muss. Ein Beschäftigungsverbot für Frauen besteht heute noch für den Bergbau unter Tage (§ 64 a Abs. 1 BBergG) und zum Teil für Seeleute. Die Verfassungsmäßigkeit solcher Vorschriften bemisst sich ihrerseits unmittelbar nach Art. 3 Abs. 3 GG. Erlaubt sind auch dort nur sachlich gerechtfertigte Differenzierungen (BVerfG, NZA 1992, 270).

b) Wegen der Weite des Merkmals der „Unverzichtbarkeit" wurde früher mit Verweis auf § 611 a Abs. 1 S. 3 BGB a. F. angenommen, dass eine Benachteiligung wegen des

Geschlechts durch den Arbeitgeber auch dann zulässig ist, wenn ein sachlicher Differenzierungsgrund vorliegt (vgl. BAG, NJW 1991, 2726). Dem ist das BAG später entgegengetreten (vgl. BAG, NZA 1999, 371 ff). Es hat ausgeführt, dass zwischen mittelbaren und unmittelbaren Diskriminierungen zu unterscheiden ist. Nur für mittelbare Diskriminierungen gelte § 611 a Abs. 1 S. 3 BGB a. F. und nur insofern können Ungleichbehandlungen durch einen sachlichen Grund gerechtfertigt werden. Unmittelbare Diskriminierungen sind dagegen allein an § 611 a Abs. 1 S. 2 BGB a. F. zu messen und müssen „unverzichtbare Voraussetzung" für die Tätigkeit sein, was erheblich höhere Anforderungen an das Gewicht des die Ungleichbehandlung rechtfertigenden Umstandes als ein sachlicher Grund stellt. Die Vergabe einer beruflichen Tätigkeit unter Anknüpfung an ein bestimmtes Geschlecht würde aber unmittelbar an das Geschlecht anknüpfen und könne deshalb nicht durch bloße sachliche Gründe gerechtfertigt werden (so BAG, NZA 1999, 372).

Nach § 8 Abs. 1 AGG muss nunmehr ausdrücklich eine wesentliche und entscheidende berufliche Anforderung vorliegen, um die geschlechtspezifische Differenzierung zu rechtfertigen. Der bloße Sachgrund genügt hierfür nicht. Vielmehr ist eine Abweichung vom Gleichbehandlungsgebot nur dann zulässig, wenn die Differenzierung zusätzlich dem Verhältnismäßigkeitsgrundsatz gerecht wird (vgl. BT-Drucks. 16/1780, 35). Insbesondere muss die Anforderung zur Erreichung des sachlichen Zwecks geeignet, erforderlich und angemessen sein (vgl. § 8 Abs. 1 AGG a. E.).

Darüber hinaus wäre vorliegend auch kein sachlicher Grund ersichtlich. Von vornherein scheidet als sachliche Rechtfertigung die vorgesehene Arbeitszeit aus. Zwar sah § 19 AZO ein Nachtarbeitsverbot für Frauen vor, jedoch hat bereits das BVerfG mit Urteil vom 28. 1. 1992 entschieden, dass das Nachtarbeitsverbot des § 19 AZO Arbeiterinnen im Vergleich zu Arbeitern und weiblichen Angestellten benachteiligt und damit gegen Art. 3 Abs. 1 und Abs. 3 GG verstößt (BGBl. I 289). Zudem wurde die AZO durch das ArbZG abgelöst, in dem kein Nachtarbeitsverbot für Frauen mehr enthalten ist (vgl. *Michalski*, Arbeitsrecht, 7. Aufl., Rdn. 1262)

c) Eine geschlechtsspezifische Benachteiligung scheidet mithin nur dann aus, wenn das männliche Geschlecht wesentliche und entscheidende Anforderung für die zu besetzende Stelle war.

Eine unverzichtbare Voraussetzung für die Tätigkeit ist das Geschlecht jedoch nur in Ausnahmefällen, wie z. B. dann, wenn eine männliche Schauspielrolle zu besetzen ist (BAG, NZA 1990, 21).

Bei der hier zu besetzenden Stelle im Spätdienst bei der Tierannahme und Bewachung kommt es jedoch auf das Geschlecht nicht an. Ausschlaggebend sind allein die physischen und psychischen Voraussetzungen des Bewerbers bzw. der Bewerberin. Dabei ist entscheidend auf den persönlichen Eindruck bei einem Vorstellungsgespräch abzustellen. Allein die subjektive Auffassung des Arbeitgebers, die Stelle sei nur mit männlichen Bewerbern zu besetzen, reicht für eine Rechtfertigung der geschlechtsspezifischen Benachteiligung gem. § 8 Abs. 1 AGG nicht aus. Die Notwendigkeit muss vielmehr objektiv gegeben sein.

Eine geschlechtsspezifische Benachteiligung liegt somit vor.

2. Ernsthafte Bewerbung/objektive Eignung

Schutzzweck des § 15 Abs. 2 AGG ist die Entschädigung des objektiv geeigneten Bewerbers wegen der durch sein Geschlecht bedingten Benachteiligung im Einstellungsverfahren. Aus dem Gesamtzusammenhang des § 15 AGG i. V. m. § 61 b ArbGG ergibt sich zwar, dass nicht nur der bestgeeignete Bewerber i. S. d. § 15 Abs. 2 AGG benachteiligt sein kann, sondern auch weitere Bewerber. Jedoch soll nach dem Wortlaut des § 15 Abs. 2 AGG nicht „jeder" Bewerber, sondern nur „der" hierdurch benachteiligte Bewerber eine Entschädigung beanspruchen können. Das Gesetz stellt damit nicht auf die formale Position eines allein mit Einreichung eines Bewerbungsschreibens begründeten Status als „Bewerber", sondern zudem auf die materiell zu bestimmende objektive Eignung als Bewerber ab. Im Einstellungsverfahren kann daher nur derjenige im Rechtssinne benachteiligt werden, der sich subjektiv ernsthaft beworben hat und objektiv für die zu besetzende Stelle in Betracht kommt (BAG, NZA 1999, 373).

a) A bewarb sich schriftlich und unter Beifügung aller Bewerbungsunterlagen bei B. Daher kann davon ausgegangen werden, dass es ihr ernsthaft um die Stelle ging und sie nicht nur die Zahlung der Entschädigung anstrebte.

b) Sie hatte zudem die erforderlichen Qualifikationen, so dass sie auch objektiv für die Stelle im Tierheim geeignet war.

Zwischenergebnis: Die tatsächlichen Voraussetzungen eines Schadensersatzanspruches nach § 15 Abs. 2 S. 1 AGG liegen vor.

3. Höhe des Schadensersatzanspruchs

Nach § 15 Abs. 2 S. 1 AGG hat der/die wegen des Geschlechts benachteiligte Bewerber/Bewerberin, der/die anderenfalls eingestellt worden wäre, Anspruch auf eine angemessene, vom Gesetz der Höhe nach nicht mehr beschränkte Entschädigung. Wäre es auch ohne die Benachteiligung nicht zur Einstellung gekommen, so ist der Schadensersatzanspruch auf 3 Monatsverdienste beschränkt (§ 15 Abs. 2 S. 2 AGG). Eine Begrenzung der Gesamtentschädigungssumme besteht nicht mehr.

Kann B vorliegend beweisen, dass die zu besetzende Position wegen der besseren Qualifikation des tatsächlichen eingestellten Bewerbers auch bei diskriminierungsfreier Auswahl nicht mit der A besetzt worden wäre, könnte die A einen Schadensersatzanspruch bis zu einer Höchstgrenze von drei Monatsgehältern geltend machen (§ 15 Abs. 2 S. 2 AGG). Kann B dagegen nicht beweisen, dass A bei diskriminierungsfreier Auswahl die zu besetzende Position erhalten hätte, besteht ein Schadensersatzanspruch, der der Höhe nach nicht auf höchstens drei Monatsverdienste begrenzt ist.

Für die Höhe eines Entschädigungsanspruchs kommt es auf eine Abwägung sämtlicher Einzelfallumstände an. Maßgeblich sind dabei vor allem die Art und die Schwere der Beeinträchtigung, Nachhaltigkeit und Fortdauer der Interessenschädigung des Bewerbers sowie Anlass und Beweggründe des Handelns des Arbeitgebers (LAG Hamm,

BB 1997, 525: das Gericht berücksichtigte bei der Bemessung des Ersatzanspruchs zum Nachteil des Klägers, dass dieser in einer ungekündigten Stelle beschäftigt war).

4. Ausschlussfrist des § 15 Abs. 4 AGG
Gem. § 15 Abs. 4 AGG ist für die Geltendmachung der Entschädigung eine Ausschlussfrist zu beachten. Demnach ist der Anspruch innerhalb von zwei Monaten schriftlich geltend zu machen, sofern durch Tarifvertrag nichts anderes bestimmt ist. Die Frist beginnt grundsätzlich mit Kenntniserlangung von der Benachteiligung. Im Falle der Bewerbung ist für den Fristbeginn der Zugang der Ablehnung durch den Arbeitgeber maßgeblich (§ 15 Abs. 4 S. 2 AGG).

5. Prozessuale Besonderheiten
a) Der Rat der EU hat am 15.12.1997 die Richtlinie 97/80/EG über die Beweislast bei Diskriminierungen auf Grund des Geschlechts erlassen, die es den Mitgliedstaaten aufgibt, sicherzustellen, dass der Arbeitgeber die Beweislast dafür obliegt, dass keine Verletzung des Gleichbehandlungsgrundsatzes vorgelegen hat, wenn der Arbeitnehmer dies durch Tatsachen glaubhaft macht.

In Deutschland wurde dies durch § 611 a Abs. 1 S. 3 BGB a. F. umgesetzt. Mit Inkrafttreten des AGG hat der Gesetzgeber eine daran angelehnte Nachfolgeregelung in § 22 AGG getroffen. Dem Arbeitnehmer obliegt es zunächst, darzulegen und zu beweisen, dass er gegenüber einer anderen Person nachteilig behandelt worden ist und ein Grund im Sinne des § 1 AGG betroffen ist. A muss also vorliegend darlegen und im Fall des Bestreitens beweisen, dass ein Bewerber anderen Geschlechts eingestellt wurde.

Erst für die Frage, ob die Benachteiligung tatsächlich auf einem Grund i. S. d. § 1 AGG beruht, greift die Beweislastregelung des § 22 AGG ein. Es genügt hierfür, wenn Indizien „bewiesen" werden, die vermuten lassen, dass eine geschlechtsspezifische Benachteiligung vorliegt. Hierfür ist allerdings entgegen des insofern missverständlichen Wortlauts bereits ausreichend, wenn diese Indizien glaubhaft gemacht werden. Die vorgebrachten Tatsachen müssen eine Geschlechtsabhängigkeit wahrscheinlich erscheinen lassen. Dies ist etwa der Fall bei geschlechtsspezifischer Stellenausschreibung (vgl. dazu § 11 AGG), unterdurchschnittlichem Frauenanteil und geschlechtsdiskriminierender Äußerung (vgl. auch MünchArbR/*Buchner*, § 40 Rdn. 193 ff).

Vorliegend kann A sowohl darauf verweisen, dass die Zeitungsanzeige des B nicht geschlechtsneutral formuliert wurde, als auch die Aussagen des Betriebsratsvorsitzenden heranziehen, um die Geschlechtsabhängigkeit der Einstellung des anderen Bewerbers zu begründen.

Der Arbeitgeber trägt dann die Darlegungs- und Beweislast, dass das Geschlecht wesentliche und entscheidende berufliche Anforderung für die auszuübende Position ist.

b) Auch hinsichtlich der Höhe des Schadensersatzanspruchs gilt, dass der Arbeitgeber darlegen und beweisen muss, dass der Bewerber die zu besetzende Stelle auch bei diskriminierungsfreier Auswahl nicht erhalten hätte, da ein anderer Bewerber über die besseren Qualifikationen verfügt (EuGH, DB 1997, 983 = EuZW 1997, 340). Kann der Arbeitgeber diesen Beweis nicht führen, steht dem diskriminierten Bewerber ein Schadensersatzanspruch zu, der nicht auf die in § 15 Abs. 2 S. 2 AGG genannte Höchstgrenze von drei Monatsgehältern begrenzt ist. Diese Regelung der Darlegungs- und Beweislast begründet der EuGH damit, dass der Arbeitgeber über sämtliche Bewerbungsunterlagen verfügt, er also den Nachweis im Gegensatz zum Arbeitnehmer führen kann.

c) Die Klage auf Entschädigung nach § 15 Abs. 2 AGG ist gem. § 61 b ArbGG innerhalb von drei Monaten, nachdem der Anspruch schriftlich geltend gemacht worden ist, zu erheben. Die Vorschrift ist im Zusammenhang mit der Ausschlussfrist des § 15 Abs. 4 AGG zu sehen. Die Berechnung erfolgt gem. §§ 222 ZPO, 187 Abs. 1 188 Abs. 2 BGB. Bei mehreren Klagen nach § 15 Abs. 2 AGG kann auf Antrag des Arbeitgebers die ausschließliche Zuständigkeit des Arbeitsgerichts, bei dem die erste Klage erhoben wurde, begründet werden, § 61 b ArbGG. Um diese Möglichkeit auch bei zeitlich versetzten Klagen aufrecht zu erhalten, sieht schließlich § 61 b ArbGG vor, dass die mündliche Verhandlung auf Antrag des Arbeitgebers nicht vor Ablauf von sechs Monaten nach Erhebung der ersten Klage stattfindet.

Ergebnis: Ein Anspruch auf Einstellung besteht nicht. A hat aber einen Schadensersatzanspruch. Für den Fall, dass der Arbeitgeber darlegt und beweist, dass der A auch bei diskriminierungsfreier Auswahl die zu besetzende Position wegen der besseren Qualifikation des eingestellten Bewerbers nicht erhalten hätte, beschränkt sich der Schadensersatzanspruch auf maximal drei Monatsverdienste.

Lösung Fall 10
Schlechtwettergeld und Feiertage

Ausgangsfall:

I. Der Anspruch des A auf das übliche Entgelt für den 6. Januar 2008 könnte sich aus § 2 Abs. 1 EFZG ergeben.

Nach § 2 EFZG hat der Arbeitgeber für die Arbeitszeit, die infolge eines gesetzlichen Feiertages ausfällt, dem Arbeitnehmer den Arbeitsverdienst zu zahlen, den er ohne den Arbeitsausfall erhalten hätte. Es gilt hier das sog. Lohnausfallprinzip (*Schaub,* Arbeitsrechtshandbuch, 12. Aufl., § 104 Rdn. 1)

Bei dem 6. Januar handelt es sich um einen Feiertag, Art. 1 Abs. 1 Nr. 1 Bayerisches Feiertagsgesetz. An diesem Tag darf grundsätzlich nicht gearbeitet werden, § 9 Abs. 1 ArbZG. Ein Anspruch auf Entgeltzahlung nach dem EFZG besteht allerdings nur dann, wenn der Feiertag die alleinige Ursache des Arbeitsausfalls ist (*Schaub,* Arbeitsrechtshandbuch, 12. Aufl., § 104 Rdn. 3). Fällt im Baugewerbe auf Grund schlechten Wetters die Arbeit an einem gesetzlichen Feiertag aus, besteht grundsätzlich kein Anspruch nach § 2 Abs. 1 EFZG, da der Feiertag nicht die alleinige Ursache für den Arbeitsausfall ist (*Kaiser/Dunkl/Hold/Kleinsorge*, EFZG, 5. Aufl., § 2 Rdn. 28).

Denkt man sich den Feiertag weg, so wäre am 6. Januar 2008 im Betrieb des B wegen der schlechten Witterungsbedingen nicht gearbeitet worden. Damit ist der Feiertag nicht die alleinige Ursache für den Arbeitsausfall. Ein Anspruch auf Feiertagslohn nach § 2 Abs. 1 EFZG besteht daher nicht.

> **Exkurs** Auch ein Anspruch auf Wintergeld/Winterausfallgeld besteht nicht. Dies ergibt sich aus § 209 i. V. m. § 211 Abs. 4 SGB III, wonach ein witterungsbedingter Arbeitsausfall erforderlich ist. Der Ausfall der Arbeit muss also ausschließlich auf zwingende Witterungsbedingungen und nicht etwa auch auf einen Feiertag zurückzuführen sein.

Nach Maßgabe der §§ 83 ff AFG wurde Arbeitern in Betrieben des Baugewerbes bei witterungsbedingtem Ausfall in der Schlechtwetterzeit Schlechtwettergeld gewährt. Diese Regelung lief zum 31. 12. 1995 aus. Seit dem 1. November 1999 ist in den §§ 209 ff SGB III nun wieder ein Winterausfallgeld geregelt, das der Sache nach das Schlechtwettergeld wieder einführt.

II. Der Anspruch des A könnte sich allerdings aus § 611 BGB i. V. m. dem Tarifvertrag ergeben.

1. Sowohl A als auch B sind tarifgebunden. Daher ist für die Konkretisierung der beiderseitigen Pflichten aus dem Arbeitsvertrag vorrangig auf die Vorschriften des Tarifvertrages zurückzugreifen.

a) Nach dem Wortlaut von S. 2 der tarifvertraglichen Klausel steht zunächst fest, dass für den 6. Januar 2008 Entgelt zu zahlen ist, und zwar unabhängig davon, dass die Arbeit wegen der ungünstigen Witterung an diesem Tag ausgefallen ist.

b) Unklar bleibt aber, in welcher Höhe der Entgeltanspruch besteht, nämlich entweder in Höhe des üblichen Lohnes oder in Höhe des vom Arbeitsamt während der Arbeitstage gezahlten Winterausfallgeldes.

> **Exkurs** Die Höhe des Winterausfallgeldes richtet sich nach § 214 Abs. 2 S. 1 SGB III i. V. m. § 178 SGB III und beträgt 67 % bzw. 60 % des im Kalendermonat infolge des witterungsbedingten Arbeitsausfalls entfallenden pauschalierten Nettoentgelts (vgl. § 179 SGB III).

Aus dem Wortlaut der tarifvertraglichen Klausel lässt sich auf den ersten Blick kein eindeutiges Ergebnis finden. Der Tarifvertrag ist daher insoweit auszulegen. Dabei hat zwar die Auslegung des Tarifvertrages entsprechend den Grundsätzen der Gesetzesauslegung zunächst von dem Wortlaut des Tarifvertrages auszugehen. Jedoch ist über den reinen Wortlaut hinaus der wirkliche Wille der Tarifvertragsparteien und der von ihnen beabsichtigte Sinn und Zweck der Normen mit zu berücksichtigen, sofern und soweit sie in den tarifvertraglichen Vorschriften ihren Niederschlag gefunden haben (BAGE 46, 308, 313). Des weiteren ist für die Auslegung auf den tariflichen Gesamtzusammenhang, die praktische Tarifübung und die Entstehungsgeschichte des jeweiligen Tarifvertrages abzustellen. Dagegen ist die Auffassung der beteiligten Berufskreise kein selbstständiges Auslegungskriterium, weil sie für sich allein über den Willen der Tarifvertragsparteien nichts aussagt. Eine bestimmte Reihenfolge für die Heranziehung der Auslegungskriterien besteht nicht.

S. 1 der maßgeblichen tarifvertraglichen Klausel bestimmt, dass ein Lohnanspruch ausgeschlossen ist, wenn die Arbeitsleistung infolge der ungünstigen Witterung unmöglich ist. Ohne diese Bestimmung hätte der Arbeitgeber bei ungünstiger Witterung nach der Lehre vom Betriebsrisiko den Lohn zu vergüten.

Nach der Lehre vom Betriebsrisiko bleibt der Entgeltanspruch der Arbeitnehmer, auch wenn sie nicht arbeiten können, dann bestehen, wenn die Entgegennahme der Arbeitsleistung durch den Arbeitgeber aus Gründen unmöglich wird, die im betrieblichen Bereich liegen. Dazu gehört insbesondere die Unmöglichkeit oder Unzumutbarkeit der Beschäftigung infolge ungünstiger Witterungsverhältnisse (BAGE 42, 94, 99).

Die Grundsätze über die Lehre vom Betriebsrisiko können aber durch tarifvertragliche Bestimmungen abgedungen werden. Wegen der Abdingung der Betriebsrisikolehre in S. 1 der Klausel muss für S. 2 der Klausel darauf geschlossen werden, dass damit die Abdingung der Betriebsrisiken wieder aufgehoben sind. Daraus folgt, dass der gesetzliche Wochenfeiertag nach den Grundsätzen der Lehre vom Betriebsrisiko wie ein Arbeitstag zu vergüten ist (BAG, DB 1986, 2134 f).

Auch enthält die Tarifklausel keinen Anhaltspunkt dafür, dass der zu vergütende Lohnausfall auf den Betrag des Winterausfallgeldes begrenzt ist. Dies würde zudem dazu führen, dass in der Schlechtwetterzeit (1. November bis 31. März, § 211 Abs. 2 S. 2 SGB III), in der Winterausfallgeld aus witterungsbedingten Gründen bezogen wird, die Feiertage nicht mit dem vollen Lohn vergütet werden, außerhalb der Schlechtwetterzeit, wo gar kein Lohnanspruch besteht, für den Wochenfeiertag aber ein voller Lohnanspruch besteht (BAG, DB 1986, 2134 f).

Ergebnis: A hat somit einen Anspruch auf Lohn in Höhe des üblichen Arbeitsentgelts.

Abwandlung:

Ein Anspruch könnte sich aus § 2 Abs. 1 EFZG ergeben.

1. In Ausnahme zu dem grundsätzlich erforderlichen Bedingungszusammenhang zwischen dem Ausfall der Arbeit und dem Feiertag nach § 2 Abs. 1 EFZG regelt § 2 Abs. 2 EFZG, dass die Arbeitszeit, die gleichzeitig wegen Kurzarbeit ausfällt, als infolge eines gesetzlichen Feiertages ausgefallen gilt.

Da die Arbeitszeit des A wegen Kurzarbeit ausfällt, hat er mithin einen Anspruch auf Feiertagsvergütung nach § 2 Abs. 1 und 2 EFZG.

§ 2 Abs. 2 EFZG wurde durch das Haushaltsstrukturgesetz vom 18. 12. 1975 eingeführt. Hierdurch korrigierte der Gesetzgeber die damalige Rechtslage und stellte klar, dass zukünftig nicht mehr die Bundesanstalt für Arbeit verpflichtet ist, die Ausgleichszahlung für den Arbeitsausfall am

Feiertag während der Kurzarbeitsperiode zu leisten. Mit der Gesetzesänderung wollte der Gesetzgeber verhindern, dass die mit der Entgeltzahlung an Feiertagen verbundenen Belastungen auf die Bundesanstalt für Arbeit abgewälzt werden.

Anders als bei der Gewährung von Winterausfallgeld haben Arbeitnehmer im Rahmen der Kurzarbeit also einen gesetzlichen Anspruch auf die Feiertagsvergütung.

2. Fraglich ist wiederum die Höhe des Entgeltanspruchs, d. h., ob die Feiertagsvergütung in Höhe des Kurzarbeitergeldes zu gewähren ist oder sich durch Tarifklausel wiederum ein Anspruch auf das übliche Arbeitsentgelt ergibt.

Dabei ist aber zu beachten, dass Kurzarbeitergeld aus witterungsbedingten Gründen nur dann gewährt werden kann, wenn der Arbeitsausfall auf ungewöhnlichen, dem üblichen Witterungsverlauf nicht entsprechenden Witterungsgründen beruht, § 170 Abs. 3 SGB III. Arbeitsausfälle in den Wintermonaten in Baubetrieben fallen nicht hierunter (vgl. *Niesel*, SGB III, § 170 Rdn. 22).

Die Gewährung des Kurzarbeitergeldes kann daher vorliegend nur entweder auf wirtschaftlichen Gründen oder auf derart ungewöhnlichen Witterungsverhältnissen beruhen, auf die sich der Betrieb nicht einstellen konnte, wie etwa Hochwasser.

Im ersten Fall würde von vornherein die Heranziehung der Tarifklausel ausscheiden, da diese sich nur auf den witterungsbedingten Arbeitsausfall bezieht.

Im zweiten Fall, d. h., wenn die Kurzarbeit nicht auf dem üblichen Witterungsverlauf, sondern auf wirklich ungewöhnlichen Witterungsverhältnissen beruht, spricht jedoch nichts dagegen, die Tarifklausel heranzuziehen und aus den gleichen Gründen, wie schon im Ausgangsfall, den Lohnanspruch in Höhe des üblichen Arbeitsentgelts zu gewähren.

Ergebnis: A hat einen Anspruch auf Feiertagsvergütung nach § 2 Abs. 1 und 2 EFZG. Die Höhe des Entgelts hängt davon ab, ob das Kurzarbeitergeld auf wirtschaftlicher Grundlage oder infolge ungewöhnlicher Witterungsverhältnisse gewährt wurde.

Exkurs

Umstritten ist, ob das zu zahlende Feiertagsentgelt in Höhe des Kurzarbeitergeldes um Steuern und Sozialabgaben zu mindern ist. Das BAG (AP Nr. 44 zu § 1 FeiertagslohnzahlungsG) geht davon aus, dass der Arbeitgeber die Sozialversicherungsbeiträge allein und der Arbeitnehmer die für das Feiertagsentgelt zu entrichtende Lohnsteuer trägt (vgl. ausführlich *Kaiser/Dunkl/Hold/Kleinsorge*, EFZG, 5. Aufl., § 2 Rdn. 41 ff).

Lösung Fall 11
Die tarifliche Lohnzahlung

A könnte dann einen Anspruch aus § 611 BGB i. V. m. dem Arbeitsvertrag und i. V. m. mit dem Tarifvertrag auf Zahlung des tariflichen Stundenlohnes in Höhe von 8,– € je Stunde haben, wenn zwischen A und B ein wirksamer Arbeitsvertrag geschlossen wurde, ein wirksamer Tarifvertrag vorliegt und beide Seiten tarifgebunden sind.

I. Ein wirksamer Arbeitsvertrag zwischen A und B wurde geschlossen.

II. Gegen die Wirksamkeit des Tarifvertrages bestehen keine Bedenken.

III. Die normativen Bestimmungen eines Tarifvertrages gelten nur dann unmittelbar und zwingend sowohl für den Arbeitgeber als auch für den Arbeitnehmer, wenn beide Seiten tarifgebunden sind. §§ 3 Abs. 1, 4 Abs. 1 TVG. Eine Ausnahme besteht nur für Rechtsnormen des Tarifvertrages über betriebliche und betriebsverfassungsrechtliche Fragen; diese gelten für alle Betriebe, wenn deren Arbeitgeber tarifgebunden ist, § 3 Abs. 2 TVG.

Tarifgebundenheit i. S. d. § 3 Abs. 1 TVG tritt für diejenigen Arbeitnehmer ein, die Mitglieder einer tarifvertragsschließenden Gewerkschaft sind, und für diejenigen Arbeitgeber, die Mitglied eines tarifvertragsschließenden Arbeitgeberverbandes sind oder selbst einen Firmentarifvertrag mit der Gewerkschaft abgeschlossen haben (*Kempen/ Zachert*, TVG, 4. Aufl., § 3 Rdn. 1). Weitere Voraussetzung für die normative Wirkung der Tarifvertragsbestimmungen ist, dass der Tarifvertrag in sachlicher und örtlicher Hinsicht für den betreffenden Betrieb Geltung entfaltet.

1. Da der Arbeitgeber B Mitglied des tarifvertragsschließenden Arbeitgeberverbandes ist und der Tarifvertrag in sachlicher und örtlicher Hinsicht für seinen Betrieb Geltung entfaltet, ist B tarifgebunden.

2. Der Arbeitnehmer A ist kein Mitglied einer Gewerkschaft und damit kein Mitglied einer Tarifvertragspartei (§§ 3 Abs. 1, 2 Abs. 1 TVG). A ist daher nicht tarifgebunden. Unmittelbar aus den normativen Bestimmungen des Tarifvertrages hat A daher keinen Anspruch auf den tarifvertraglichen Stundenlohn von 8,– €

IV. Möglicherweise hat A allerdings aus anderen Gesichtspunkten einen Anspruch auf den tarifvertraglichen Stundenlohn.

1. A könnte dann einen Anspruch auf den tarifvertraglichen Lohn haben, wenn der Tarifvertrag gem. § 5 Abs. 1 TVG für allgemeinverbindlich erklärt wurde.

Für eine derartige Allgemeinverbindlichkeitserklärung ist vorliegend nichts ersichtlich, daher kann A aus diesem Gesichtspunkt heraus keinen weitergehenden Anspruch geltend machen.

2. Anspruch auf den tarifvertraglichen Lohn kann aber auch dann geltend gemacht werden, wenn in dem Einzelarbeitsvertrag auf die entsprechenden tarifvertraglichen Regelungen vollständig oder auch nur teilweise verwiesen wurde (vgl. BAG, BB 1996, 2628).

Trotz verfassungsrechtlicher Bedenken im Hinblick auf die geschützte Tarifautonomie, Art. 9 Abs. 3 GG, insbesondere die sog. negative Koalitionsfreiheit, wird eine derartige einzelvertragliche Bezugnahme allgemein anerkannt. Es entspreche dem Grundsatz der vertraglichen Freiheit, die Bestimmungen eines Tarifvertrages in einen Arbeitsvertrag zu übernehmen, so dass sie auch für nicht tarifgebundene Arbeitnehmer Wirksamkeit haben können, § 311 Abs. 1 BGB (*Kempen/Zachert/Stein*, TVG, 4. Aufl., § 3 Rdn. 157). Aber auch für eine derartige Bezugnahme ist im Sachverhalt nichts ersichtlich.

Exkurs
Im Gegensatz zu der zulässigen Bezugnahme auf Tarifverträge in Einzelarbeitsverträgen wird nach einhelliger Auffassung eine Bezugnahme in Betriebsvereinbarungen auf tarifvertragliche Regelungen wegen § 77 Abs. 3 BetrVG sowie wegen Verstoßes gegen die Tarifautonomie, Art. 9 Abs. 3 GG, für unzulässig gehalten, soweit damit materielle Arbeitsbedingungen übernommen werden und dies nicht durch eine entsprechende Tariföffnungsklausel im Tarifvertrag ausdrücklich erlaubt ist (*Wiedemann/Oetker*, TVG, 7. Aufl., § 3 Rdn. 401 ff).

3. Denkbar wäre, dass A aus den Grundsätzen über die betriebliche Übung einen Anspruch auf den tarifvertraglichen Stundenlohn von 8,– € hätte.

Ist im Einzelarbeitsvertrag keine Schriftform für Abweichungen und Ergänzungen vereinbart worden, sind zwei Fälle denkbar, in denen der Arbeitnehmer aus den Grundsätzen über die betriebliche Übung einen Anspruch auf die tarifvertraglich vorgesehene Leistung hat:

- Einmal beansprucht der nicht tarifgebundene Arbeitnehmer die tarifliche Leistung wegen betrieblicher Übung,
- zum anderen soll der Anspruch deshalb bestehen, weil die einzelvertragliche Bezugnahme der Tarifbestimmungen betriebliche Übung sei (vgl. *Wiedemann/ Oetker*, TVG, 7. Aufl., § 3 Rdn. 296).

Soweit für eine Vertragsabrede ein konstitutives Schriftformerfordernis besteht, können mündliche oder nur stillschweigende Zusagen grundsätzlich keine Ansprüche begründen. Dies gilt uneingeschränkt, soweit die Notwendigkeit der Schriftform auf einer Tarifnorm beruht, die als Abschlussnorm Tarifgeltung hat, also beiderseitige Tarifgebundenheit voraussetzt.

Bei nur rechtsgeschäftlicher Vereinbarung über eine Schriftform gilt aber, dass die Parteien ein solches Schriftformerfordernis abdingen können, wobei sie sich aber darüber einig sein müssen, dass das Schriftformerfordernis nicht gelten soll. Danach kann auch ein gewillkürtes Schriftformerfordernis durch eine betriebliche Übung formlos abgedungen werden. Ein dahingehender objektiver Erklärungswert der Betriebsübung ist jedoch nicht anzunehmen, wenn es gerade Sinn des Schriftformerfordernisses war, auch das Entstehen abweichender betrieblicher Übungen zu verhindern (vgl. BAG, AP Nr. 29 zu § 242 BGB Betriebliche Übung).

Dafür, dass die tarifliche Entlohnung im Betrieb des B oder die einzelvertragliche Bezugnahme der Tarifbestimmungen betriebliche Übung ist, gibt der Sachverhalt nichts her. Ein Anspruch auf einen Stundenlohn von 8,– € hat der A aus diesem Gesichtspunkt daher nicht.

Dabei kann offen bleiben, ob ein solcher Anspruch tatsächlich auch dann gegeben ist, wenn die einzelvertragliche Bezugnahme der Tarifbestimmungen betriebliche Übung ist. Denn damit käme man zu dem widersprüchlichen Ergebnis, dass einerseits Betriebsvereinbarungen mit derartigen Klauseln unzulässig wären, die betriebsweit praktizierte stillschweigende Inbezugnahme auf tarifvertragliche Bestimmungen aber andererseits zu einer gültigen Anwendung der Tarifvorschriften führen würde (*Kempen/Zachert/Stein,* TVG, 7. Aufl., § 3 Rdn. 222).

4. Der letzte Gesichtspunkt, aus dem A einen Anspruch auf den tarifvertraglichen Stundenlohn haben könnte, ist der Gleichbehandlungsgrundsatz.

Der Gleichbehandlungsgrundsatz verbietet die willkürliche, d. h. sachfremde Schlechterstellung einzelner Arbeitnehmer gegenüber anderen Arbeitnehmern, die sich in einer vergleichbaren Lage befinden. Eine Unterscheidung zwischen organisierten und nicht organisierten Arbeitnehmern ist unstreitig dann eine sachfremde Schlechterstellung, wenn es sich um Leistungen handelt, die nicht auf einem Tarifvertrag beruhen.

Nach h. M. in Rechtsprechung und Literatur ist dagegen eine Unterscheidung von Gewerkschaftsmitgliedern und Außenseitern bei Leistungen aus einem Tarifvertrag zulässig, da eine sachliche Rechtfertigung für die Ungleichbehandlung vorliegt. Nach § 3 Abs. 1 TVG sollen die normativen Bestimmungen eines Tarifvertrages nur für die tarifgebundenen Arbeitnehmer Geltung entfalten. Nur soweit der Tarifvertrag für allgemeinverbindlich erklärt wurde, § 5 TVG, sollen Rechtsansprüche auch für Nichtorganisierte aus den Tarifverträgen begründet werden. Ließe sich bereits aus dem Gleichbehandlungsgrundsatz die Geltung tariflicher Normen auch für Nichtorganisierte ableiten, so wäre § 5 TVG inhaltsleer. Dies ist nicht der Sinn und Zweck der gesetzlichen Bestimmung.

Ergebnis: A hat keinen Anspruch auf Zahlung des tariflichen Stundenlohnes in Höhe von 8,– €. Es verbleibt bei dem arbeitsvertraglichen Stundenlohn von 7,– €.

Lösung Fall 12
Das zusätzliche Urlaubsgeld

A könnte einen Anspruch auf Zahlung des zusätzlichen Urlaubsgeldes in Höhe von 300,– € aus § 611 BGB i. V. m. dem Arbeitsvertrag i. V. m. den Grundsätzen über die betriebliche Übung haben.

I. Zwischen A und B besteht ein wirksamer Arbeitsvertrag.

II. Ein Anspruch ergibt sich nicht aus dem Einzelarbeitsvertrag, da das zusätzliche Urlaubsgeld nicht ausdrücklich vereinbart wurde. Eine Betriebsvereinbarung zwischen Arbeitgeber und Betriebsrat über die Zahlung eines zusätzlichen Urlaubsgeldes gibt es ebenfalls nicht, so dass der A aus einer solchen auch keinerlei Ansprüche herleiten kann. Sollte es eine solche Betriebsvereinbarung mit Leistungspflichten des Arbeitgebers geben, wäre nicht auf die Grundsätze über die betriebliche Übung zurückzugreifen. Die Betriebsvereinbarung ginge vor.

Der B hat vielmehr die Zahlung ohne irgendwelche weiteren Erklärungen geleistet.

III. Ein Anspruch ließe sich daher über die Grundsätze der betrieblichen Übung begründen.

1. Unter einer betrieblichen Übung versteht man die regelmäßige Wiederholung bestimmter Verhaltensweisen des Arbeitgebers, aus der die Arbeitnehmer schließen können, dass ihnen die auf Grund dieser Verhaltensweise gewährten Leistungen oder Vergünstigungen auch künftig auf Dauer gewährt werden sollen (ständige Rechtsprechung, vgl. BAG, DB 1994, 2034). Dem tatsächlichen Verhalten des Arbeitgebers wird daher mit dem Rechtsinstitut der betrieblichen Übung anspruchserzeugende Wirkung beigemessen.

Abzugrenzen ist die betriebliche Übung von der sog. Gesamtzusage. Anders als bei der betrieblichen Übung liegt bei der Gesamtzusage ein ausdrücklicher Erklärungstatbestand vor. Der Arbeitgeber sagt den Arbeitnehmern generell eine bestimmte Leistung bei Vorliegen bestimmter Leistungsvoraussetzungen zu (z. B. durch Aushang am „Schwarzen Brett"). Die Gesamtzusage ist ein Vertragsangebot des Arbeitgebers, dass lediglich aus Vereinfachungsgründen in einer besonderen Form ausgesprochen wird. Eine Gesamtzusage führt allerdings nicht zwangsläufig zu einem entsprechenden Anspruch in den Folgejahren. Entscheidend dafür ist vielmehr der Inhalt der Erklärung. Es kann sich dabei also um eine nur einmalige, aber auch um eine in den nachfolgenden Jahren begründete Zahlungspflicht handeln. Möglich ist es dann allerdings auch, dass der Arbeitgeber nach dem Inhalt der Zusage berechtigt ist, in einem späteren Jahr einen Vorbehalt hinzuzufügen. Er kann dies allerdings auch schon im ersten Jahr machen, denn es herrscht Gestaltungsfreiheit.

2. Die Rechtsnatur der betrieblichen Übung ist seit langem umstritten. Wir haben es bei ihr mit einem Verpflichtungsgrund mit kollektivrechtlichem Charakter zu tun, bei dem man sich zwar über die Bindungswirkung einig ist, diese aber unterschiedlich begründet wird.

Die Rechtsprechung des BAG folgt der Vertragstheorie und geht davon aus, dass durch die vorbehaltlose Gewährung von Leistungen seitens des Arbeitgebers ein konkludentes Angebot abgegeben wird, auch in der Zukunft entsprechend zu verfahren, das von den Arbeitnehmern ebenfalls durch schlüssiges Verhalten (§ 151 BGB) angenommen wird (vgl. etwa BAG, DB 1997, 1927).

Im Schrifttum überwiegt dagegen die Auffassung, dass die Rechtsbindung des Arbeitgebers auf dem Vertrauen der Arbeitnehmer auf die Fortsetzung der bisherigen Übung beruht (vgl. MünchArbR/*Richardi*, § 13 Rdn. 13, 19).

Nicht mehr vertreten werden dagegen die sog. Normativtheorien, wonach die Normwirkung aus einem betrieblichen Gewohnheitsrecht oder der konkreten Ordnung des Betriebes herrühren sollte (vgl. *Schaub*, Arbeitsrechtshandbuch, 12. Aufl., § 111 Rdn. 2 f).

3. Die betriebliche Übung entsteht allein durch die gleiche wiederholte Praktizierung eines bestimmten Verhaltens des Arbeitgebers, ohne dass es dabei auf einen Verpflichtungswillen des Arbeitgebers ankommt. Maßgeblich ist allein, wie die Arbeitnehmer als Erklärungsempfänger das Verhalten des Arbeitgebers nach Treu und Glauben und unter Berücksichtigung sämtlicher Begleitumstände verstehen durften (vgl. BAG, NZA 1994, 694).

Konkrete Angaben, wie oft die vorbehaltlose Leistung sich wiederholt haben muss, lassen sich nur schwer machen. Anerkannt ist, dass die dreimalige Gewährung bei Gratifikationen i. d. R. ausreicht (vgl. BAG, NJW 1998, 475). Bei umfangreicheren Leistungen, wie etwa Ruhegelder, wird man unter Umständen höhere Anforderungen stellen müssen. Die Rechtsprechung verzichtet weitgehend auf exakte Zahlenangaben (vgl. auch *Gamillscheg*, Arbeitsrecht I, 8. Aufl., S. 36)

Im Einzelfall kann sich aus den Umständen ein fehlender Bindungswille des Arbeitgebers ergeben, wie z. B. bei jährlichen Gehaltsanpassungen (BAG, DB 1986, 1627) oder bei kleineren Aufmerksamkeiten aus Anlass des Weihnachtsfestes – Nahrungs- und Genussmittel im Werte von ca. 25,– € – (ArbG Würzburg, BB 1993, 2452). Zahlten Arbeitgeber „nach Gutdünken" über einen Zeitraum von mehreren Jahren ein Weihnachtsgeld in jährlich unterschiedlicher Höhe, fehlt es dagegen bereits an einer regelmäßigen gleichförmigen Wiederholung bestimmter Verhaltensweisen (BAG, DB 1996, 1242). Natürlich kann der Arbeitgeber die Bindungswirkung einer betrieblichen Übung für die Zukunft auch ausdrücklich ausschließen, wenn er z. B. eine Leistung als „freiwillige Leistung unter Ablehnung eines Rechtsanspruchs für die Zukunft" (BAG, DB 1975, 2089) oder als „widerrufliche Leistung" erbringt. Das Gleiche gilt, wenn der Arbeitgeber ausdrücklich darauf hinweist, die konkrete Regelung gelte nur für das laufende Jahr (BAG, DB 1994, 1931). In diesen Fällen kann der Arbeitnehmer berechtigterweise nicht darauf vertrauen, dass die Leistung auch im Folgejahr erbracht werden wird. Dies gilt bei einem Freiwilligkeitsvorbehalt auch für das laufende Jahr. Hier besteht keine Verpflichtung des Arbeitgebers, bereits frühzeitig auf die voraussichtlich unterbleibende Zahlung hinzuweisen (BAG, NZA 1996, 1028). Dem gegenüber wird man bei vorbehaltenem Widerrufsrecht wegen des Vertrauensschutzes der Arbeitnehmer vom Arbeitgeber einen rechtzeitigen Widerruf verlangen müssen.

Nimmt der Arbeitgeber irrtümlich an, zur Leistung verpflichtet zu sein und zahlt deshalb über mehrere Jahre hinweg eine zusätzliche Leistung und erkennt der Arbeitnehmer, dass sich der Arbeitgeber lediglich normgemäß verhalten will, entsteht kein Anspruch für die Zukunft (vgl. BAG, BB 1988, 632). Dies hat das BAG insbesondere für den Bereich des Öffentlichen Dienstes entschieden (vgl. BAG, DB 1996, 834)

Erbringt der Arbeitgeber eine besondere Leistung bereits auf Grund einer anderen Anspruchsgrundlage (z. B. einer Betriebsvereinbarung), kann eine betriebliche Übung nicht entstehen (BAG, DB 1989, 2339). Scheitern kann das Entstehen einer betrieblichen Übung schließlich an einem tariflichen Schriftformerfordernis (BAG, DB 1987, 1996).

4. Die drei- oder mehrmalige Zahlung von Urlaubsgeld durch B führt zum Entstehen einer betrieblichen Übung. Die Leistungen erfolgten gleichmäßig und gleichförmig. Irgendwelche Vorbehalte wurden nicht erklärt. Es liegt somit eine betriebliche Übung vor, die den B bindet.

5. Die entstandene betriebliche Übung ist auch nicht dadurch beendet wurden, dass B die Zahlung unter Hinweis auf den freiwilligen Charakter des Urlaubsgelds und die schlechte Geschäftsentwicklung verweigert. Die einmal entstandene betriebliche Übung ist Bestandteil der Arbeitsverträge mit den bereits beschäftigten Arbeitnehmern geworden. Sie kann deshalb nur unter den gleichen Bedingungen wie eine einzelvertragliche Vereinbarung beendet bzw. geändert werden, etwa durch Änderungskündigung, Aufhebungsvertrag oder durch eine dem Arbeitnehmer nachteilige betriebliche Übung (vgl. *Schaub*, Arbeitsrechtshandbuch, 12. Aufl., § 111 Rdn. 23 f). Eine einseitige Lossagung des Arbeitgebers reicht zur Beseitigung der betrieblichen Übung dagegen nicht.

Ergebnis: A kann die 300,– € zusätzliches Urlaubsgeld verlangen.

Nach BAG (NZA 1997, 1007) kann auch eine den Arbeitnehmer belastende, der bisherigen betrieblichen Übung entgegenstehende – hier: Gratifikationszahlung nur noch unter einem Freiwilligkeitsvorbehalt – oder diese abändernde neue betriebliche Übung dadurch entstehen, dass sich der Arbeitgeber über einen längeren Zeitraum hinweg der bisherigen betrieblichen Übung widersprechend verhält und ein Arbeitnehmer dem nicht widerspricht.

Lösung Fall 13
Die betriebliche Übung

Auch der Arbeitnehmer C hat Anspruch auf das zusätzliche Urlaubsgeld, da es nicht auf die individuelle Übung gegenüber einem bestimmten Arbeitnehmer, sondern auf die allgemeine Übung im Betrieb ankommt. Eine bestehende betriebliche Übung kommt daher auch den Arbeitnehmern zugute, mit denen unter Geltung der Übung ein Arbeitsverhältnis begründet wird (BAG, BB 1989, 356), es sei denn, es gibt einen Anknüpfungspunkt für eine sachliche Rechtfertigung. Da der Arbeitgeber das Urlaubsgeld bislang aber allen Arbeitnehmern gewährt hat, insbesondere also nicht nur denjenigen, denen gegenüber bereits eine betriebliche Übung entstanden ist, hat jeder – neue – Arbeitnehmer nach dem einen Bestandteil des Arbeitsvertrages bildenden Gleichbehandlungsgrundsatz einen Anspruch auf Gewährung des Urlaubsgeldes. Allerdings kann der Arbeitgeber mit neu eingestellten Arbeitnehmern die bisher noch bestehende betriebliche Übung vertraglich ausschließen (BAG, AP Nr. 30 zu § 242 BGB Gleichberechtigung), was hier jedoch nicht geschehen ist.

Dass eine bestehende betriebliche Übung auch denjenigen Arbeitnehmern zu Gute kommen soll, denen gegenüber sie noch nicht entstanden ist, kann seine Rechtsgrundlage nicht in der Rechtsquelle der betrieblichen Übung haben. Denn daraus ergibt sich ein Rechtsanspruch nur für diejenigen Arbeitnehmer, denen gegenüber die betriebliche Übung gerade schon entstanden ist. Der Arbeitgeber muss ihnen also die bislang gewährte Gratifikation in den Folgejahren auch dann grundsätzlich fortzahlen, wenn er es nicht will.

Soweit eine betriebliche Übung gegenüber einzelnen Arbeitnehmern noch nicht entstanden ist, kann nicht allein der in mehreren Jahren angewendete Gleichbehandlungsgrundsatz ihnen gegenüber zur Entstehung einer betrieblichen Übung führen. Dafür bedarf es vielmehr eines besonderen Anknüpfungspunktes, nämlich dem Umstand, dass der Arbeitgeber die Gratifikation auch einzelnen Arbeitnehmern bislang ohne eine ihnen gegenüber bestehende betriebliche Übung gewährt hat. Die Rechtsgrundlage (s. dazu Lösung **Fall 14**) bildet dann nur der aus der Fürsorgepflicht abgeleitete Gleichbehandlungsgrundsatz, der den Arbeitgeber dazu verpflichtet, Gleiches auch gleich zu behandeln, soweit für eine Ungleichbehandlung kein sachlicher Differenzierungsansatz besteht. Arbeitnehmer untereinander sind generell „gleich" in diesem Sinne, so dass an sich jeder an der – ihm gegenüber noch nicht zur betrieblichen Übung gewordenen (sonst wäre das die Anspruchsgrundlage und nicht der Gleichbehandlungsgrundsatz) – Gratifikation partizipiert, es sei denn, es besteht ein sachlicher Grund für eine unterschiedliche Behandlung, wie dies insbesondere bei Anwesenheits- und Erfolgsprämien der Fall ist, aber auch dann gilt, wenn der Arbeitgeber nur noch denjenigen Arbeitnehmern eine bestimmte Gratifikation gewährt, denen gegenüber eine entsprechende betriebliche Übung entstanden ist.

Lösung Fall 14
Weihnachtsgeld und Erziehungsurlaub

Ausgangsfall:

I.   Ein Anspruch der A auf das Weihnachtgeld könnte sich aus § 611 Abs. 1 BGB i. V. m. den Grundsätzen der betrieblichen Übung ergeben. Jedoch nahm das in der Vergangenheit festgelegte Angebot des B Mitarbeiter in der Elternzeit gerade aus. Dies ist Inhalt der betrieblichen Vereinbarung geworden. A kann daher keinen Anspruch aus betrieblicher Übung herleiten.

Zur Elternzeit vgl. §§ 15 ff BEEG; allgemein zum BEEG *Gamillscheg*, Arbeitsrecht I, 8. Aufl., S. 488 ff; *Schaub*, Arbeitsrechtshandbuch, 12. Aufl., § 172.

II.   Ein Anspruch könnte sich aber aus § 611 Abs. 1 BGB i. V. m. dem Gleichbehandlungsgrundsatz ergeben.

Der Gleichbehandlungsgrundsatz gehört zu den tragenden Ordnungsprinzipien des Arbeitsrechts. Seine dogmatische Begründung ist umstritten: zum Teil wird er aus der Fürsorgepflicht des Arbeitgebers, zum Teil aus dem Wesen des Normvollzugs abgeleitet, zum Teil als allgemeiner Rechtsgedanke oder schon als Gewohnheitsrecht angesehen (vgl. *Schaub*, Arbeitsrechtshandbuch, 12. Aufl., § 112 Rdn. 1 ff). Der Große Senat des BAG hat den Theorienstreit dahinstehen lassen (BAG GS, AP Nr. 1 zu Art 9 GG Arbeitskampf).

Er gebietet dem Arbeitgeber, Arbeitnehmer, die sich in einer vergleichbaren Lage befinden, nicht aus sachfremden Gründen unterschiedlich zu behandeln (vgl. bereits **Fall 12**). Es ist daher zu prüfen, ob vorliegend die Ungleichbehandlung der A im Erziehungsurlaub im Vergleich zu ihren anderen Kolleginnen sachlich gerechtfertigt ist.

1. Der Arbeitgeber schuldet grundsätzlich nur Lohn für erbrachte Arbeit. Für weitergehende Zahlungen kann er die Zahlungsvoraussetzungen bestimmen. Für die Zeit des Erziehungsurlaubs ruhen Arbeitspflicht und Lohnzahlungspflicht (vgl. BAG, AP Nr. 1, 2, 4, 7 zu § 15 BErzGG). Daher besteht grundsätzlich auch kein Vergütungsanspruch und mithin ist es auch sachlich gerechtfertigt, zusätzliche Entgeltleistungen für diese Zeit auszuschließen (vgl. BAG, AP Nr. 187 zu § 611 BGB Gratifikationen und AP Nr. 7 zu § 15 BErzGG).

> **Exkurs** Eine ähnliche Rechtslage stellt sich bei den Mutterschaftsfristen. Die Rechtsprechung ist insofern aber wenig klar. Während das BAG (AP Nr. 156 zu § 611 BGB Gratifikation) die Mutterschutzfristen noch den Zeiten tatsächlicher Arbeit gleichgestellt hat, wurde dies später vom BAG widerrufen (AP Nr. 182 zu § 611 BGB Gratifikation), um dann schließlich klarzustellen (AP Nr. 211 zu § 611 BGB Gratifikation), dass dies nicht bei Sonderzahlungen mit reinem Entgeltcharakter gilt.

2. Auch wenn vor allem Frauen Elternzeit in Anspruch nehmen und daher eher betroffen sind als Männer, stellt die Nichtzahlung auf Grund sachlicher Erwägungen keine verbotene Diskriminierung wegen des Geschlechts nach § 7 Abs. 1 AGG dar (BAG, NZA 1996, 31). Auch Art. 119 EGV hindert die Kürzung wegen Elternzeit nicht (EuGH, AP Nr. 14 zu Art. 119 EG-Vertrag).

Ergebnis: A hat keinen Anspruch auf Zahlung des Weihnachtsgeldes.

Abwandlung:

I. C könnte einen Anspruch auf Weihnachtsgeld gem. §§ 611 Abs. 1, 612 BGB haben, wenn die Nichtgewährung von Weihnachtgeld als Verstoß gegen § 4 Abs. 1 S. 1 TzBfG nach § 134 BGB nichtig ist, so dass an seine Stelle die übliche Vergütung tritt (§ 612 Abs. 2 BGB).

Aufbautechnisch wäre es durchaus auch zulässig, den Anspruch direkt auf § 611 BGB i. V. m. dem arbeitsrechtlichen Gleichbehandlungsgrundsatz zu stützen. Der folgende Aufbau entspricht der Vorgehensweise des 5. Senats des BAG (vgl. BAG, NZA 1997, 191), der vor allem für Teilzeitbeschäftigte zuständig ist.
Bis zum 31. 12. 2000 enthielt § 2 Abs. 1 BeschFG eine dem § 4 Abs. 1 S. 1 TzBfG entsprechende Regelung über das Diskriminierungsverbot teilzeitbeschäftigter Arbeitnehmer. Durch das „Gesetz über Teilzeitarbeit und befristete Arbeitsverträge und zur Änderung und Aufhebung arbeitsrechtlicher Bestimmungen", das am 1. 1. 2001 in Kraft trat, wurde das BeschFG abgelöst. Erstmals im deutschen Arbeitsrecht wurde zudem ein Anspruch auf Teilzeitarbeit eingeführt, vgl. § 8 Abs. 1 TzBfG.

1. Nach § 4 Abs. 1 S. 1 TzBfG darf der Arbeitgeber einen teilzeitbeschäftigten Arbeitnehmer nicht wegen der Teilzeit gegenüber vollzeitbeschäftigten Arbeitnehmern unterschiedlich behandeln, es sei denn, dass sachliche Gründe eine unterschiedliche Behandlung rechtfertigen.

a) Allerdings ist § 4 Abs. 1 S. 1 TzBfG – ebenso wie der Gleichbehandlungsgrundsatz – im Bereich der Vergütung nur eingeschränkt anwendbar, weil der Grundsatz der Vertragsfreiheit grundsätzlich Vorrang hat. Dies gilt aber nur für individuell vereinbarte Löhne und Gehälter. Erfolgt die Leistungsgewährung jedoch nach einem bestimmten erkennbaren und generalisierenden Prinzip, indem er bestimmte Voraussetzungen oder einen bestimmten Zweck festlegt, dann ist der Gleichbehandlungsgrundsatz und mithin auch § 4 Abs. 1 S. 1 TzBfG anwendbar (BAG, NZA 1997, 193 zu § 2 Abs. 1 BeschFG). Dies ist hier der Fall, da B allen Vollzeitkräften Weihnachtsgeld gewährt, nicht aber den Teilzeitkräften.

b) Da die Dauer der Arbeitszeit das Kriterium ist, an die die unterschiedliche Vergütungsgewährung anknüpft, wird C auch „wegen ihrer Teilzeitbeschäftigung" schlechter behandelt.

c) Dies ist aber nur zulässig, wenn „sachliche Gründe" die unterschiedliche Behandlung rechtfertigen. Vorliegend übt C die gleiche Tätigkeit aus wie vorher die A. Einziger Unterschied ist der Arbeitsumfang. Die kürzere Beschäftigung der C allein ist jedoch kein sachgerechtes Unterscheidungskriterium, da die Arbeitskraft der C – anteilig – genauso viel wert ist wie die der Vollzeitbeschäftigten A (BAG, NZA 1997, 193).

2. Die Höhe des zu zahlenden Weihnachtsgeldes entspricht der Regelung bei Vollzeitarbeitskräften und beträgt mithin ein Bruttomonatsgehalt.

Ergebnis: C hat gegen B einen Anspruch auf Zahlung eines Weihnachtsgeldes in Höhe von 1000,– € brutto.

Exkurs Soweit die auf § 612 Abs. 2 BGB beruhenden Vergütungsansprüche durch entsprechende Regelungen im Tarifvertrag verfallen sind (Tarifverträge sehen oftmals Verfallsklauseln für arbeitsvertragliche Ansprüche vor), so kann der Anspruch auch aus § 823 Abs. 2 BGB i. V. m. § 4 Abs. 1 S. 1 TzBfG hergeleitet werden. § 4 Abs. 1 S. 1 TzBfG ist dann insoweit Schutzgesetz i. S. d. § 823 Abs. 2 BGB.

Lösung Fall 15
Die Berechnung des Urlaubs

Der gesetzliche Anspruch auf Erholungsurlaub ergibt sich aus dem Bundesurlaubsgesetz, das Mindesturlaubsbedingungen festschreibt, von denen zum Nachteil der Arbeitnehmer grundsätzlich nur in Tarifverträgen abgewichen werden darf (§ 13 Abs. 1 BUrlG).

Voraussetzung des Urlaubsanspruchs ist, dass ein wirksames Arbeitsverhältnis vorliegt (§ 1 BUrlG) und die Wartezeit von 6 Monaten erfüllt wurde (§ 4 BUrlG). Die Höhe des gesetzlichen Mindesturlaubsanspruchs ergibt sich aus § 3 BUrlG und beträgt 24 Werktage. Dabei ist zu beachten, dass das Gesetz von einer 6-Tage-Woche ausgeht, d. h., auch die Samstage als Werktage gezählt werden (vgl. § 3 Abs. 2 BUrlG). Sobald der

Arbeitnehmer nur in einer 5-Tage-Woche beschäftigt ist, ist der Urlaubsanspruch des § 3 BUrlG umzurechnen. Das BAG nimmt die Umrechnung mit Hilfe folgender Formel vor: Urlaubsanspruch ./. Werktage × Arbeitstage einer Woche (BAGE 45, 199). Für die 5-Tage-Woche ergibt sich daher ein Mindesturlaubsanspruch von 20 Werktagen.

Grundsätzlich gilt, dass der Arbeitgeber entscheidet, wann der Urlaub genommen wird (§ 7 Abs. 1 BUrlG). Dabei ist auf die Wünsche des Arbeitnehmers und die Belange des Betriebes und die Urlaubswünsche anderer Arbeitnehmer Rücksicht zu nehmen. Ein „Selbstbeurlaubungsrecht" des Arbeitnehmers besteht in keinem Fall. Eine Selbstbeurlaubung kann sogar eine fristlose Kündigung rechtfertigen (BAG, AP Nr. 115 zu § 626 BGB). Der Urlaub muss grundsätzlich im laufenden Kalenderjahr gewährt und genommen werden (§ 7 Abs. 3 S. 1 BUrlG). Eine Übertragung des Urlaubs auf das nächste Kalenderjahr ist nur statthaft, wenn dringende betriebliche oder in der Person des Arbeitnehmers liegende Gründe dies rechtfertigen. Im Falle der Übertragung muss der Urlaub in den ersten drei Monaten des folgenden Kalenderjahres gewährt und genommen werden (§ 7 Abs. 3 S. 3 BUrlG). Geschieht dies nicht, verfällt der Urlaub.

Bei Verzug des Arbeitgebers und hierbei eintretender Unmöglichkeit der Urlaubserteilung kommen aber Schadensersatzansprüche des Arbeitnehmers aus §§ 283, 287 S. 2, 249 Abs. 1 BGB in Betracht. Der Grundsatz der Naturalrestitution erfordert es grundsätzlich, hier einen Ersatzurlaubsanspruch zu gewähren. Nur wenn der Urlaub wegen Beendigung des Arbeitsverhältnisses nicht mehr gewährt werden kann, ist der Arbeitnehmer in Geld zu entschädigen (vgl. BAG, AP Nr. 1 zu § 1 BUrlG Treueurlaub).

Der gesetzliche Urlaubsanspruch ist für einige Arbeitnehmergruppen kraft Gesetzes erhöht, so beispielsweise für Schwerbehinderte in § 125 SGB IX und für Jugendliche in § 19 JArbSchG. Zudem wird die Urlaubsdauer vielfach über Tarifverträge oder individualrechtliche Vereinbarungen erweitert. Einschränkungen des gesetzlichen Urlaubsanspruchs können sich im Fall der Inanspruchnahme von Elternzeit aus § 17 BErzGG ergeben.

Neben dem Anspruch auf Erholungsurlaub finden sich in § 37 Abs. 7 BetrVG sowie in einigen Landesgesetzen und Tarifverträgen Regelungen zur Gewährung von Bildungsurlaub.

Zu den Urlaubsansprüchen im vorliegenden Fall:

1. Der Urlaubsanspruch des B

Am 1. April 2008 steht B in einem Arbeitsverhältnis zu A. Unerheblich ist dabei, ob es sich um ein Vollzeit- oder Teilzeitarbeitsverhältnis handelt oder ob das Arbeitsverhältnis unbefristet, befristet oder auflösend bedingt eingegangen wurde (*Leinemann/Linck*, Urlaubsrecht, 2. Aufl., § 1 Rdn. 57 ff). Maßgeblich ist allein der rechtliche Bestand des Arbeitsverhältnisses während der Wartezeit (MünchArbR/*Leinemann*, § 89 Rdn. 41)

Die Wartezeit des § 4 BUrlG hat B am 1. März 2008 erfüllt (§§ 187 Abs. 2 S. 1, 188 Abs. 2 BGB). Die Wartezeit muss nicht zwingend in einem Kalenderjahr erfüllt sein, sie kann sich auch auf zwei Kalenderjahre verteilen (*Leinemann/Linck*, Urlaubsrecht, 2. Aufl., § 1 Rdn. 62). Sie berechnet sich grundsätzlich nach §§ 187 Abs. 2 S. 1, 188

Abs. 2, 2. Alt. BGB (vgl. zur Fristberechnung *Leinemann/Linck*, Urlaubsrecht, 2. Aufl., § 4 Rdn. 4 f). Da das Arbeitsverhältnis des B mit dem 1. September 2007 (nicht am 1. September 2007) begann, lief die Wartefrist am 28. 2. 2008 ab.

Ergebnis: Da B in der 6-Tage-Woche beschäftigt ist, stehen ihm am 1. April 2008 24 Urlaubstage zu.

Exkurs

Nach § 7 Abs. 3 S. 4 BUrlG ist ein nach § 5 Abs. 1 lit. a BUrlG entstandener Urlaubsanspruch auf Verlangen des Arbeitnehmers auf das nächste Kalenderjahr zu übertragen. § 5 Abs. 1 lit. a BUrlG setzt voraus, dass auf Grund der Nichterfüllung der Wartezeit kein voller Urlaubsanspruch erworben werden konnte. B hatte im Jahre 2005 wegen Nichterfüllung der Wartezeit des § 4 BUrlG keinen vollen Urlaubsanspruch erworben, da er weniger als 6 Monate im Betrieb des B beschäftigt war. Für jeden Monat des Bestehens seines Arbeitsverhältnisses hat er aber Anspruch auf Teilurlaub, der hier 4/12 (September bis Dezember) von 24 = 8 Urlaubstage beträgt. Auf Verlangen ist dieser Urlaubsanspruch gem. § 7 Abs. 3 S. 4 BUrlG ins nächste Kalenderjahr zu übertragen. Dieses Verlangen ist formlos möglich und bedarf keiner Begründung, ist jedoch vor Ende des Entstehungskalenderjahres geltend zu machen. Zum Teil wird vertreten, dass diese Erklärung auch konkludent durch Nichtgeltendmachung des Teilurlaubs erfolgen kann (str.; so *GK-BUrlG/Bachmann* § 7 Rdn. 130; a. A. *Leinemann/Linck*, Urlaubsrecht, 2. Aufl., § 7 Rdn. 158). Folgt man erster Ansicht und hätte B noch nicht seinen Teilurlaub im Jahre 2005 in Anspruch genommen, so bestände für das Kalenderjahr 2006 ein zusätzlicher Urlaubsanspruch von 8 Tagen.

2. Urlaubsanspruch des C

C hat am 1. April 2006 die Wartezeit von 6 Monaten noch nicht erfüllt (§§ 4 BUrlG, 187 Abs. 2 S. 1, 188 Abs. 2 BGB). Ein voller Urlaubsanspruch steht ihm daher nicht zu.

In Betracht kommt aber ein Teilurlaubsanspruch nach § 5 Abs. 1 lit. a. BUrlG. Da C zum 1. Januar eingestellt wurde, begann das Arbeitsverhältnis nicht „an" diesem Tag, sondern „mit" diesem Tag und würde dann nach §§ 187 Abs. 2 S. 1, 188 Abs. 2 BGB am 1. April drei Monate bestehen (dazu *Leinemann/Link*, Urlaubsrecht, 2. Aufl., § 5 Rdn. 20 f). C hätte demnach einen Urlaubsanspruch auf 6 Urlaubstage (3/12 des vollen Urlaubsanspruchs von 24 Werktagen).

Bruchteile von Urlaubstagen, die mindestens einen halben Tag ergeben, sind nach § 5 Abs. 2 BUrlG auf volle Urlaubstage aufzurunden.

Der Teilurlaubsanspruch aus § 5 Abs. 1 lit. a BUrlG entsteht nach h. M. in seinem gesamten Umfang bereits mit Beginn des Arbeitsverhältnisses (vgl. *Leinemann/Linck*, Urlaubsrecht, 2. Aufl., § 5 Rdn. 6 m. w. N.). Allerdings brauchen Teilurlaubsansprüche erst dann erfüllt werden, wenn feststeht, dass ein weiterer Urlaubsanspruch, insbesondere ein Vollurlaubsanspruch nicht besteht (BAG, AP Nr. 2 zu § 59 KO; a. A. *Leinemann/Linck*, Urlaubsrecht, 2. Aufl., § 5 Rdn. 10: mit Entstehung auch Fälligkeit). Allerdings ergibt sich im Zusammenhang mit § 5 Abs. 1 lit. b BUrlG, dass C vorliegend keinen Teilurlaubsanspruch aus § 5 Abs. 1 lit. a BUrlG erwerben kann. Im Arbeitsverhältnis kann nur entweder der Anspruch aus § 5 Abs. 1 lit. a BUrlG oder der Anspruch aus § 5 Abs. 1 lit. b BUrlG gegeben sein, weil der erste das Fortbestehen des Arbeitsverhältnisses nach Erfüllung der Wartezeit voraussetzt, der zweite aber dessen Beendigung vor Erfüllung der Wartezeit (MünchArbR/*Leinemann*, § 89 Rdn. 100).

Endet das Arbeitsverhältnis des C also noch innerhalb der Wartezeit, dann hätte er einen Teilurlaubsanspruch aus § 5 Abs. 1 lit. b BUrlG. Nach Ablauf der Wartezeit würde dagegen der Vollurlaubsanspruch bestehen, so dass auch insofern für § 5 Abs. 1 lit. a BUrlG kein Raum ist.

Im Ergebnis wird § 5 Abs. 1 lit. a BUrlG daher nur relevant, wenn das Arbeitsverhältnis in der 2. Hälfte eines Jahres begründet wird und im darauf folgenden Jahr die Wartezeit erfüllt wird.

C hätte vorliegend also nur dann einen Teilurlaubsanspruch, wenn er vor erfüllter Wartezeit aus dem Arbeitsverhältnis ausscheidet. Der Anspruch aus § 5 Abs. 1 lit. b BUrlG entsteht dabei aber erst, wenn feststeht, dass das Arbeitsverhältnis vor Erfüllung der Wartezeit endet (*Leinemann/Linck*, Urlaubsrecht, 2. Aufl., § 5 Rdn. 8)

Ergebnis: Da vorliegend nicht feststeht, dass C vor Erfüllung der Wartezeit ausscheidet, hat er am 1. April 2006 noch keinen Urlaubsanspruch.

3. Der Urlaubsanspruch des D
Gem. § 5 Abs. 1 lit. c BUrlG hat D einen Teilurlaubsanspruch in Höhe von 4/12 des vollen Urlaubs von 24 Werktagen.

Ergebnis: D hat einen Anspruch auf 8 Urlaubstage.

Lösung Fall 16
Die Urlaubsgewährung

Ausgangsfall:

I. A hat als Arbeitnehmer des B gem. § 611 Abs. 1 BGB i. V. m. § 1 BUrlG Anspruch auf Gewährung von Erholungsurlaub. Die gesetzliche Urlaubsdauer bei einer 5-Tage-Woche von 20 Tagen (vgl. § 3 Abs. 1 BUrlG und die Lösung **Fall 15**) wurde hier durch den Arbeitsvertrag zu Gunsten des A auf 25 Tage erweitert (vgl. zur Zulässigkeit der Abweichung § 13 Abs. 1 S. 2 BUrlG).

II. Der Urlaubsanspruch des A für das Jahr 2004 könnte aber erloschen gewesen sein.

1. Nach § 7 Abs. 3 S. 1 BUrlG ist der Urlaubsanspruch grundsätzlich auf das Kalenderjahr befristet. Das bedeutet, dass der Urlaubsanspruch mit Beginn des Urlaubsjahres entsteht und mit ihm endet (vgl. *Leinemann/Linck*, § 7 BUrlG Rdn. 90). Mit Ablauf des Kalenderjahres erlischt daher grundsätzlich der Urlaubsanspruch (vgl. zur dogmatischen Einordnung *Leinemann/Linck*, § 7 BUrlG Rdn. 90 ff).

Auch ein Vorgriff auf Urlaubsansprüche, die erst im folgenden Kalenderjahr entstehen, ist unzulässig. Erfolgt er dennoch, so kann der Arbeitnehmer in dem folgenden Kalenderjahr die bereits gewährten Urlaubstage noch einmal fordern, ohne zur Rückgewähr des bereits erhaltenen Urlaubsentgelts verpflichtet zu sein (BAG, AP Nr. 3 zu § 9 BUrlG).

2. Etwas anderes gilt nur dann, wenn die Erfüllung des Urlaubsanspruchs aus dringenden betrieblichen (z. B. krankheitsbedingte Ausfälle anderer Arbeitnehmer) oder in der Person des Arbeitnehmers liegenden Gründen (insbesondere krankheitsbedingte Arbeitsunfähigkeit; vgl. BAG, EzA § 4 TVG Ausschlussfristen Nr. 102) nicht möglich war. Dann geht der Urlaubsanspruch nach § 7 Abs. 3 S. 2 und 3 BUrlG auf die ersten drei Kalendermonate des Folgejahres (Übertragungszeitraum) über. Die Übertragung erfolgt kraft Gesetzes, bedarf also keiner Handlung von Arbeitgeber oder Arbeitnehmer. Bei andauernder Erkrankung des Arbeitnehmers geht der Urlaubsanspruch gem. § 7 Abs. 3 S. 2 BUrlG nur auf das nächste Kalenderjahr über, wenn der Arbeitnehmer wegen der Erkrankung seinen Urlaub bis zum Ablauf des Urlaubsjahres nicht nehmen kann (BAG, EzA § 4 TVG Ausschlussfristen Nr. 102). Dies trifft nicht zu, wenn der Arbeitgeber vor Ablauf des Urlaubsjahres wieder arbeitsfähig wird und den Urlaub – wenn auch nur teilweise – verwirklichen konnte. Der Urlaubsanspruch nach § 7 Abs. 3 S. 2 BUrlG geht dabei nur insofern auf den Übertragungszeitraum über, als er nicht mehr vollständig erfüllt werden kann (BAG, AP Nr. 16 zu § 7 BUrlG Übertragung)

Vorliegend war A bis zum 14. Dezember 2007 arbeitsunfähig krank. Er hätte mithin im Jahr 2007 9 Tage Urlaub nehmen können, und zwar ab dem 17. Dezember, nämlich vom 17. Dezember bis 21. Dezember und am 24., 27. und 31. Dezember 2007. Da A keinen Urlaub verlangt hat, erlosch sein Anspruch in Höhe von 9 Urlaubtagen. Auf das Folgejahr sind daher gem. § 7 Abs. 3 S. 2 nur 16 Urlaubstage übergegangen (vgl. *Leinemann/Linck*, § 7 BUrlG Rdn. 107).

3. Der nach § 7 Abs. 3 S. 2 BUrlG übertragene Urlaub muss gem. § 7 Abs. 3 S. 3 BUrlG in den ersten drei Monaten des folgenden Kalenderjahres gewährt und genommen werden. Anderenfalls erlischt er zum 31. März des folgenden Jahres. Der Urlaubsantritt im Übertragungszeitraum genügt nicht.

Vorliegend verlangte A ab dem 25. März 2008 die Gewährung seines Resturlaubs. Bis zum 31. März 2008 können aber nur noch 5 Tage genommen werden. Die restlichen 11 Tage erloschen dagegen.

4. Urlaubnehmen ist von der Genehmigung des Arbeitgebers abhängig. Der Arbeitgeber muss den Urlaub gewähren, kann sich aber ggf. auf die Leistungsverweigerungsrechte des § 7 Abs. 1 BUrlG berufen. Im Übertragungszeitraum scheidet indes eine Heranziehung der Übertragungsgründe des § 7 Abs. 3 S. 2 BUrlG aus, weil in § 7 Abs. 3 S. 3 nicht hierauf verwiesen wird (*Leinemann/Linck*, § 7 BUrlG Rdn. 109).

In dem Fall kann die Urlaubsgewährung daher nicht wegen dringender betrieblicher Gründe versagt werden.

5. B konnte schließlich auch nicht mit Hinweis auf die Krankheit des A im Jahr 2007 den Urlaubsanspruch verweigern. Der Urlaubsanspruch ist von der erbrachten Arbeitsleistung unabhängig, da er nicht eine Gegenleistung für die erbrachte Arbeit darstellt. Er ist vielmehr ein gesetzlicher Anspruch auf Freistellung von der Arbeit und nicht an ein Erholungsbedürfnis gebunden (ständige Rechtsprechung seit BAGE 37, 382 vom 28. 1. 1982).

Bis 1982 war die Rechtsprechung insofern weitgehend anderer Meinung. Die Tatsache, dass mehr Tage Urlaub begehrt wurden, als im Urlaubsjahr gearbeitet wurde, war zumindest wesentlicher Abwägungspunkt, um ggf. den Einwand des Rechtsmissbrauchs zu begründen (vgl. ausführlich *Leinemann/Linck*, Urlaubsrecht, 2. Aufl., § 1 Rdn. 81 ff).

6. Die Höhe des Urlaubsentgelts ist in § 11 Abs. 1 BUrlG geregelt und bemisst sich nach dem durchschnittlichen Arbeitsverdienst, das der Arbeitnehmer in den letzten dreizehn Wochen vor Beginn des Urlaubs erhalten hat. In der Praxis erfolgt die Berechnung im Rahmen einer 5-Tage-Woche derart, dass man den Durchschnittsverdienst der letzten 13 Wochen (= Bruttoverdienst der letzten 3 Monate) durch 65 Arbeitstage dividiert und anschließend mit der Zahl der Urlaubstage multipliziert.

Vorliegend würden A daher für die 5 Tage ein Urlaubsentgelt in Höhe von 3 × 3250,– € ./. 65 × 5 = 750,– € zustehen.

Das Urlaubsentgelt beruht auf § 611 Abs. 1 BGB und ist daher mit dem Vergütungsanspruch identisch. Hat der Arbeitgeber Urlaub erteilt, ist er verpflichtet, die Arbeitsvergütung für die Dauer des Urlaubs fortzuzahlen. Über § 13 Abs. 1 S. 1 BUrlG ist auch der Anspruch auf Urlaubsentgelt im Verhältnis zum Arbeitgeber unabdingbar und kann auch durch Tarifvertrag nicht zum Nachteil des Arbeitnehmers abgeändert werden.
Vom Urlaubsentgelt ist das Urlaubsgeld zu unterscheiden, dass zusätzlich zum normalen Lohn/Gehalt gewährt wird, so dass der Arbeitnehmer im Urlaub mehr Geld zur Verfügung hat als bei der Arbeit.

Ergebnis: A hatte für das Jahr 2007 einen Anspruch auf 5 Tage Urlaub, für die ihm 750,– € Urlaubsentgelt zustehen würden.

Abwandlung:

I. Hat ein Arbeitnehmer mit einem nach § 5 Abs. 1 lit. c BUrlG gekürzten Urlaubsanspruch mehr Urlaub erhalten, als ihm zusteht, etwa weil er bereits zu Jahresbeginn den ganzen Urlaub erhalten hat, aber vor dem 1. Juni des Jahres aus dem Arbeitsverhältnis ausscheidet, ist eine Rückforderung des zuviel gezahlten Urlaubsentgelts nach § 5 Abs. 3 BUrlG ausgeschlossen (BAG, AP Nr. 140 zu § 1 TVG Tarifverträge).

B kann daher von A nicht die Rückzahlung von zuviel gezahltem Urlaubsentgelt verlangen.

II. Da A bereits von B für 2008 der volle Urlaub gewährt worden ist, scheidet ein Urlaubsanspruch gegen C für das Jahr 2008 gem. § 6 Abs. 1 BUrlG aus.

Lösung Fall 17
Die Urlaubsabgeltung

Ausgangsfall:

Dem A könnte ein Anspruch auf Abgeltung des Urlaubs nach § 7 Abs. 4 i. V. m. § 11 BUrlG zustehen.

Dann müsste zwischen A und B ein Arbeitsverhältnis bestanden haben, § 1 BUrlG, A müsste die Wartezeit von 6 Monaten erfüllt haben, § 4 BUrlG, und der Urlaub müsste wegen der Beendigung des Arbeitsverhältnisses ganz oder teilweise nicht gewährt werden können, § 7 Abs. 4 BUrlG.

I. Zwischen der A und der B-KG lag ein Arbeitsverhältnis vor.

II. Dieses Arbeitsverhältnis bestand seit vier Jahren, so dass am 31. Mai 2008 die Wartezeit des § 4 BUrlG von 6 Monaten erfüllt war.

III. Die Urlaubsabgeltung erfolgt gem. § 7 Abs. 4 BUrlG nur dann, wenn der Urlaub wegen Beendigung des Arbeitsverhältnisses ganz oder teilweise nicht mehr gewährt werden kann; andere Gründe für die Nichtgewährung des Urlaubs lösen hingegen keinen Urlaubsabgeltungsanspruch nach § 7 Abs. 4 BUrlG aus. Der Urlaubsabgeltungsanspruch ist als Ersatzanspruch für den nicht mehr erfüllbaren Urlaubsanspruch zu verstehen, so dass er an dieselben rechtlichen Voraussetzungen gebunden ist wie der Urlaubsanspruch selbst. Der Urlaubsabgeltungsanspruch steht deshalb einem Arbeitnehmer nur dann zu, wenn bei Fortbestand des Arbeitsverhältnisses der Urlaub gewährt werden könnte. Dies setzt insbesondere voraus, dass der Arbeitnehmer im Zeitpunkt der Beendigung des Arbeitsverhältnisses arbeitsfähig gewesen ist (ständige Rechtsprechung des BAG, NJW 1995, 2244 und NZA 1996, 594).

Eine Arbeitsunfähigkeit der A zum Zeitpunkt seines Ausscheidens ist nicht ersichtlich. Ihm steht deshalb ein Urlaubsabgeltungsanspruch für den Urlaub zu, den er zum Zeitpunkt seines Ausscheidens, gedacht, das Arbeitsverhältnis wäre nicht beendet worden, hätte nehmen können.

Gem. § 5 Abs. 1 lit. c BUrlG hat er bei seinem Ausscheiden am 31. Mai 2008 einen Urlaubsanspruch in Höhe von 5/12 des vollen Jahresurlaubs von 20 Arbeitstagen (vgl. zur Umrechnung des Jahresurlaubs, Lösung **Fall 15**), d. h. 8 Arbeitstage, § 5 Abs. 2 BUrlG.

IV. Die Höhe der Urlaubsabgeltung ist im BUrlG nicht besonders geregelt. Weil die Urlaubsabgeltung Surrogat des Urlaubs ist, gilt für ihre Höhe nach allgemeiner Meinung § 11 BUrlG, der die Höhe des Urlaubsentgelts regelt (vgl. *Palandt/Weidenkaff*, BGB, 67. Aufl., § 611 Rdn. 145 i. V. m. Rdn. 141). Die Urlaubsabgeltung bemisst sich infolgedessen gem. § 11 Abs. 1 S. 1 BUrlG grundsätzlich nach dem durchschnittlichen Arbeitsverdienst, den der Arbeitnehmer in den letzten dreizehn Wochen vor der Beendigung des Arbeitsverhältnisses erhalten hat. In der Praxis erfolgt die Berechnung im

Rahmen einer 5-Tage-Woche derart, dass man den Durchschnittsverdienst der letzten 13 Wochen (= Bruttoverdienst der letzten 3 Monate) durch 65 Arbeitstage dividiert und anschließend mit der Zahl der Urlaubstage multipliziert (vgl. auch Lösung **Fall 16**).

Ergebnis: A hat gem. § 7 Abs. 4 i. V. m. § 11 BUrlG einen Urlaubsabgeltungsanspruch für 8 Urlaubstage.

Abwandlung 1:

Während der Elternzeit kann der Arbeitgeber den Urlaub gem. § 17 Abs. 1 S. 1 BEEG für jeden vollen Kalendermonat, für den der Arbeitnehmer Elternzeit genommen hat, um 1/12 kürzen. Da die A im Jahr 2008 für 2 Kalendermonate Elternzeit genommen hat, kann die B-KG den Urlaub um 3 Tage kürzen. Abzugelten wären demnach nur noch 5 Urlaubstage.

Exkurs | Scheidet ein Arbeitnehmer während der Elternzeit aus dem Arbeitsverhältnis aus oder setzt er das Arbeitsverhältnis nach der Elternzeit nicht mehr fort, so ergibt sich der Urlaubabgeltungsanspruch aus § 17 Abs. 3 BEEG. Auch die Übertragung von Urlaub ist in § 17 Abs. 2 BEEG als lex specialis zu § 7 Abs. 3 S. 3 BUrlG geregelt.

Abwandlung 2:

Der gesetzliche Urlaubsabgeltungsanspruch entsteht als Ersatz für die wegen der Beendigung des Arbeitsverhältnisses nicht mehr mögliche Befreiung von der Arbeitspflicht. Abgesehen von der Beendigung des Arbeitsverhältnisses ist der Abgeltungsanspruch daher an die gleichen Voraussetzungen gebunden wie der Urlaubsanspruch. Insbesondere setzt er voraus, dass der Urlaubsanspruch noch erfüllt werden könnte, wenn das Arbeitsverhältnis weiter bestünde (grundlegend BAG, AP Nr. 18 zu § 7 BUrlG Abgeltung). Der Abgeltungsanspruch geht daher ersatzlos unter, wenn der Arbeitnehmer bis zum Ende des Urlaubsjahres und des Übertragungszeitraumes des § 7 Abs. 3 S. 3 BUrlG fortdauernd arbeitsunfähig krank ist (BAG, NJW 1995, 2244; NZA 1996, 594).

Wäre A bis zum Ablauf des Übertragungszeitraums am 31. März 2008 arbeitsunfähig krank gewesen, würde mithin ein Anspruch auf Urlaubsabgeltung entfallen.

Exkurs | Der Urlaubsabgeltungsanspruch ist als Surrogat des Urlaubsanspruchs wie dieser gem. § 1 BUrlG unabdingbar. Tarifvertragliche Ausschlussklauseln können daher nur den tarifvertraglichen Anteil eines Abgeltungsanspruchs erfassen, nicht aber den Anteil im Umfang des gesetzlichen Mindesturlaubs (BAG, NZA 1997, 44).

Lösung Fall 18
Die Nachwirkungen einer Feier

A könnte für den 1. August 2008 einen Vergütungsanspruch aus § 611 BGB i. V. m. dem Arbeitsvertrag haben.

I. Ein wirksamer Arbeitsvertrag liegt vor; der Anspruch auf Vergütung ist mithin entstanden.

II. Der Anspruch auf Vergütung könnte jedoch gem. § 326 Abs. 1 S. 1, 2, 1. Hs. BGB wegen Teilunmöglichkeit erloschen sein, weil A seine arbeitsvertragliche Hauptleistungspflicht, die Arbeitspflicht (§ 611 Abs. 1 BGB), nicht erbracht hat.

1. Beim Arbeitsvertrag handelt es sich um einen gegenseitigen Vertrag i. S. d. §§ 320 ff BGB, so dass die allgemeinen Vorschriften über die Leistungsstörungen grundsätzlich Anwendung finden. Fraglich ist, ob es sich um einen Fall der Teilunmöglichkeit oder aber des Schuldnerverzugs handelt.

a) Auf den ersten Blick scheint es, als ob im vorliegenden Fall A sich im Schuldnerverzug befindet, weil er seine Arbeitsleistung aus einem von ihm zu vertretenden Grund nicht erbracht hat und seine Arbeitsleistung insgesamt noch möglich erscheint.

b) Es war lange Zeit umstritten, ob ein solcher Fall zum Verzug oder zur Unmöglichkeit führt (MünchArbR/*Bloymeyer*, § 57 Rdn. 2 ff m. w. N.). Die h. M. geht heute davon aus, dass die Arbeitspflicht absoluten Fixschuldcharakter hat, weil die Arbeitsleistung zu einem fest bestimmten Zeitpunkt abgeleistet werden muss und eine Nachholung der geschuldeten Arbeit nicht möglich bzw. nicht zumutbar ist (*Schaub*, Arbeitsrechtshandbuch, 12. Aufl., § 49 Rdn. 6; *Beuthin*, RdA 1972, 20). Dies hat zur Folge, dass die geschuldete und nicht erbrachte Leistung bereits mit dem exakt vorbestimmten Arbeitsbeginn oder mit der vorzeitigen Beendigung der Arbeitsleistung als nicht nachholbar endgültig unmöglich ist.

c) Ob diese Ansicht mit dem Gesetz in Einklang steht, kann aber bezweifelt werden, da § 615 BGB nicht von einem absoluten Fixschuldcharakter der Arbeitspflicht ausgeht. Richtigerweise muss differenziert werden zwischen den verschiedenen Gestaltungsmöglichkeiten des Arbeitsvertrages:

aa) Ist die Arbeitszeit fest fixiert oder durch Weisung des Arbeitgebers festgelegt, wird i.d.R. eine Nachholbarkeit von den Vertragsparteien nicht gewollt sein. In diesem Regelfall eines Arbeitsverhältnisses muss von absoluter Fixschuld gesprochen werden. Erbringt in einem solchen Fall ein Arbeitnehmer seine Arbeitsleistung nicht, so liegt Unmöglichkeit vor.

bb) Soweit dem Arbeitnehmer die Konkretisierung des Arbeitstermins überlassen wird (wie z. B. bei bestimmten flexiblen Arbeitszeitmodellen), hat der Arbeitnehmer während der Gleitphase oder im Rahmen der flexiblen Arbeitszeit einen eigenen Spielraum. Soweit er diesen Rahmen nicht überschreitet, liegt überhaupt keine Leistungsstörung vor.

cc) In einigen Fällen ist der Arbeitgeber nicht unbedingt an einem präzisen Arbeitsbeginn interessiert, wie z. B. bei einer Teilzeitstelle, die nur mit einem Arbeitnehmer besetzt ist. In einem solchen Fall gerät der Arbeitnehmer unter den Voraussetzungen des § 286 BGB in Schuldnerverzug und haftet dem Arbeitgeber nach § 280 Abs. 1 BGB auf Schadensersatz neben der Leistung bzw. Schadensersatz statt der Leistung, sofern eine dem Arbeitnehmer gesetzte angemessene Frist zur Leistung erfolglos abgelaufen ist. Das daneben bestehende Rücktrittsrecht aus § 323 Abs. 1 (§ 325 BGB) BGB erfordert bei hier vorliegendem relativen Fixgeschäft nach § 323 Abs. 2 Nr. 2 BGB allerdings keine Fristsetzung.

2. Da für das Arbeitsverhältnis des A keine Besonderheiten erkennbar sind, liegt eine absolute Fixschuld vor. Damit konnte die Arbeitsleistung des A nur zu einem bestimmten Zeitpunkt erbracht werden. Mithin liegt ein Fall der Unmöglichkeit und nicht des Schuldnerverzugs vor.

3. Weitere Voraussetzung der §§ 283 S. 1, 619 a, 280 Abs. 1 S. 2 BGB ist, dass A die Unmöglichkeit der Arbeitsleistung i. S. d. § 276 BGB zu vertreten hat. Insofern bestehen jedoch keine Bedenken, da A seine Leistung sogar vorsätzlich nicht erbracht hat.

4. Rechtfolge der von A zu vertretenden Teilunmöglichkeit der Arbeitsleistung ist gem. § 326 Abs. 1 S. 1, 2. Hs. BGB, dass sich die Gegenleistung nach Maßgabe des § 441 Abs. 3 BGB mindert; soweit die Leistung unmöglich ist, verliert also A seinen Anspruch auf die Gegenleistung (MüKo/*Ernst*, 4. Aufl., § 326 BGB Rdn. 18). Insofern gilt der Grundsatz „ohne Arbeit kein Lohn" (*Michalski*, Arbeitsrecht, 7. Aufl., Rdn. 461).

Ergebnis: A hat keinen Vergütungsanspruch für den 1. August 2008.

Lösung Fall 19
Der Beinbruch

Ausgangsfall:

A könnte einen Anspruch auf Lohnzahlung aus § 3 Abs. 1 S. 1 EFZG i. V. m. § 611 Abs. 1 BGB haben.

Früher war § 3 Abs. 1 EFZG nur als Anspruchserhaltungsnorm formuliert. Seit dem 1. 10. 1996 wurde dies geändert („hat er Anspruch", vgl. auch § 3 Abs. 3 EFZG), so dass § 3 Abs. 1 S. 1 EFZG nun selbst Anspruchsgrundlage ist.

I. A steht in einem wirksamen Arbeitsverhältnis.

II. In dem fraglichen Zeitraum erbringt A seine Arbeitsleistung nicht. Sie ist unmöglich geworden (vgl. **Fall 18**). A ist daher nach § 275 Abs. 1 BGB nicht mehr zur Leistung verpflichtet, und zwar unabhängig davon, ob er die Unmöglichkeit zu vertreten hat.

III. Nach dem Grundsatz „Ohne Arbeit kein Lohn" hätte B gem. § 326 Abs. 1 S. 1 BGB keinen Vergütungsanspruch.

Allerdings ordnet § 3 EFZG für bestimmte Fälle das Fortbestehen des Lohnzahlungsanspruchs trotz Nichtleistung der Arbeit an.

Das „Gesetz über die Zahlung des Arbeitsentgelts an Feiertagen und im Krankheitsfall" (EFZG), das zusammen mit dem Pflege-Versicherungsgesetz beschlossen wurde und am 1. 6. 1994 in Kraft trat, beendete eine Rechtslage, die von Unterschieden in Ost- und Westdeutschland und einer Rechtszersplitterung in den alten Bundesländern gekennzeichnet war. Während in Ostdeutschland die §§ 115 a bis 115 e AGB-DDR die Entgeltsicherung im Krankheitsfall für alle Arbeitnehmer regelten, fanden sich in Westdeutschland in § 63 HGB, § 133 c GewO oder § 616 Abs. 2 BGB Regelungen für Angestellte, während für Arbeiter das Lohnfortzahlungsgesetz vom 27. 7. 1969 galt.
Im Arbeitsrechtlichen Beschäftigungsfördergesetz 1996 wurde die Höhe der Entgeltfortzahlung nach dem Gesetz auf 80 % gesenkt und der Anspruch an das vierwöchige Bestehen des Arbeitsverhältnisses geknüpft. Das Gesetz zu Korrekturen in der Sozialversicherung und zur Sicherung der Arbeitnehmerrechte vom 19. 12. 1998 hat die Begrenzung der Lohnfortzahlungshöhe auf 80 % wieder rückgängig gemacht (vgl. ausführlich zur Geschichte der Entgeltfortzahlung im Krankheitsfall *Kaiser/ Dunkl/Hold/Kleinsorge*, EFZG, 5. Aufl., Einleitung).

1. Die Voraussetzungen für einen Entgeltzahlungsanspruch eines Arbeitnehmers im Krankheitsfall sind in § 3 EFZG geregelt. Ein solcher Anspruch besteht, wenn ein Arbeitnehmer nach Beginn der Beschäftigung durch eine Krankheit arbeitsunfähig wurde und dies Alleinursache für den Entgeltausfall ist. Den Arbeitnehmer darf zudem an der Krankheit kein Verschulden treffen. Weiterhin entsteht der Entgeltfortzahlungsanspruch erst nach vierwöchiger ununterbrochener Dauer des Arbeitsverhältnisses, § 3 Abs. 3 EFZG.

a) A ist Arbeitnehmer. Gem. § 1 Abs. 2 EFZG sind Arbeitnehmer i. S. d. EFZG Arbeiter und Angestellte sowie die zu ihrer Berufsausbildung Beschäftigten.

b) Der Begriff der Krankheit ist weder in arbeitsrechtlichen noch in sozialversicherungsrechtlichen Gesetzen definiert. Medizinisch versteht man unter Krankheit einen regelwidrigen körperlichen oder geistigen Zustand. Regelwidrig ist der Körper- oder Geisteszustand dann, wenn er von der durch das Leitbild eines gesunden Menschen geprägten Norm abweicht. Von diesem medizinischen Begriff der Krankheit ist bei Anwendung des § 3 EFZG auszugehen. Unerheblich ist, ob die Krankheit heilbar ist, auch die Behandlungsbedürftigkeit ist kein Merkmal des Krankheitsbegriffs, wird aber im Regelfall für die Begründung der Arbeitsunfähigkeit Voraussetzung sein (vgl. *Kaiser/ Dunkl/Hold/Kleinsorge*, EFZG, 5. Aufl., § 3 Rdn. 27).

Bei einem schweren Beinbruch kann von dem Vorliegen dieser Voraussetzung ohne weiteres ausgegangen werden.

c) A war infolge des Beinbruchs auch arbeitsunfähig, d. h. außer Stande, die ihm nach dem Arbeitsvertrag obliegende Arbeit zu verrichten oder nur unter der Gefahr, seinen Gesundheits- oder Körperzustand zu verschlechtern.

d) Die Krankheit war alleinige Ursache für den Verdienstausfall. A hätte ohne die Krankheit seine geschuldete Tätigkeit verrichten können und damit einen Entgeltanspruch gehabt.

Eine Besonderheit besteht bei krankheitsbedingter Arbeitsunfähigkeit während eines Feiertages, da beide Zahlungstatbestände nur dann eingreifen, wenn entweder der Feiertag oder die krankheitsbedingte Arbeitsunfähigkeit alleinige Ursache für den Verdienstausfall ist. Der Konflikt wird dadurch gelöst, dass der Entgeltfortzahlungsanspruch sich gem. § 4 Abs. 2 EFZG i. V. m. § 2 EFZG nach dem Arbeitsentgelt bemisst, welches der Arbeitnehmer ohne den Feiertag erzielt hätte.

e) Problematisch ist die negative Anspruchsvoraussetzung des Nichtverschuldens.

Das Gesetz spricht nicht aus, wann eine Krankheit verschuldet ist. Es besteht heute aber weitgehend Einigkeit darüber, dass Verschulden i. S. d. § 3 Abs. 1 EFZG nur dann vorliegt, wenn die Krankheit durch einen gröblichen Verstoß gegen das von einem verständigen Menschen im eigenen Interesse zu erwartende Verhalten verursacht wurde und es unbillig wäre, die Folgen dieses Verstoßes auf den Arbeitgeber abzuwälzen (vgl. *Kaiser/Dunkl/Hold/Kleinsorge*, EFZG, 5. Aufl., § 3 Rdn. 93 ff). Als Kurzformel wird oft vom „Verschulden gegen sich selbst" gesprochen (*Palandt/Weidenkaff*, BGB, 67. Aufl., § 616 Rdn. 10).

Bei Sportverletzungen wird nach der Rechtsprechung Verschulden dann angenommen, wenn es sich entweder um eine gefährliche Sportart handelt, der Arbeitnehmer in grober und leichtsinniger Weise gegen die anerkannten Regel der jeweiligen Sportart verstößt oder der Arbeitnehmer eine Sportart betreibt, die seine Kräfte und Fähigkeiten bei weitem übersteigen (*Kaiser/Dunkl/Hold/Kleinsorge*, EFZG, 5. Aufl., § 3 Rdn. 105 ff).

Hierfür liegen jedoch keine Anhaltspunkte vor.

f) Schließlich bestehen auch keine Bedenken hinsichtlich der Erfüllung der Wartezeit des § 3 Abs. 3 EFZG.

3. Der Anspruch besteht für die Dauer von sechs Wochen, § 3 Abs. 1 EFZG, und entsteht mit Eintritt der krankheitsbedingten Arbeitsunfähigkeit (*Kaiser/Dunkl/Hold/ Kleinsorge*, EFZG, 5. Aufl., § 3 Rdn. 132).

4. Der Arbeitgeber kann die Entgeltfortzahlung verweigern, solange der Arbeitnehmer keine ärztliche Bescheinigung gem. § 5 EFZG vorgelegt hat, § 7 EFZG. Das Leistungsverweigerungsrecht des § 7 EFZG darf aber nicht zu der Annahme führen, der Entgeltfortzahlungsanspruch entstehe nur dann, wenn eine entsprechende ärztliche Bescheinigung vorgelegt wird. Der Anspruch auf Entgeltfortzahlung entsteht vielmehr völlig unabhängig vom Vorlegen einer ärztlichen Bescheinigung. Der Arbeitgeber kann die Entgeltfortzahlung verweigern, solange die Bescheinigung nicht vorgelegt wird.

Besondere Probleme warf die Beweiskraft von ausländischen Attests, insbesondere bei EU-Wanderarbeitern auf. Grundsätzlich gilt, dass die vom Arzt ausgestellte Bescheinigung über die Arbeitsunfähigkeit die tatsächliche Vermutung der Richtigkeit hat, die vom Arbeitgeber nur bei Vortrag und ggf. Beweis ernsthafter Zweifel erschüttert werden können (BAG, NJW 19993, 809). Bei ärztlichen Attesten aus dem Ausland hat der EuGH dies aber dahingehend eingeschränkt, dass ein Vortrag ernstlicher Zweifel nicht möglich ist, sondern der Arbeitgeber allenfalls Nachweise erbringen kann, dass der Arbeitgeber sich missbräuchlich oder betrügerisch krankschreiben ließ (vgl. EuGH, NZA 1996, 635). Dem hat sich das BAG angeschlossen (BAG, NZA 1997, 705). Bei einer Arbeitunfähigkeitsbescheinigung aus einem Land außerhalb der EU muss die Bescheinigung aber erkennen lassen, dass der ausländische Arzt zwischen Krankheit und Arbeitsunfähigkeit unterschieden hat (BAG, NZA 1997, 652; 1998, 372).

5. Die Höhe des Anspruchs richtet sich nach § 4 EFZG und entspricht der Höhe des für A maßgeblichen regelmäßigen Arbeiteinkommens.

Ergebnis: E hat für die Dauer von sechs Wochen Anspruch auf Entgeltfortzahlung.

Abwandlung 1:

Das Kickboxen wurde bislang als einzige Sportart von der Rechtsprechung als gefährlich bezeichnet (ArbG Hagen, NZA 1990, 311; in der Literatur wird zum Teil auch Bungee-Springen als gefährliche Sportart eingestuft, vgl. *Gerauer*, NZA 1994, 496). Indes kann bezweifelt werden, ob auch das BAG dieser Ansicht folgen würde, da die Rechtsprechung auch sonst außerordentlich zurückhaltend bei der Bejahung einer gefährlichen Sportart ist. Eine Sportart ist nach Ansicht des BAG nämlich nur dann besonders gefährlich, wenn das Verletzungsrisiko so groß ist, dass auch ein gut ausgebildeter Sportler bei sorgfältiger Beachtung aller Regeln dieses Risiko nicht vermeiden kann, sondern sich unbeherrschbaren Gefahren aussetzt (BAG, AP Nr. 42 und Nr. 45 zu § 1 LohnFG). Nach diesen Grundsätzen wurden selbst Moto-Cross-Rennen (BAG, AP Nr. 18 zu § 1 LohnFG), Fingerhakeln (LAG Stuttgart, NZA 1987, 852) und Drachenfliegen (BAG, NJW 1982, 1014) nicht als gefährliche Sportarten bewertet.

Ergebnis: Folgt man der Entscheidung des ArbG Hagen, würde in diesem Fall kein Entgeltfortzahlungsanspruch bestehen.

Abwandlung 2:

Ein Anspruch auf Entgeltfortzahlung im Krankheitsfall nach § 3 Abs. 1 EFZG entsteht erst nach vierwöchiger ununterbrochener *Dauer* des Arbeitsverhältnisses, § 3 Abs. 3 EFZG. Die Vorschrift stellt nicht auf die ununterbrochene (tatsächliche) *Tätigkeit* ab, so dass der Arbeitnehmer dann, wenn sein Arbeitsverhältnis vier Wochen ununterbrochen bestanden hat, den Anspruch auf Entgeltfortzahlung erwirbt.

A war am Tag des Unfalls erst 4 Tage bei seinem Arbeitgeber beschäftigt. Damit war der Anspruch auf Entgeltfortzahlung zu diesem Zeitpunkt noch nicht entstanden. A muss deshalb noch drei Wochen und drei Tage abwarten, ohne gegen seinen Arbeitgeber einen Anspruch auf Entgeltfortzahlung zu haben. Nach Ablauf der vierwöchigen Wartezeit hat A, sofern er weiter arbeitunfähig krank ist, Anspruch auf – ungekürzte – Entgeltfortzahlung gem. § 3 Abs. 1 EFZG bis zur Dauer von sechs Wochen, und zwar nicht rückwirkend ab dem Zeitpunkt des Eintritts der krankheitsbedingten Arbeitsunfähigkeit, sondern ab Ablauf der Vierwochenfrist (BAG, DB 1999, 2268).

Anmerkung: B hat während des Krankheitszeitraums einen Anspruch auf Krankengeld nach den §§ 44 ff SGB V. Während der „Anwartschaftszeit" nach § 3 Abs. 3 EFZG tritt kein Ruhen des Krankengeldanspruchs nach § 49 Abs. 1 Nr. 1 SGB V ein, denn B erhält von seinem Arbeitgeber kein Arbeitsentgelt. Nach Erfüllung der „Anwartschaftszeit" tritt für die Dauer von 6 Wochen ein Ruhen des Krankengeldanspruchs nach § 49 Abs. 1 Nr. 1 SGB V ein, anschließend wird erneut die Krankenkasse zahlungspflichtig. Die Höhe des Krankengeldanspruchs richtet sich nach § 47 SGB V.

Lösung Fall 20
Die sozialversicherungsrechtlichen Ansprüche

E könnte gegen den zuständigen Träger der gesetzlichen Krankenversicherung einen Anspruch auf Krankengeld haben, §§ 21 Abs. 1 Nr. 2 g, 38 SGB I, 11 Abs. 1 Nr. 4, 44 SGB V.

Bei der Prüfung sozialversicherungsrechtlicher Ansprüche sind im Wesentlichen vier Prüfungspunkte zu beachten: der Anspruchsteller muss zum versicherten Personenkreis gehören, er muss den jeweiligen Versicherungsfall erlitten haben, die gewünschte Leistung muss zu dem in dem jeweiligen Versicherungszweig gewährten Leistungsumfang gehören und schließlich muss der Anspruchsgegner der zuständige Leistungsträger sein.

I. Versicherter Personenkreis
Als Arbeiter gehört A zum versicherten Personenkreis, § 5 Abs. 1 Nr. 1 SGB V. Er ist als Arbeitnehmer gegen Entgelt (§ 14 SGB IV) beschäftigt (§ 7 SGB IV).

Eine Versicherungsfreiheit des A, insbesondere nach § 6 Abs. 1 Nr. 1 SGB V, ist nicht ersichtlich.

II. Versicherungsfall
Der Versicherungsfall der Krankheit ist gesetzlich nicht definiert. Die Rechtsprechung versteht hierunter einen „regelwidrigen Körper- oder Geisteszustand, der Behandlungsbedürftigkeit und/oder Arbeitsunfähigkeit zur Folge hat" (BSGE 33, 202, 203; 35, 10, 12; 59, 119, 121 f; vgl. auch **Fall 19**).

Der Beinbruch ist ein Versicherungsfall.

III. Leistungen
1. Dem Grunde nach hat A Anspruch auf Krankengeld, da er krankheitsbedingt arbeitsunfähig ist (§ 44 Abs. 1, 1. Alt. SGB V).

2. Der Anspruch entsteht gem. § 46 S. 1 Nr. 2 SGB V mit dem Tag, der auf die ärztliche Feststellung der Arbeitsunfähigkeit folgt (*Krauskopf/Vay*, Soziale Krankenversicherung-Pflegeversicherung, 49. Ergl., § 46 SGB V Rdn. 5). Auf die Krankmeldung beim Arbeitgeber kommt es dagegen nicht an, weil sich der Anspruch auf Krankengeld nicht gegen den Arbeitgeber richtet.

3. Die Höhe des Krankengeldes beträgt gem. § 47 Abs. 1 SGB V 70 v. H. des erzielten regelmäßigen Arbeitsentgelts und Arbeitseinkommens, soweit es der Beitragsberechnung unterliegt, § 223 Abs. 3 SGB V (Regelentgelt).

Abzustellen ist dabei auf den letzten Lohnabrechnungszeitraum vor Beginn der Arbeitsunfähigkeit (*Krauskopf/Vay*, Soziale Krankenversicherung-Pflegeversicherung, 16. Ergl., § 47 SGB V, Rdn. 16).

4. Das Krankengeld wird grundsätzlich für unbegrenzte Dauer gewährt. Für den Fall der Arbeitsunfähigkeit wegen derselben Krankheit, jedoch für längstens 78 Wochen (§ 48 Abs. 1 SGB V). Abzustellen ist dabei entgegen dem Wortlaut des Gesetzes nicht auf dieselbe Krankheit, sondern auf dieselbe Krankheitsursache.

Da A (bislang) nur wegen einer Krankheit arbeitsunfähig ist (Beinbruch), hat er Anspruch auf Krankengeld nur bis zu längstens 78 Wochen. Für den Zeitraum von 6 Monaten, in dem er arbeitsunfähig ist, erhält A daher volles Krankengeld.

5. Soweit A von seinem Arbeitgeber Entgeltfortzahlung gem. § 3 EFZG erhält, ruht der Anspruch auf Krankengeld, § 49 Abs. 1 Nr. 1 SGB V. Dabei kommt es aber darauf an, dass der Arbeitgeber den Lohn tatsächlich weiter zahlt. Allein ein Anspruch auf Entgeltfortzahlung führt nicht zum Ruhen des Krankengeldanspruchs. Dies ergibt sich schon aus dem Wortlaut des § 49 Abs. 1 Nr. 1 SGB V: „erhalten".

Anmerkung: Bei der Abwandlung 2 des Ausgangsfalls ist hinsichtlich des Anspruchs des A auf Krankengeld zu differenzieren:
Während der „Anwartschaftszeit" nach § 3 Abs. 3 EFZG tritt kein Ruhen des Krankengeldanspruchs nach § 49 Abs. 1 Nr. 1 SGB V ein, denn A erhält von seinem Arbeitgeber kein Arbeitsentgelt. Nach Erfüllung der „Anwartschaftszeit" tritt für die Dauer von 6 Wochen ein Ruhen des Krankengeldanspruchs nach § 49 Abs. 1 Nr. 1 SGB V ein, anschließend wird erneut die Krankenkasse zahlungspflichtig.

IV. Zuständigkeit
Träger der gesetzlichen Krankenversicherung sind die Krankenkassen, § 21 Abs. 2 SGB I. Nach der Neufassung des § 173 SGB V hat der Versicherte in bestimmten Grenzen ein Wahlrecht zwischen einzelnen Krankenkassen.

Ergebnis: A hat für die Dauer von sechs Monaten Anspruch auf Krankengeld gegen seine Krankenkasse.

Lösung Fall 21
Der Smog-Alarm

I. A könnte einen Anspruch auf Zahlung des Arbeitsentgelts für den 12. Januar 2008 gegen die B-OHG aus § 611 BGB i. V. m. dem Arbeitsvertrag haben.

1. Zwischen A und der B-OHG besteht ein wirksames Arbeitsverhältnis.

2. Das Arbeitsverhältnis beinhaltet für den Arbeitnehmer die Pflicht, die Arbeit im Betrieb des Arbeitgebers zu leisten. Der Erfüllungsort für die Arbeitsleistung ändert sich auch nicht durch den Einsatz eines Werkbusses. Die Verpflichtung zur Abholung mit Werkbussen betrifft ausschließlich den Transport des Arbeitnehmers von dessen Wohnort zum Betrieb, ist jedoch von den eigentlichen Rechten und Pflichten aus dem Arbeitsvertrag getrennt (BAG, DB 1983, 396). Da die zurückliegende Arbeitszeit grundsätzlich nicht nachholbar ist und daher zur Teilunmöglichkeit führt, wird der Arbeitnehmer von seiner Arbeitspflicht frei (vgl. **Fall 18** und **Fall 19**).

3. Fraglich ist jedoch, ob B zur Lohnzahlung verpflichtet ist.

a) Von vornherein keine Lohnzahlungspflicht bestünde, wenn dem A ein Verschulden an der Nichterbringung der Arbeitsleistung vorzuwerfen wäre. Dies ergibt sich aus § 326 Abs. 2 BGB, da dann ein alleiniges oder überwiegendes Verschulden der B-OHG ausscheiden würde. Jedoch ist ein Verschulden des Arbeitnehmers im Hinblick auf den Arbeitsausfall nur dann zu bejahen, wenn dieser den Eintritt der Leistungsstörung hätte vermeiden können und müssen, er also quasi Herr des Risikogeschehens war. Dies könnte etwa anzunehmen sein, wenn der Arbeitnehmer seinen Weg zur Arbeitsstätte mit einem alternativen Transportmittel zurücklegen könnte. Bestehen solche Alternativen aber nicht, so ist dem Arbeitnehmer kein Schuldvorwurf zu machen (vgl. *Dossow*, BB 1988, 2455).

Ein sorgfaltspflichtwidriges Verhalten des A ist nicht zu erkennen. Auch mit dem eigenen PKW hätte A seine Arbeitsstelle nicht erreichen können, da ein allgemeines Fahrverbot verhängt wurde. Alternative Transportmittel sind im Sachverhalt nicht vorgetragen. A hat daher nicht fahrlässig i. S. d. § 276 Abs. 1, 2 BGB gehandelt.

b) Der B-OHG ist ebenfalls kein Fahrlässigkeitsvorwurf i. S. d. § 276 Abs. 1 BGB zu machen. Soweit daher § 326 Abs. 2 BGB als Ausnahme von dem Grundsatz des § 326 Abs. 1 S. 1 BGB („Ohne Arbeit kein Lohn") eingreift, hätte A daher keinen Lohnanspruch.

c) Die B-OHG könnte aus §§ 293 ff, 615 S. 1 BGB trotz nicht geleisteter Arbeit zur Lohnzahlung verpflichtet sein. Dann müsste sie in Annahmeverzug gewesen sein. Aus dem Rechtsgedanken des § 297 BGB folgt jedoch, dass der Arbeitnehmer leistungsfähig gewesen sein muss. Bei einem Verkehrsverbot wird der Arbeitnehmer aber gerade daran gehindert, seine arbeitsvertragliche Leistung pflichtgemäß im Betrieb des Arbeitgebers anzubieten. Daran ändert auch der Einsatz eines Werkbusses nichts, da dieser Umstand keinen Einfluss auf den Erfüllungsort der Arbeitsleistung hat (*Dossow*, BB 1988, 2455; vgl. bei Glatteis BAG, DB 1983, 396).

Die Prüfung des § 615 S. 1 BGB bei Nichterbringung der Arbeit ist an sich systemwidrig. Die Vorschrift stellt auf Annahmeverzug ab. Wie aber bereits ausgeführt, führt die Nichterbringung der Arbeit regelmäßig zur Unmöglichkeit der Leistungserbringung (vgl. Lösung **Fall 18**). Nach zivilrechtlicher Dogmatik schließen sich Verzug und Unmöglichkeit bereits begrifflich aus. Hält man aber an der stringenten Alternative von Unmöglichkeit und Verzug fest, verlöre § 615 Abs. 1 S. 1 BGB weitgehend seine praktische Bedeutung (vgl. dazu und zu den insofern vertretenen Lösungsansätzen MünchArbR/*Boewer*, § 78 Rdn. 9 f). Das BAG differenziert daher wie folgt: Annahmeverzug des Arbeitgebers ist immer dann gegeben, wenn das Unterbleiben der Arbeitsleistung allein auf die Weigerung des Arbeitgebers zurückzuführen ist, während Unmöglichkeit vorliegt, wenn die Arbeitsleistung trotz Annahmebereitschaft des Arbeitgebers nicht erbracht werden kann (vgl. BAG, AP Nr. 18, 23, 35 zu § 615 BGB). Bei Betriebsstörungen greift zudem die Betriebsrisikolehre i. V. m. § 615 S. 3 BGB (dazu unter d)), die wiederum durch die Arbeitskampfrisikolehre (vgl. Lösung **Fall 40**) modifiziert wird.

d) Möglicherweise trägt die B-OHG das Lohnrisiko nach Maßgabe der Betriebsrisikolehre i. V. m. § 615 S. 3 BGB. Auch die Betriebsrisikolehre bildet eine Ausnahme von § 326 Abs. 2 S. 1, 1. Alt. BGB und ist jetzt in § 615 S. 3 BGB gesetzlich fixiert.

aa) Die Betriebsrisikolehre geht auf die vom Reichsgericht (Kieler Straßenbahnfall; vgl. RGZ 105 272) und Reichsarbeitsgericht (vgl. ARS 3, 116) begründete Sphärentheorie zurück und behandelt die Frage, wer das Lohnrisiko trägt, wenn die Arbeitsleistung des arbeitsfähigen und arbeitswilligen Arbeitnehmers aus im Betrieb liegenden Gründen, die weder vom Arbeitgeber noch vom Arbeitnehmer zu vertreten sind, unterbleibt (MünchArbR/*Boewer*, § 79 Rdn. 1).

Dabei gilt, dass der Arbeitgeber das Risiko für alle von außen auf den Betrieb einwirkenden Ursachen, mit Ausnahme des Arbeitskampfrisikos (vgl. Lösung **Fall 40**), zu tragen hat (vgl. *Schaub*, Arbeitsrechtshandbuch, 12. Aufl., § 101 Rdn. 4 f). Für einen Betriebsrisikofall ist dabei gleichgültig, ob betriebstechnische Störungsursachen, Naturereignisse, wirtschaftliche Gründe oder gesetzliche oder behördliche Anordnungen zur Nichterbringung der Arbeitsleistung führen (MünchArbR/*Boewer*, § 79 Rdn. 2).

Die dogmatischen Ansätze zur Begründung dieses Ergebnisses wurden früher weitgehend außerhalb des BGB gesucht, da sich die Vorschriften des BGB (§ 323 und § 615 BGB a. F.) zur angemessenen Lösung des Problems nicht eigneten. Im Rahmen des Schuldrechtsmodernisierungsgesetzes wurde § 615 S. 3 BGB eingeführt, der nun klarstellt, dass in den Fällen, in denen der Arbeitgeber das Risiko des Arbeitsausfalls trägt, die § 615 S. 1 und 2 entsprechend gelten. Bei der Frage, wann der Arbeitgeber das Risiko des Arbeitsausfalls trägt, muss aber nach wie vor auf die Betriebsrisikolehre zurückgegriffen werden.

bb) Durch die Betriebsrisikolehre werden dem Arbeitgeber die Betriebsgefahren auferlegt. Die Störung, die den A daran gehindert hatte, zu seinem Arbeitsplatz zu gelangen, liegt aber nicht im Betrieb der B-OHG begründet. Vielmehr handelt es sich um ein objektives Leistungshindernis, dass dem Arbeitgeber nicht auch noch auf auferlegt werden kann (MünchArbR/*Boewer*, § 79 Rdn. 5).

Exkurs

Komplizierter ist die Rechtslage, wenn es auf Grund von Smoglagen zu Betriebbeschränkungen oder Betriebsverboten kommt, die die Weiterbeschäftigung der Arbeitnehmer unmöglich macht. Die h. M. qualifiziert den Fall des smogbedingten Betriebsverbots als einen Fall des vom Arbeitgeber zu tragenden Betriebsrisikos, da es Sache des Arbeitgebers ist, die Funktionsfähigkeit des Betriebs im Rahmen der Rechtsordnung sicher zu stellen (vgl. MünchArbR/*Boewer*, § 79 Rdn. 5; *Dossow*, BB 1988, 2459; a. A. *Ehmann*, NJW 1987, 401). Insofern wird auch auf zwei Entscheidungen des BAG verwiesen: Im Ölheizungsfall (BAG, AP Nr. 31 zu § 615 BGB Betriebsrisiko) bejahte das Gericht das Eingreifen der Betriebsrisikolehre, als es infolge eines Heizungsausfalls zu Betriebsstörungen kam. Im Tanzkapellenfall (BAG, AP Nr. 15 zu § 615 Betriebsrisiko) blieb der Lohnanspruch einer Tanzkapelle bestehen, als sie auf Grund eines behördlichen Tanzveranstaltungsverbots nicht spielen durfte.

e) In Betracht kommt aber eine Lohnzahlungspflicht der B-OHG nach § 616 Abs. 1 S. 1 BGB. Nach dieser Vorschrift führt eine nur vorübergehende Verhinderung des Arbeitnehmers zur Arbeitsleistung, die durch einen in der Person des Arbeitnehmers liegenden Grund unverschuldet bedingt ist, nicht zu einem Verlust des Lohnanspruchs. Diese Ausnahme von § 326 Abs. 1 S. 1 BGB greift jedoch nur, soweit der Grund der Verhinderung in der Person oder in den persönlichen Verhältnissen des Arbeitnehmers liegt.

Kommt der Arbeitnehmer, wie hier, infolge eines smogbedingten Fahrverbots nicht zu seiner Arbeitsstätte, so ist die Ursache des Leistungshindernisses aber weder in der Person des Arbeitnehmers noch in dessen privater Sphäre zu finden (*Dossow*, BB 1988, 2456). Vielmehr handelt es sich bei dem Verkehrsverbot um ein objektives Leistungshindernis, auf das der Arbeitnehmer typischerweise keinen Einfluss hat und das i. d. R. unvorhersehbar. Das smogbedingte Verkehrsverbot ist dem Fahrverbot wegen Schneeverwehungen (vgl. dazu BAG, AP Nr. 59 zu § 616 BGB) oder dem Zusammenbrechen des Verkehrs wegen Glatteis (vgl. dazu BAG, AP Nr. 58 zu § 616 BGB) gleichzustellen. Eine Ausweitung einer Fürsorgepflicht des Arbeitgebers über die begrifflich klare Regelung des § 616 Abs. 1 BGB hinaus auf die Fälle objektiver Leistungshindernisse ist nicht zu rechtfertigen, so dass man hier einen Fall des allgemeinen Wegerisikos hat.

> **Exkurs**
> Typische Fälle des § 616 BGB sind u. a. Arztbesuche, besondere Familienereignisse wie Todesfälle, Niederkunft der Ehefrau, z. T. auch die Erkrankung von im Haushalt des Arbeitnehmers lebenden Kindern (MüKo/*Henssler*, § 616 Rdn. 20 ff).
> Ob der Verhinderungszeitraum verhältnismäßig nicht erheblich ist, bestimmt sich nach dem Verhältnis der Gesamtdauer der Beschäftigung zum Verhinderungszeitraum. Nach einer Faustformel werden bei einer Beschäftigungsdauer von 6 Monaten 3 Tage, von 6–12 Monaten eine Woche und ab einem Jahr zwei Wochen als verhältnismäßig nicht erhebliche Zeit angesehen (MünchArbR/*Boewer*, § 80 Rdn. 17).

Ergebnis: Der Lohnanspruch des A für den 12. Januar 2008 ist gem. § 326 Abs. 1 S. 1 BGB untergegangen.

Lösung Fall 22
Die beschädigte Geige

I.   A könnte einen Anspruch auf Zahlung der täglichen Gage von 300,– € gem. § 611 BGB i. V. m. dem zwischen A und dem Veranstalter B zu Stande gekommenen Vertrag haben. Die vereinbarte Gage stellt insofern die Vergütung i. S. d. § 611 Abs. 1 BGB dar.

1.   Fraglich ist zunächst die Rechtnatur des zwischen A und B geschlossenen Vertrages. Insofern kommt sowohl der Abschluss eines Werkvertrages, eines Dienstvertrages als auch eines Arbeitsvertrages in Betracht.

a)   Ein Werkvertrag mit einem Künstler ist immer dann zu bejahen, wenn eine bestimmte künstlerische Wertschöpfung geschuldet wird. Dagegen sind Verträge, die auf eine Mitwirkung des Künstlers an Aufführungen gerichtet sind, je nach den Umständen als Dienst- oder Arbeitsvertrag zu qualifizieren (vgl. MüKo/*Müller-Glöge*, § 611 Rdn. 103).

Die Tätigkeit des A ist vorliegend primär auf die Aufführung gerichtet. Er ist – wenn auch in herausragender Stellung – nicht als Alleinunterhalter tätig, sondern Bestandteil des Orchesters. Ein Werkvertrag ist daher abzulehnen.

b) Die Unterscheidung zwischen Dienst- und Arbeitsvertrag hängt maßgeblich davon ab, wie weit A sich vertraglich der Selbstbestimmung über seine Leistung begeben hat. Bei einem gastierenden Künstler wird man daher einen freien Dienstvertrag eher annehmen als bei einem Ensemblemitglied, bei Spitzendarstellern eher als bei weniger bekannten Künstlern (vgl. MüKo/*Müller-Glöge*, § 611 Rdn. 136).

Wenn auch die Stellung von A möglicherweise über die der anderen Orchestermitglieder hinausragt, so ist er doch Ensemblemitglied und nicht bloß gastierender Künstler. Zudem hat er auf die Aufführung selbst keinen Einfluss, sondern ist vielmehr an die Vorgaben etwa des Dirigenten gebunden. A kann daher als Arbeitnehmer angesehen werden.

Allerdings gilt im Arbeitsrecht der Grundsatz „Ohne Arbeit kein Lohn". Da der A seine arbeitsvertragliche Leistung nicht erbracht hat, scheidet ein Anspruch auf Zahlung der Gage nach § 611 BGB i. V. m. dem Arbeitsvertrag gem. § 326 Abs. 1 S. 1 BGB aus.

II. Ein Anspruch auf Zahlung der vereinbarten Gage von 300,– € könnte sich aber aus §§ 326 Abs. 2 S. 1, 1. Alt. i. V. m. 611 Abs. 1 BGB ergeben.

1. Zwischen den Parteien ist ein Arbeitsvertrag zu Stande gekommen.

2. Dem A müsste die Erbringung der Arbeitsleistung unmöglich geworden sein. A benötigte für seine Auftritte und um seiner Stellung als erster Geiger im Orchester gerecht zu werden seine hochwertige Geige. Ohne diese konnte er seine geschuldete Leistung nicht erbringen. Damit liegt Unmöglichkeit vor.

Auf die Unterscheidung zwischen objektiver Unmöglichkeit und Unvermögen kommt es gem. § 275 Abs. 1 BGB nicht mehr an. Zudem ist die Arbeitsleistung gem. § 613 S. 1 BGB höchstpersönlich zu erbringen, so dass aus dem Unvermögen gleichzeitig die objektive Unmöglichkeit folgen würde.

3. Die Unmöglichkeit müsste vom anderen Teil, hier also vom Arbeitgeber B, zu vertreten sein.

a) Grundsätzlich hat der Schuldner Vorsatz und Fahrlässigkeit zu vertreten, § 276 Abs. 1 S. 1 BGB. B hat die Unmöglichkeit selbst jedoch nicht verschuldet. Eine Haftung für eigenes Verschulden scheidet daher aus.

b) Der B müsste sich aber möglicherweise das Verschulden seines Personals zurechnen lassen, § 278 S. 1 BGB. Dann müsste hier eine Verbindlichkeit des B vorgelegen haben, zu deren Erfüllung er sich einer anderen Person bedient hätte. Zwar war das Personal dazu eingesetzt, das Theater zu reinigen. Allerdings hat der B als Arbeitgeber auf Grund seiner Fürsorgepflicht aus dem Arbeitsverhältnis auch die Pflicht,

Gegenstände, die dem Arbeitnehmer gehören und die dieser berechtigterweise in den Arbeitsräumen aufbewahrt, vor Verlust oder Beschädigung zu schützen.

Indem das Personal des B die Geige des A aus Unachtsamkeit und mithin zumindest leicht fahrlässig beschädigt hat, wurde diese Pflicht schuldhaft verletzt. Dies ist dem B gem. § 278 S. 1 BGB wie eigenes Verschulden zuzurechnen.

Damit hat der B die Unmöglichkeit zu vertreten.

4. Die Voraussetzungen des § 326 Abs. 2 S. 1, 1. Alt. BGB sind somit gegeben. Der A behält damit seinen Anspruch auf die Gegenleistung. Für das Vorliegen einer anderweitigen Erwerbsmöglichkeit enthält der Sachverhalt keine Angaben.

Ergebnis: Der A hat somit einen Anspruch gegen den B auf Zahlung der vereinbarten täglichen Gage von 300,– € gem. §§ 326 Abs. 2 S. 1, 1. Alt. i. V. m. 611 Abs. 1 BGB auch für die 2 Tage der Reparatur.

Lösung Fall 23
Die Folgen einer unberechtigten Kündigung

I. A könnte einen Anspruch auf seinen Lohn für die Monate Juni und Juli 2008 aus §§ 611, 615 S. 1, 293 ff BGB haben. Voraussetzung hierfür ist, dass sich B im Verzug mit der Annahme der vertraglich geschuldeten Arbeitsleistung des A befand.

1. Durch das arbeitsgerichtliche Urteil wurde festgestellt, dass das Arbeitsverhältnis für die Monate Juni und Juli 2008 bestand.

2. Generelle Bedingung des Annahmeverzugs ist gem. § 297 BGB, dass die geschuldete Tätigkeit von Schuldner hätte erbracht werden können. Dies ist der Fall, da A ab dem 1. Juni 2008 wieder arbeitsfähig war.

3. Weiter setzt der Annahmeverzug gem. §§ 294, 295 BGB grundsätzlich entweder ein tatsächliches oder ein wörtliches Arbeitsangebot voraus. Etwas anderes gilt gem. § 296 BGB aber dann, wenn die Leistung des Schuldners von einer kalendermäßig bestimmten Mitwirkungshandlung des Gläubigers abhängt. Dies ist vorliegend zu bejahen. Der Arbeitnehmer kann nur arbeiten, wenn ihm der Arbeitgeber für jeden Arbeitstag, also kalendermäßig bestimmt, einen funktionsfähigen Arbeitsplatz zur Verfügung stellt (vgl. BAG, NZA 1999, 926).

Im Übrigen ist ein Arbeitsangebot auch dann entbehrlich, wenn der Arbeitgeber auf ein besonderes Angebot verzichtet hat, also wenn er den Arbeitnehmer von der Arbeit freigestellt hat oder unter solchen Umständen gekündigt hat, dass er in keinem Fall mehr weitere Arbeitsleistungen des Arbeitnehmers entgegennehmen wird (z. B. Erteilung eines Hausverbots, Kündigung unter beleidigenden Umständen).

4. Fraglich ist, ob hier doch ein wörtliches Angebot der Arbeitsleistung erforderlich war, weil A bis zum 30. Mai 2008 arbeitsunfähig war.

War der Arbeitnehmer bei Ablauf der – später für unwirksam erklärten – Kündigungs-frist arbeitsunfähig krank, so geriet der Arbeitgeber nach der früheren Rechtsprechung nur dann in Annahmeverzug, wenn der Arbeitnehmer ihm die Wiederherstellung der Arbeitsfähigkeit mitteilte und ihn aufforderte, ihm Arbeit zuzuweisen (vgl. BAG, NJW 1985, 2662).

In seiner jüngeren Rechtsprechung hat das BAG die Anforderungen an den Annahme-verzug des Arbeitgebers jedoch gesenkt. Ist der Arbeitnehmer zum Kündigungstermin oder später infolge Krankheit arbeitsunfähig, so treten die Verzugsfolgen mit Eintritt der Arbeitsfähigkeit jedenfalls dann unabhängig von der Anzeige der Arbeitsfähigkeit ein, wenn der Arbeitnehmer dem Arbeitgeber durch Erhebung der Kündigungsschutz-klage oder sonstigen Widerspruch gegen die Kündigung seine weitere Leistungsbereit-schaft deutlich gemacht hat (BAG, AP Nr. 45 und 50 zu § 615 BGB, bestätigt durch BAG, NJW 1995, 2653). Dies wird vor allem damit begründet, dass der Arbeitgeber keinen Vorteil aus der Arbeitsunfähigkeit des Arbeitnehmers ziehen soll.

Die Rechtsprechung des BAG zum Annahmeverzug ist nicht ohne Kritik geblieben. Wenn der Arbeit-geber nicht genau weiß, wann der Arbeitnehmer wieder arbeitsfähig ist, kann er auch nicht wissen, wann er den Arbeitsplatz wieder zur Verfügung stellen soll. Es ist dem Arbeitnehmer in einem solchen Fall auch durchaus zumutbar, den Arbeitgeber darüber zu informieren, dass er wieder arbeiten kann (vgl. *Waas*, NZA 1994, 151, 155 f).

Da A vorliegend seine Leistungsbereitschaft durch Erhebung der Kündigungsschutz-klage deutlich gemacht hatte, geriet B auch ohne eine Mitteilung der Arbeitsbereit-schaft durch A in Annahmeverzug.

Im Unterschied zu **Fall 21** und **Fall 22** ist das Unterbleiben der Arbeitsleistung hier allein darin begründet, dass der Arbeitgeber B die Arbeit des A nicht abnahm. In solchen Fällen gelten dann also nicht die Regelungen der Unmöglichkeit, sondern § 615 BGB.

5. Anhaltspunkte dafür, dass A in der Zwischenzeit an einer anderen Stelle etwas erworben hat bzw. es böswillig unterlassen hat, etwas zu erwerben, sind nicht ersicht-lich. Eine Anrechnung nach § 615 S. 2 BGB kommt daher nicht in Betracht.

Böswilliges Unterlassen eines anderweitigen Verdienstes ist selbst bei bewusster Nichtannahme ei-ner angebotenen zumutbaren Arbeit zu verneinen, wenn der Arbeitnehmer einleuchtende Gründe für seine Weigerung hatte. Hierzu gehört etwa, dass die neue Stelle das Betriebsratsamt des Arbeit-nehmers gefährdet oder der Arbeitnehmer seinen eigentlichen Beruf wieder ergreifen wollte (vgl. *Gamillscheg*, Arbeitsrecht I, 8. Aufl., S. 330 m. w. N.).

Ergebnis: A hat gegen B einen Anspruch auf den Lohn für Juni und Juli 2008 aus §§ 611, 615 S. 1, 293 ff BGB.

Lösung Fall 24
Die Arbeitnehmererfindung

I. Ein Anspruch auf Herausgabe der Arbeitsunterlagen könnte sich aus § 611 BGB i. V. m. dem Arbeitsvertrag ergeben.

1. Zwischen den Parteien bestand ein Arbeitsvertrag.

2. Dieses Arbeitsverhältnis endete mit dem Eintritt des A in den Ruhestand im Jahre 2008. Auch ohne besondere Abrede im Arbeitsvertrag ist der Arbeitnehmer bei Beendigung des Arbeitsverhältnisses verpflichtet, die ihm zur Verfügung gestellten Arbeitsmittel und mithin auch Geschäftsunterlagen des Arbeitgebers herauszugeben (vgl. *Schaub*, Arbeitsrechthandbuch, 12. Aufl., § 151 Rdn. 1).

Diese Herausgabepflicht ergibt sich zudem grundsätzlich auch aus § 985 BGB und aus § 861 BGB (vgl. *Schaub*, Arbeitsrechthandbuch, 12. Aufl., § 151 Rdn. 1).

II. Die Geltendmachung des Herausgabeanspruchs könnte jedoch rechtsmissbräuchlich sein. Denn die Forderung einer Leistung ist gem. § 242 BGB dann unzulässig, wenn sie aus einem anderen Rechtsgrund an den Schuldner zurückerstattet werden muss („dolo facit, qui petit quod statim redditurus est").

Fraglich ist, ob ein solcher anderer Rechtsgrund auf Seiten des A besteht. Ein solcher Rechtsgrund könnte sich aus dem Arbeitnehmererfindergesetz ergeben. Die Firma W hatte die Diensterfindung des A unbeschränkt in Anspruch genommen, § 6 ArbnErfG. Damit gingen alle Rechte an der Diensterfindung auf die Firma W über, § 7 Abs. 1 ArbnErfG. Als Ausgleich hat der Arbeitnehmer dann aber gem. § 9 Abs. 1 ArbnErfG Anspruch auf eine angemessene Erfindervergütung (vgl. *Schaub*, Arbeitsrechthandbuch, 12. Aufl., § 114 Rdn. 29).

Die Höhe dieser Vergütung bzw. ob eine solche Erfindervergütung zu bezahlen ist, ist zwischen den Parteien streitig geblieben. Aus § 12 Abs. 1 ArbnErfG ergibt sich allerdings ein Anspruch des A auf Festsetzung der Höhe der Vergütung. Um diesen Anspruch geltend machen zu können, benötigt der A jedoch Auskünfte von der W. Die W ist gem. § 12 ArbnErfG i. V. m. § 242 BGB verpflichtet, dem A diese Auskünfte zu erteilen. Allerdings muss auch der A in die Lage versetzt werden, die Richtigkeit dieser Auskünfte nachprüfen zu können (BGH, WM 1990, 810, 811 f).

Zu diesem Zweck sind die von A mitgenommenen Arbeitsunterlagen auch geeignet.

Würde die W nun von A die Unterlagen zurückverlangen, so hätte der A zugleich einen Herausgabeanspruch gegen die W zum Zwecke der Überprüfung der Richtigkeit der Angaben bezüglich der Arbeitnehmererfindung. Das Herausgabeverlangen der W verstößt daher gegen Treu und Glauben, wenn sie unter Berufung auf den Arbeitsvertrag dem A das zu entziehen versucht, was sie ihm ohnehin zur Verfügung zu stellen hätte.

III. Die Geltendmachung des bestehenden Herausgabeanspruchs ist damit rechtsmissbräuchlich.

Ergebnis: Die W kann die Unterlagen von A nicht herausverlangen (zur Arbeitnehmer-erfindung allgemein *Schaub*, Arbeitsrechthandbuch, 12. Aufl., § 114).

Lösung Fall 25
Die gesetzliche Unfallversicherung

A hat Anspruch auf Leistungen aus der gesetzlichen Unfallversicherung, wenn er zum versicherten Personenkreis gehört und der Versicherungsfall eingetreten ist (vgl. Lösung **Fall 20**).

I. Versicherter Personenkreis
Der versicherte Personenkreis der gesetzlichen Unfallversicherung ergibt sich aus den §§ 2 ff SGB VII.

Der A könnte gem. § 2 Abs. 1 Nr. 1 SGB VII zum versicherten Personenkreis gehören. Im Unterschied zu § 5 Abs. 1 Nr. 1 SGB V ist in § 2 Abs. 1 Nr. 1 SGB VII von „Beschäftigten" die Rede. Der Begriff ist im Wesentlichen deckungsgleich mit dem Beschäftigtenbegriff des § 7 SGB IV und umfasst die nichtselbständige Arbeit, insbesondere in einem Ar-beitsverhältnis. Da A als Arbeitnehmer im Betrieb des X beschäftigt ist, unterfällt er somit dem versicherten Personenkreis des § 2 Abs. 1 Nr. 1 SGB VII und ist kraft Geset-zes versichert.

II. Der Versicherungsfall
Versicherungsfälle der gesetzlichen Unfallversicherung sind Arbeitsunfälle und Berufs-krankheiten, § 7 SGB VII. Ein Arbeitsunfall ist gem. § 8 Abs. 1 S. 1 SGB VII ein Unfall, den ein Versicherter bei einer der in den §§ 2, 3 oder 6 SGB VII genannten Tätigkeiten erleidet.

1. Unter einem Unfall ist ein zeitlich begrenztes, von außen auf den Körper einwirken-des Ereignis, das zu einem Gesundheitsschaden oder zum Tod führte, zu verstehen (vgl. § 8 Abs. 1 S. 2 SGB VII). Der Begriff des Unfalls in der Unfallversicherung ist damit nicht identisch mit den strafrechtlichen oder zivilrechtlichen Definitionen.

Exkurs
> Das Kriterium einer zeitlich engen Begrenzung des Unfallereignisses ist deshalb erforderlich, um den Arbeitsunfall i. S. d. § 8 SGB VII von dem Versicherungsfall der Berufskrankheit i. S. d. § 9 SGB VII abzugrenzen. Als zeitliche Grenze wird i. d. R. die Dauer einer Arbeitsschicht angenommen.

Vorliegend bestehen keine Bedenken daran, dass die Gesundheitsbeschädigung des A auf einem Unfall i. S. d. gesetzlichen Unfallversicherung beruht.

2. Dieser Unfall muss „infolge" einer den Versicherungsschutz begründenden Tätigkeit erlitten worden sein. Daher ist zunächst die unfallbringende Tätigkeit daraufhin zu prüfen, ob sie als versicherte Tätigkeit zu werten ist. Danach ist die Frage nach der haf-tungsbegründenden Kausalität zu prüfen (*Igl/Welti*, Sozialrecht, 8. Aufl., § 40 Rdn. 5).

Schließlich muss zwischen Unfallgeschehen und Schaden ein Ursachenzusammenhang bestehen.

a) Eine versicherte Tätigkeit i. S. d. §§ 2 Abs. 1 Nr. 1, 8 Abs. 1 S. 1 SGB VII liegt vor, wenn sie den Interessen des Unternehmens zu dienen bestimmt ist; ob sie für das Unternehmen tatsächlich einen objektiven Nutzen bringt, ist unerheblich. Insofern bedarf es eines inneren Zusammenhangs zwischen Unfall und versicherter Tätigkeit, der von der Frage nach dem Kausalzusammenhang (zwischen unfallbringendem Verhalten und Unfallgeschehen) zu trennen ist (vgl. *Igl/Welti*, Sozialrecht, 8. Aufl., § 40 Rdn. 6 ff).

Eigenwirtschaftliche Tätigkeiten gehören, da sie den Interessen des Versicherten und nicht des Unternehmens dienen, der privaten, nicht versicherten Sphäre an (z. B. Einnahme des Mittagessens; vgl. *Igl/Welti*, Sozialrecht, 8. Aufl., § 40 Rdn. 12).

Exkurs | Bei sog. gemischten Tätigkeiten ist zu prüfen, ob sie im überwiegenden Betriebsinteresse vorgenommen wurden; dann wird ein innerer Zusammenhang bejaht. Ist der Zusammenhang mit dem betrieblichen Interesse allerdings nur Nebenzweck oder zufällig, so wird der innere Zusammenhang verneint.

Hier erlitt der A seine Verletzung bei Aufräumarbeiten im Lager, also bei der Erbringung seiner arbeitsvertraglich geschuldeten Leistung, die er im Interesse des X vornahm. Eine versicherte Tätigkeit i. S. d. §§ 2 Abs. 1 Nr. 1, 8 Abs. 1 S. 1 SGB VII ist mithin gegeben, insbesondere liegt auch der innere Zusammenhang zwischen der versicherten Tätigkeit und dem unfallbringenden Ereignis vor.

b) Zwischen dem unfallbringenden Verhalten und dem Unfallereignis (haftungsbegründende Kausalität) und zwischen dem Unfall und dem eingetretenen Schaden (haftungsausfüllende Kausalität) muss ein ursächlicher Zusammenhang bestehen.

Maßgeblich ist hierbei, ob die Tätigkeit für den Unfall bzw. dieser für den Schadenseintritt eine rechtlich wesentliche Ursache war. Diese von der Rechtsprechung entwickelte Theorie der wesentlichen Bedingung unterscheidet sich von der im Zivilrecht geltenden Adäquanztheorie dadurch, dass nicht abstrakt und generell eine Kausalbeziehung bestehen muss; erforderlich ist vielmehr, dass die Ursache im konkreten Einzelfall eine rechtlich wesentliche ist. Für die Bejahung des Kausalitätszusammenhangs genügt daher eine hinreichende Wahrscheinlichkeit (*Igl/Welti*, Sozialrecht, 8. Aufl., § 40 Rdn. 16 ff, 38).

Der A war auf Grund seines Arbeitsvertrages mit X mit Aufräumarbeiten im Lager beschäftigt. Diese Beschäftigung war die versicherte Tätigkeit. Diese Tätigkeit im Lager war kausal für den Unfall, dieser wiederum kausal für den eingetretenen Körperschaden des A. Dabei ist es unerheblich, dass der A durch eine Handlung des B verletzt worden ist, denn es bestand ein innerer Zusammenhang zwischen der Tätigkeit und dem Unfallereignis.

Damit ist der Versicherungsfall „Arbeitsunfall" gegeben.

III. Versicherungsleistungen

Die Leistungsarten der gesetzlichen Unfallversicherung sind in § 26 SGB VII abschließend aufgezählt.

Für den A kommen hier in erster Linie die Rehabilitationsleistungen in Betracht. Dazu gehört zunächst die Heilbehandlung, § 27 SGB VII, deren Umfang im Wesentlichen der der Krankenbehandlung i. S. d. § 27 SGB V entspricht. Darüber hinaus hat der A einen Anspruch auf Verletztengeld nach den §§ 45 ff SGB VII, der dem Anspruch auf Krankengeld nach § 44 SGB V ähnlich ist.

> Auch ein Anspruch auf Krankengeld nach der gesetzlichen Krankenversicherung würde bestehen. Um Doppelansprüche auszuschließen, bestimmt § 11 Abs. 4 SGB V, dass Ansprüche aus der gesetzlichen Krankenversicherung dann nicht gegeben sind, wenn ein Arbeitsunfall vorliegt. Leistet der Krankenversicherungsträger dennoch an den Verletzten, so steht diesem ein Erstattungsanspruch gegen den Träger der Unfallversicherung gem. § 105 SGB X zu (*Gitter/Schmitt*, Sozialrecht, 5. Aufl., § 19 Rdn. 54).

Weiter ist zu beachten, dass nach § 52 SGB VII eine Anrechnung von gleichzeitig erzielten Einkommen in Betracht kommen kann.

IV. Träger der Leistung

Träger der gesetzlichen Unfallversicherung sind in erster Linie die Berufsgenossenschaften, § 114 Abs. 1 SGB VII. Die Berufsgenossenschaften stellen sozusagen eine Haftpflichtversicherung des Unternehmers dar. Wichtig ist in diesem Zusammenhang, dass die Beiträge zur gesetzlichen Unfallversicherung alleine vom Arbeitgeber getragen werden, vgl. § 150 SGB VII. Anders als bei der gesetzlichen Renten- und Krankenversicherung (vgl. §§ 28 e, g SGB IV) hat der Arbeitnehmer hier keinen Beitragsanteil zu leisten.

Ergebnis: Dem A stehen Ansprüche aus der gesetzlichen Unfallversicherung zu.

Lösung Fall 26
Der Anspruch gegen den Arbeitskollegen

I. Anspruch auf Schadensersatz gem. § 823 Abs. 1 BGB

Der A könnte gegen den B einen Schadensersatzanspruch gem. § 823 Abs. 1 BGB haben. A wurde durch eine – zumindest fahrlässige – Handlung des B an seinen absoluten Rechtsgütern Körper und Gesundheit verletzt. Damit ist ein Schadensersatzanspruch gem. § 823 Abs. 1 BGB dem Grunde nach gegeben.

II. Anspruchsausschluss gem. §§ 104, 105 SGB VII

1. Wie oben festgestellt, hat der A einen Anspruch auf Leistungen gegen die gesetzliche Unfallversicherung. Fraglich ist, ob er daneben einen Anspruch gegen seinen Arbeitskollegen B haben kann.

2. Nach § 105 Abs. 1 SGB VII haften Personen, die durch eine betriebliche Tätigkeit einen Versicherungsfall von Versicherten desselben Betriebs verursachen, nur dann auf Ersatz des Personenschadens, wenn sie den Versicherungsfall vorsätzlich oder auf einem der nach § 8 Abs. 2 Nr. 1 bis 4 SGB VII versicherten Wege herbeigeführt haben.

a) Voraussetzung ist also zunächst, dass ein Personenschaden eingetreten ist. Dies ist der Fall; A wurde verletzt.

b) Der Personenschaden wurde auch durch einen Versicherungsfall, nämlich einen Arbeitsunfall, verursacht (vgl. Lösung **Fall 25**).

c) Weiterhin muss der Schädiger eine betrieblich tätige Person gewesen sein. Gemeint ist also nicht nur der in den Betrieb eingegliederte Betriebsangehörige. Vielmehr genügt, dass der Unfallverursacher im Zeitpunkt des Unfallgeschehens wie ein Beschäftigter für den Unfallbetrieb tätig geworden ist. Vorliegend ist B unzweifelhaft Betriebangehöriger, so dass insofern keine Bedenken bestehen.

d) A war schließlich auch Versicherter desselben Betriebs, d.h., A war in dem Betrieb tätig, in dem B durch seine betriebliche Tätigkeit den Versicherungsfall auslöste.

Das Haftungsprivileg gilt nach wie vor nur unter Personen „desselben Betriebes", nicht jedoch schon desselben Unternehmens. Verletzen sich also Arbeitnehmer verschiedener Betriebe desselben Unternehmens, so greift der Haftungsausschluss nicht, es sei denn, dass einer von ihnen in den Betrieb des anderen „wie" ein Beschäftigter i. S. d. § 2 Abs. 2 i. V. m. § 2 Abs. 1 Nr. 1 SGB VII tätig war (vgl. *Rolfs*, NJW 1996, 3180).

e) Der Ersatzanspruch des A gegen den B ist dann gem. § 105 Abs. 1 SGB VII ausgeschlossen, wenn der B den Versicherungsfall nicht vorsätzlich oder auf einem nach § 8 Abs. 2 SGB VII versicherten Weg verursacht hätte. Beides ist hier nicht der Fall. Damit ist der Schadensersatzanspruch des A gegen den B gem. § 105 Abs. 1 SGB VII ausgeschlossen.

§ 105 SGB VII enthält einen Haftungsausschluss zu Gunsten des Arbeitskollegen. Hier kann freilich das sog. Finanzierungsargument nicht greifen, denn die Arbeitnehmer sind an den Kosten der gesetzlichen Unfallversicherung nicht beteiligt. Gleichwohl muss hier dem Betriebsfriedensargument höheres Gewicht beigemessen werden. Ebenso wie ein Prozess zwischen Arbeitgeber und Arbeitnehmer vermieden werden soll, so soll erst recht ein Prozess zwischen Arbeitskollegen unterbleiben.

Die Haftungsausschlüsse der §§ 104, 105 SGB VII greifen nur dann nicht ein, wenn der Versicherungsfall vorsätzlich herbeigeführt worden ist oder wenn er auf seinem versicherten Weg geschehen ist.

Dass jemand, der einen anderen vorsätzlich verletzt, nicht von dem Privileg der §§ 104, 105 SGB VII erfasst werden kann, versteht sich von selbst.

Hat der Versicherungsfall im „Straßenverkehr" stattgefunden, so kann das Betriebsfriedens- sowie das Finanzierungsargument nicht greifen. Denn für den verletzten Arbeitnehmer kann es keine Rolle spielen, ob er einen Unfall im allgemeinen Verkehr (Straßenverkehr) mit einem beliebigen Dritten erleidet oder eben zufällig mit einem Arbeitskollegen oder seinem Arbeitgeber. Hierfür besteht ggf. Schutz aus einer Haftpflichtversicherung.

Die betriebliche Risikosphäre wird bei einem Unfall auf einem versicherten Weg i. S. d. Unfallversicherung nicht berührt.

f) Strittig war bezüglich der Vorgängervorschriften der §§ 636, 637 RVO, in welchem Umfang die Haftungsfreistellung eintreten sollte. Nach allgemeinen Grundsätzen hätte ein verletzter Arbeitnehmer nämlich ggf. auch einen Anspruch auf Schmerzensgeld gem. § 253 Abs. 2 BGB. Einen solchen Schmerzensgeldanspruch kennt die gesetzliche Unfallversicherung jedoch nicht.

Dies könnte dazu führen, dass ein Arbeitnehmer, der von einem Arbeitskollegen oder seinem Arbeitgeber verletzt wird, schlechter stehen würde als derjenige, der von einem beliebigen Dritten geschädigt wird. Aus diesem Grund wurde früher angenommen, der Haftungsausschluss der §§ 636, 637 RVO bezöge sich lediglich auf die Schadensersatzansprüche außerhalb des § 253 Abs. 2 BGB.

Mit dem Beschluss des BVerfG vom 7. 11. 1972 (BVerfG, AP Nr. 6 zu § 636 RVO) hatte sich dieser Streit jedoch erledigt. Danach wurden die §§ 636 Abs. 1 S. 1 und 637 Abs. 1 RVO als mit dem Grundgesetz vereinbar angesehen, als sie den Anspruch auf Schmerzensgeld ausschließen, da der „Nachteil" angesichts eines Gesamtvergleichs zwischen dem allgemeinen Deliktsrecht durch andere „Vorteile" kompensiert wird.

So spielt das Verschulden des Geschädigten und auch des Schädigers in der gesetzlichen Unfallversicherung grundsätzlich keine Rolle. Das führt in der Konsequenz dazu, dass auch ein schuldhaft handelnder Arbeitnehmer, der einen Schaden erleidet, vom Schutz der gesetzlichen Unfallversicherung umfasst wird. Dann sollte aber auch ein etwaiges Verschulden des Unternehmers bzw. des Arbeitskollegen nicht zu einem gegen ihn gerichteten Schmerzensgeldanspruch führen.

Zudem ist zu beachten, dass auch in der Unfallversicherung der Grundsatz der abstrakten Schadensberechnung gilt. Ersetzt wird nicht der tatsächlich entstandene Schaden, sondern es werden unabhängig davon Leistungen gewährt, wenn die Leistungsvoraussetzungen gegeben sind.

Damit haben Leistungen der gesetzlichen Unfallversicherung z. T. auch Schmerzens-geldcharakter.

Schließlich soll auf dem Umweg über den Schmerzensgeldanspruch des § 253 Abs. 2 BGB auch nicht das Betriebsfriedensargument ausgehöhlt werden (*Gitter/Schmitt,* Sozialrecht, 5. Aufl., § 22 Rdn. 8).

Ergebnis: Schadensersatzansprüche des A gegen seinen Arbeitskollegen B sind gem. § 105 Abs. 1 S. 1 SGB VII ausgeschlossen.

Lösung Fall 27
Die Sachschäden des Arbeitnehmers

I. Anspruch auf Ersatz des Sachschadens gegen die Berufsgenossenschaft
Fraglich ist, ob der A einen Anspruch auf Ersatz des Sachschadens gegen die zuständige Berufsgenossenschaft hat.

Wie bereits dargestellt (Lösung **Fall 25** und **Fall 26**), stellt die Berufsgenossenschaft eine „Haftpflichtversicherung" des Arbeitgebers für Personenschäden dar, die der Arbeit-nehmer bei der Ausführung seiner geschuldeten Tätigkeit erleidet. Die Leistungsarten der gesetzlichen Unfallversicherung, deren Träger in erster Linie die Berufsgenossen-schaften sind, sind in § 26 SGB VII abschließend aufgezählt. Daraus wird ersichtlich, dass der Träger der Unfallversicherung Sachschäden grundsätzlich nicht ersetzt. Hiervon besteht im SGB VII nur eine Ausnahme: § 13 SGB VII gewährt einen Ersatzanspruch für Sachschäden, die ein nach § 2 Abs. 1 Nr. 11 a oder Nr. 13 a und c SGB VII Versicherter erleidet. Ein solcher Sachschaden bei Hilfeleistung ist bei A jedoch nicht entstanden.

Ein Anspruch des A gegen die Berufsgenossenschaft als Träger der gesetzlichen Unfall-versicherung scheidet daher aus.

II. Anspruch des A auf Ersatz des Sachschadens gegen seinen Arbeitgeber

1. Anspruch aus dem Arbeitsvertrag
Eine Ersatzpflicht der Arbeitgeberin B könnte sich aus dem Arbeitsvertrag zwischen den Parteien ergeben. Da der Sachverhalt eine derartige Abrede jedoch nicht erkennen lässt, muss ein solcher Anspruch ausscheiden.

2. Anspruch aus §§ 241 Abs. 2, 282 BGB
a) Ein Sachschadensersatzanspruch des A könnte sich jedoch aus §§ 241 Abs. 2, 282 BGB ergeben. Dies wäre dann der Fall, wenn die B eine Nebenpflicht des Schuldver-hältnisses schuldhaft verletzt hätte und dem A hieraus ein Schaden entstanden wäre.

Zwischen A und B besteht ein Arbeitsvertrag als Unterfall des Dienstvertrages gem. § 611 BGB und damit ein Schuldverhältnis (vgl. *Michalski,* Arbeitsrecht, 7. Aufl., Rdn. 185).

Ferner müsste eine Pflichtverletzung durch die B-GmbH vorliegen. In Betracht kommt eine Verletzung der Pflicht zum Schutz der eingebrachten Sachen des Arbeitnehmers als Ausfluss der Fürsorgepflicht aus dem Arbeitsvertrag.

Neben der Ergreifung von Schutzmaßnahmen für den einzelnen Arbeitnehmer selbst ist der Arbeitgeber verpflichtet, auch Schutzvorrichtungen vorzuhalten, um die persönlichen Sachen des Arbeitnehmers zu schützen. Hierzu gehört bei-spielsweise die Zurverfügungstellung von abschließbaren Schränken.

Exkurs

Die Schutzpflicht des Arbeitgebers bezieht sich dabei jedoch nur auf die vom Arbeitnehmer notwendigerweise in den Betrieb eingebrachten Sachen, wozu z. B. private Kleidung und Taschen gehören. Nicht umfasst werden jedoch Schmuck oder andere Wertsachen, selbst wenn der Arbeitnehmer diese Gegenstände beim Betreten des Betriebes am Körper trägt. Derartige Gegenstände müssen vom Arbeitnehmer nicht notwendigerweise in den Betrieb mitgebracht werden (*Michalski*, Arbeitsrecht, 6. Aufl., Rdn. 687 ff).

Von der Schutzpflicht des Arbeitgebers ist auch umfasst, den Arbeitnehmer über besondere Gefahren und wie diese zu vermeiden sind, zu belehren. Er muss den Arbeitnehmer sachverständig beaufsichtigen und darf ihn nicht zu Arbeiten heranziehen, die dessen Kräfte offensichtlich übersteigen. Ein Verstoß gegen diese Organisationspflicht, ein Organisationsverschulden, geht zu Lasten des Arbeitgebers (BAGE 12, 15, 17).

b) Ob die B dem A gegenüber diese Nebenpflichten aus dem Arbeitsvertrag verletzt hat oder nicht, könnte hier aber dann dahingestellt bleiben, wenn die B kein Verschulden am Schaden des A träfe. Denn eine Ersatzpflicht des Arbeitgebers bei Verletzung der allgemeinen Fürsorgepflicht hinsichtlich des Eigentums greift nur dann ein, wenn der Arbeitgeber oder seine Erfüllungsgehilfen diese Fürsorgepflicht schuldhaft verletzt haben. Der A müsste daher der B eine schuldhafte Verletzung der oben genannten Pflichten nachweisen können.

Hierbei käme dem A zwar die Beweislastregelung des § 280 Abs. 1 S. 2 BGB entgegen. Es wäre mithin Sache des Arbeitgebers zu beweisen, dass er die Pflichtverletzung nicht zu vertreten hat. Gleichwohl ändert dies nichts daran, dass sich eine Ersatzpflicht des Arbeitgebers nur bei Verschulden herleiten lässt. Nach dem Sachverhalt ist ein Verschulden der B jedoch nicht ersichtlich.

Ein Anspruch aus §§ 241 Abs. 2, 282 BGB kommt daher nicht in Betracht.

3. Anspruch auf Ersatz des Sachschadens gem. § 823 Abs. 1 BGB
Ein Ersatzanspruch nach § 823 Abs. 1 BGB kommt hier nicht in Betracht. Zwar ist das Eigentum des A hier verletzt worden, der Anspruch scheitert aber – wie bereits dargestellt – am fehlenden Verschulden der B.

4. Anspruch auf Ersatz des Sachschadens aus der Fürsorgepflicht des Arbeitgebers
Fraglich ist, ob sich hier ein Anspruch des A direkt aus der Fürsorgepflicht der Arbeitgeberin B herleiten ließe. In der Tat wurde vom 2. Senat des BAG die Frage aufgeworfen, ob es nicht dem Wesen der Fürsorgepflicht entspreche, den Arbeitnehmer von seinem von ihm schuldlos erlittenen Sachschaden ganz oder teilweise zu entlasten, soweit dieser durch die Gefährlichkeit der Arbeit entstanden ist und sich dies aus dem

Wesen der Fürsorgepflicht ergäbe. Nicht die schuldhafte Verletzung der Fürsorgepflicht, sondern die Erfüllung der Fürsorgepflicht wollte man also zum Schadensausgleich heranziehen.

Dies hat der Große Senat des BAG jedoch abgelehnt (BAGE 12, 15, 19). Zur Begründung wurde angeführt, dass dies eine Überspannung der Fürsorgepflicht bedeuten würde, für die diese nach ihrer Entstehungsgeschichte nicht bestimmt sei.

Die hieraus abgeleiteten Einzelpflichten des Arbeitgebers seien auf diejenigen Fälle begrenzt, bei denen der Arbeitgeber nach den das Arbeitsleben beherrschenden Grundsätzen i. V. m. § 242 BGB oder auf Grund einer besonderen Sachlage diese Pflichten übernehmen muss. Eine besondere Fürsorgepflicht zum Ausgleich der erwähnten Sachschäden bestehe im geltenden Recht aber nicht.

Ein Anspruch aus der Fürsorgepflicht auf Ersatz des Sachschadens scheidet daher ebenfalls aus.

5. Anspruch auf Ersatz des Sachschadens nach den Grundsätzen des innerbetrieblichen Schadensausgleichs

Die grundsätzliche gesetzliche Regelung sieht vor, dass der Arbeitnehmer für Vorsatz und jede Fahrlässigkeit haftet (vgl. § 276 Abs. 1 S. 1 BGB). Es besteht jedoch Einigkeit darüber, dass diese weite Haftung im Rahmen eines Arbeitsverhältnisses nicht angemessen ist. Angesichts der Dauerhaftigkeit der Arbeitsleistung lassen sich gelegentliche Fehler nicht vermeiden. Der Arbeitnehmer leistet fremdbestimmte Arbeit innerhalb der Arbeitsorganisation des Arbeitgebers. Seine Arbeitsvergütung erhält der Arbeitnehmer für sein Tätigwerden, nicht aber für die Übernahme von Schadensrisiken, die der Umgang mit großen Vermögenswerten im Rahmen des Arbeitsverhältnisses mit sich bringt, vom Arbeitnehmer aber nicht beeinflusst, geschweige denn beherrscht werden können.

Für die Haftung des Arbeitnehmers wegen fahrlässiger Schädigung bei einer betrieblich veranlassten Tätigkeit gelten daher im Innenverhältnis zum Arbeitgeber folgende Haftungsgrundsätze:

- bei grober Fahrlässigkeit hat der Arbeitnehmer grundsätzlich den gesamten Schaden zu ersetzen, jedoch sind auch hier Haftungserleichterungen möglich, etwa bei einem deutlichen Missverhältnis zwischen dem Schadensrisiko und dem Verdienst (vgl. BAG, NZA 1998, 310),
- bei einfacher (leichter) Fahrlässigkeit haftet der Arbeitnehmer grundsätzlich nicht,
- bei normaler (mittlerer) Fahrlässigkeit ist der Schaden i.d.R. zwischen Arbeitgeber und Arbeitnehmer zu quoteln.

Exkurs Früher kam es für das Eingreifen der Haftungsprivilegien darauf an, ob eine „gefahrgeneigte Arbeit" vorlag (vgl. BAGE 5, 1 ff). Davon ist das BAG später abgerückt (seit BAG, NZA 1994, 1083, vgl. *Palandt/Weidenkaff,* BGB, 67. Aufl., § 611 Rdn. 156). Nunmehr kommt es allein darauf an, dass der Schaden durch eine betrieblich bedingte Tätigkeit veranlasst wurde (vgl. zur Geschichte der Haftungsbeschränkung MünchArbR/*Blomeyer*, § 59 Rdn. 24 ff). Die Gefahrgeneigtheit der Tätigkeit spielt aber im Rahmen der Haftungsverteilung nach wie vor eine wichtige Rolle (vgl. auch *Richardi*, NZA 1994, 241 ff).

Zu beachten ist, dass die Einschränkung der Haftung nur im Innenverhältnis zum Arbeitgeber greift. Gegenüber einem Dritten ist eine volle Haftung gegeben (z. B. aus § 823 Abs. 1 BGB). Insofern steht dem Arbeitnehmer aber ein Freistellungsanspruch gegen den Arbeitgeber zu, soweit er nach den oben aufgeführten Haftungsverteilungsgrundsätzen nicht haften würde.

Betrieblich veranlasst ist eine Tätigkeit, die dem Arbeitnehmer arbeitsvertraglich übertragen ist oder im Interesse des Arbeitgebers ausgeführt wurde (vgl. *Palandt/Weidenkaff*, BGB, 67. Aufl., § 611 Rdn. 157). An einem betrieblichen Zusammenhang der Tätigkeit von A bestehen keine Bedenken. Auch ist ihm allenfalls einfache (leichte) Fahrlässigkeit vorzuwerfen.

Gleichwohl kommt auch aus den Grundsätzen zum innerbetrieblichen Schadensausgleich kein Anspruch des A auf Ersatz **seines** Sachschadens in Betracht. Denn vorliegend ist A selbst geschädigt wurden. Hierfür greifen die oben dargestellten Grundsätze aber nicht ein.

Aus den Grundsätzen des innerbetrieblichen Schadensausgleichs lässt sich der geltend gemachte Ersatzanspruch somit ebenfalls nicht herleiten.

6. Anspruch auf Ersatz des Sachschadens nach den Grundsätzen der Gefährdungshaftung
Denkbar wäre weiterhin, dass dem A ein Anspruch auf Ersatz des Sachschadens nach den Grundsätzen der allgemeinen Gefährdungshaftung zustünde. Dies widerspräche jedoch der Intention des Gesetzgebers bezüglich der Gefährdungshaftung. Deren Fälle sind enumerativ aufgezählt (StVG, LuftVG, usw.).

Wo eine derartige gesetzliche Sonderregelung fehlt, ist Schadensersatz nur bei rechtswidrigem Handeln und Verschulden zu leisten.

Damit scheidet auch ein Anspruch nach den Grundsätzen der Gefährdungshaftung aus.

7. Anspruch auf Schadensersatz nach den Grundsätzen der Betriebsrisikolehre
Fraglich ist, ob sich ein Schadensanspruch nach den Grundsätzen der Betriebsrisikolehre herleiten ließe. Die Lehre vom Betriebsrisiko besagt, dass der Arbeitgeber die Vergütung fortzuzahlen hat, wenn der Betrieb ganz oder teilweise lahmgelegt wird aus Gründen, die weder von ihm noch vom Arbeitnehmer zu vertreten sind (BAGE 3, 346 ff).

Hier geht es jedoch nicht um einen Fall der Vergütungsfortzahlung, sondern um den Ersatz eines Sachschadens. Derartige Fälle sind von der Betriebsrisikolehre nicht umfasst. Ein Anspruch scheidet daher aus.

8. Ersatzanspruch nach den Grundsätzen der Aufopferung
Denkbar wäre auch, einen Anspruch aus einem privatrechtlichen Aufopferungsanspruch herzuleiten. Danach hätte der Arbeitgeber einem Arbeitnehmer, der seine besonderen Rechte dem Wohl des Betriebes aufgeopfert hätte, dieses Opfer zu entschädigen.

Ein solcher Aufopferungsanspruch stellt einen außervertraglichen Anspruch dar. Er hat daher zur Voraussetzung, dass zwischen den Parteien keine vertragliche Beziehung besteht (BAGE 12, 15, 23).

Die Parteien stehen hier jedoch in einem vertraglichen Verhältnis zueinander, ein Anspruch lässt sich daher nicht begründen.

9. Ersatzanspruch gem. § 670 BGB analog
Schließlich fragt es sich, ob sich ein Ersatzanspruch des A gegen die B aus § 670 BGB analog ergeben würde.

a) Eine direkte Anwendung des § 670 BGB muss hier ausscheiden, denn es handelt sich nicht um ein Auftragsverhältnis, sondern um einen Arbeitsvertrag. Auf einen solchen Arbeitsvertrag ist § 670 BGB jedoch analog anwendbar (BAGE 12, 15, 24).

Aus dem zwischen den Parteien geschlossenen Arbeitsvertrag ergibt sich eine Arbeitspflicht des A gegenüber der B. Diese kann er nur in seiner Kleidung erfüllen. Für die Erfüllung dieser Arbeitspflicht erhält der A von der B seine Vergütung. Mit dieser Vergütung sind die „normalen Schäden" an seinen Sachen bei der Arbeit bereits abgegolten. Der durch die Arbeit eingetretene natürliche Verschleiß an der Kleidung des A gehört zu seiner selbstverständlichen Einsatzpflicht bei seiner Arbeit. Dieser Verschleiß ist keine Aufwendung i. S. d. § 670 BGB.

Anders liegt es, sofern es sich um Sachschäden handelt, die so außergewöhnlich sind, als dass der Arbeitnehmer nach der Art des Betriebes und nach der Art und Natur der Arbeit damit zu rechnen hatte. Solche Aufwendungen gehen über die Einsatzpflicht des Arbeitnehmers hinaus und sind nicht arbeitsadäquat. Bei ihnen kann von einer Abgeltung durch die Vergütungszahlung nicht gesprochen werden.

Ob die Aufwendungen im Vollzug einer gefährlichen oder gefahrgeneigten Arbeit entstehen, ist dagegen nicht entscheidend (vgl. *Frieges*, NZA 1995, 403).

In solchen Fällen muss der Arbeitgeber zwar nicht Schadensersatz, wohl aber Wertersatz (Aufwendung ungleich Schaden) für die Vernichtung oder Beschädigung der Sachen des Arbeitnehmers leisten. Es geht um die Erfüllung des auf die entsprechende Anwendung des § 670 BGB gegründeten Anspruchs.

b) Vorliegend brauchte A nicht damit zu rechnen, dass beim Umsetzen der Korbflaschen mit Ameisensäure in Ladekästen eine Flasche zerbrechen würde. Es handelte sich insoweit um ein außergewöhnliches – nicht arbeitsadäquates – schädigendes Ereignis, welches zu einem Schaden bei A führte. Damit liegen die Voraussetzungen für die analoge Anwendung des § 670 BGB bei außergewöhnlichen Sachschäden des Arbeitnehmers vor.

c) Die Ersatzpflicht selbst orientiert sich an der Arbeitnehmerhaftung (vgl. oben 5.), so dass die Ersatzpflicht auch bei einfacher (leichter) Fahrlässigkeit besteht und allenfalls bei vorsätzlich oder grob fahrlässig herbeigeführten Schäden entfällt. Da hier überhaupt keine Anhaltspunkte für ein Verschulden des A ersichtlich sind, ist ein Aufwendungsersatzanspruch zu bejahen.

Ergebnis: A hat einen Wertersatzanspruch gem. § 670 BGB analog gegen seine Arbeitgeberin B auf Ersatz seines Sachschadens.

Lösung Fall 28
Mankohaftung

I. Anspruch aus §§ 241 Abs. 1 , 311 Abs. 1 BGB
Ein Anspruch des B könnte sich zunächst aus der Mankoabrede gem. §§ 241 Abs. 1, 311 Abs. 1 BGB ergeben.

1. Mankovereinbarungen sind auf Grund der allgemeinen Vertragsfreiheit grundsätzlich zulässig, wenn sie eine sinnvolle, den Eigenarten des Betriebes und der Beschäftigung angepasste Beweislastverteilung enthalten oder eine vom Verschulden des Arbeitnehmers unabhängige Haftung für Fehlbeträge darstellen, die in seinem Arbeits- oder Kontrollbereich auftreten. Als Manko wird dabei ein Schaden bezeichnet, den ein Arbeitgeber dadurch erleidet, dass ein dem Arbeitnehmer anvertrauter Kassen- oder Warenbestand eine Fehlmenge aufweist (vgl. *Palandt/Weidenkaff*, BGB, 67. Aufl., § 611 Rdn. 158). Jedoch darf eine Haftung des Arbeitnehmers nicht über die allgemeinen Grundsätze der Arbeitnehmerhaftung, insbesondere den Grundsätzen des innerbetrieblichen Schadensausgleichs (vgl. dazu Lösung **Fall 27**), hinausgehen.

2. Die Begründung einer Erfolgshaftung durch eine Mankoabrede ist hiernach nur zulässig, wenn der Arbeitnehmer nur bis zur Höhe einer vereinbarten Mankovergütung haften soll und daher im Ergebnis allein die Chance einer zusätzlichen Vergütung für die erfolgreiche Verwaltung eines Kassen- oder Warenbestandes erhält. Eine Verschärfung der auf Gesetz beruhenden beschränkten Arbeitnehmerhaftung tritt dann nicht ein. Insofern kann die Mankoabrede dann auch nicht voll beherrschbare Umstände und Risiken, wie die Beaufsichtigung von Mitarbeitern und Hilfskräften, einschließen. Dagegen kommt die Begründung einer Erfolgshaftung durch Vertrag nicht in Betracht, soweit sie über das Mankogeld hinausgeht (vgl. BAG, NZA 2000, 716). Dabei können die Vertragsparteien auf einen längeren Zeitraum von z. B. einem Jahr abstellen (BAG, NZA 1999, 141).

Vorliegend erhält A zwar eine Mankovergütung, jedoch stellt sie keinen angemessenen wirtschaftlichen Ausgleich dar. Seine jährliches Mankogeld beträgt 1200,– €. Das in diesem Zeitraum entstandene Manko in Höhe von 5000,– € übersteigt die vereinbarte Mankovergütung damit erheblich. Die vorliegende Mankoabrede würde daher im Ergebnis eine verschuldensunabhängige Ersatzpflicht begründen. Dies verstößt aber gegen die Grundsätze des innerbetrieblichen Schadensausgleichs und ist wegen dessen zwingenden Charakters grundsätzlich unwirksam (vgl. BAG, NZA 1999, 141, 144).

3. Jedoch bestehen keine Bedenken gegen eine Haftung auf Grund der Mankoabrede bis zur Höhe des für den bestimmten Zeitraum geleisteten oder noch zu leistenden Mankogeldes, selbst wenn der Schaden in dem betreffenden Zeitraum das Mankogeld übersteigt. Die Mankoabrede ist dann regelmäßig in diesem Sinne auszulegen; denn es ist kaum anzunehmen, dass die Vertragsparteien für geringe Schäden eine volle Haftung, für hohe Schäden dagegen keine Haftung begründen wollen (vgl. BAG, NZA 2000, 716).

Mithin bestehen also keine Bedenken gegen eine Inanspruchnahme des A in Höhe des für 2000 gezahlten Mankogeldes von 1200,– €.

B hat auf Grund der Mankoabrede einen Anspruch von 1200,– € gegen A.

Hinweis: Das BAG (NZA 2000, 716) hat trotz Mankoabrede selbst eine teilweise Haftung in Höhe der geleisteten Mankovergütung abgelehnt, dies jedoch allein darauf gestützt, dass der Arbeitgeber im Prozess nichts zur Höhe der Mankovergütung vorgetragen hatte, obwohl Veranlassung hierfür Bestand.

II. Anspruch aus §§ 283, 280 Abs. 1 BGB i. V. m. § 667 bzw. § 695 BGB
Möglicherweise hat B aber einen Anspruch auf Schadensersatz wegen vom Schuldner zu vertretender Unmöglichkeit der Herausgabe aus §§ 283, 280 Abs. 1 BGB i. V. m. § 667 bzw. § 695 BGB.

1. Der Arbeitnehmer schuldet auf Grund des Arbeitsvertrages nur die Leistung der versprochenen Dienste, nicht aber den Erfolg der Leistung. Das Risiko der Schlechtleistung trägt grundsätzlich der Arbeitgeber. Etwas anderes gilt in Ausnahmefällen, wenn die Herausgabe nach den Grundsätzen der Verwahrung oder des Auftrags zu den Leistungspflichten (§§ 667, 695 BGB) gehört. Dieser Fall kann aber nur dann angenommen werden, wenn der Arbeitgeber nicht mehr Besitzer der herauszugebenden Sache ist. Im Normalfall ist der Arbeitnehmer aber nur Besitzdiener der Sachen, die ihm zur Erfüllung der Arbeitsleistung übergeben wurden. Unmittelbarer Besitz des Arbeitnehmers setzt alleinigen Zugang zur Sache voraus. Weiterhin ist eine gewisse selbstständige Verwaltung der herauszugebenden Sache Voraussetzung eines Anspruchs aus §§ 283, 280 Abs. 1 BGB. Dazu gehört, dass der Arbeitnehmer wirtschaftliche Überlegungen anzustellen und Entscheidungen über die Verwendung der Sache zu treffen hat (BAG, NZA 2000, 716).

A obliegt vorliegend die Verwaltung der Kasse. Er ist insofern jedoch in einer abhängigen Stellung und hat Weisungen des Arbeitgebers hinsichtlich der Kasse wie jeder andere Kassierer zu befolgen. Seine Aufgabe bestand nicht darin, wirtschaftliche Entscheidungen zu treffen, sondern Geld zu wechseln.

Ein Anspruch des B wegen zu vertretender Unmöglichkeit kommt daher nicht in Betracht.

III. Anspruch aus §§ 241 Abs. 2, 282 BGB
In Betracht kommt weiter ein Anspruch aus §§ 241 Abs. 2, 282 BGB wegen der Verletzung arbeitsvertraglicher Pflichten.

Die Regelungen der §§ 241 Abs. 2, 282 BGB gelten auch im Arbeitsverhältnis. Danach haftet also auch der Arbeitnehmer für Schäden aus Vertragspflichtverletzungen, die er zu vertreten hat. Die Haftung ist dabei durch die Grundsätze des innerbetrieblichen Schadensausgleichs eingeschränkt.

1. Voraussetzung ist zunächst eine objektive Pflichtverletzung des A. Eine Pflichtverletzung könnte sich daraus ergeben, dass A die Pflicht, das Eigentum und Vermögen des B nicht zu schädigen, verletzt hat. Jedoch ist nur hinsichtlich der 2000,– € Schaden, die auf Grund der Unachtsamkeit des A durch den Trickbetrüger entstanden sind, eine Pflichtverletzung des A ersichtlich. Wodurch es zu dem Verlust der restlichen 3000,– € gekommen ist, ist unklar. Fraglich ist daher, wer diesbezüglich die Beweislast trägt.

a) Grundsätzlich obliegt es dem Anspruchsteller, die ihm günstigen Tatsachen darzulegen und zu beweisen.

b) Jedoch könnte sich aus dem Rspr.-Grundsatz, wonach sich die Beweislastverteilung auch an den Verantwortungsbereichen von Gläubiger und Schuldner orientiert (BGHZ 8, 241), eine Umkehr der Beweislast ergeben, da A dem schädigenden Ereignis näher stand als B (vgl. *Palandt/Heinrichs*, BGB, 67. Aufl., § 280 Rdn. 37).

Erforderlich ist jedoch zumindest, dass vom Arbeitgeber ausreichende Indizien für ein Fehlverhalten des Arbeitnehmers vorgetragen werden. Zudem scheidet eine Beweislastumkehr auch dann aus, wenn nicht ausgeschlossen ist, dass auch andere Personen den Schaden hätten verursachen können. Bloße unbestimmte Vermutungen oder ein mehr oder weniger dringender Verdacht einer Pflichtverletzung reichen dagegen zur Umkehr der Beweislast nicht aus (vgl. BAG, NZA 2000, 717).

Da B nicht nachweisen kann, wodurch es zu dem weiteren Schaden von 3000,– € gekommen ist, fehlt es schon an einer Pflichtverletzung des A und mithin scheidet insofern ein Schadensersatzanspruch aus.

2. Soweit dem A eine Pflichtverletzung hinsichtlich der 2000,– € vorzuwerfen ist, ist weiter zu prüfen, ob ihn ein Verschulden trifft. Entgegen § 280 Abs. 1 S. 2 BGB wird sein Verschulden nach § 619 a BGB zwar nicht widerlegbar vermutet, doch liegt hier schon nach dem Sachverhalt Fahrlässigkeit vor, weil A aus Unachtsamkeit dem Trickbetrüger zum Opfer fiel.

3. Jedoch gelten auch für die Mankohaftung aus §§ 241 Abs. 2, 282 BGB die Grundsätze des innerbetrieblichen Schadensausgleichs. Die vollen 2000,– € können von A daher nur eingefordert werden, wenn es B gelingt, zumindest grobe Fahrlässigkeit nachzuweisen. Da vorliegend keine Anhaltspunkte für ein grobes Verschulden des A ersichtlich sind, kommt allenfalls eine Quotelung der Haftung in Betracht. Unter Zugrundelegung einer hälftigen Quotelung würden auf A 1000,– € entfallen. Zu einer Haftung über den im Rahmen der vorliegenden Mankoabrede zulässigen Betrag von 1200,– € hinaus führt hier also auch ein Anspruch aus §§ 241 Abs. 2, 282 BGB nicht (vgl. auch *Gamillscheg*, Arbeitsrecht I, 8. Aufl., S. 281).

IV. Anspruch aus § 823 Abs. 1 BGB
Soweit überhaupt eine schuldhafte Eigentumsverletzung des A zu bejahen ist, geht die
Haftung nach § 823 Abs. 1 BGB nicht über die Haftung aus §§ 241 Abs. 2, 282 BGB
hinaus.

Ergebnis: B kann von A nur Ersatz von 1200,– € verlangen.

Lösung Fall 29
Die Befristung von Arbeitsverträgen

Die Klage ist erfolgreich, wenn sie zulässig und begründet ist.

I. Zulässigkeit der Klage
1. Der Rechtsweg zu den Arbeitsgerichten ist gem. § 2 Abs. 1 Nr. 3 b ArbGG eröffnet.

2. A begehrt die Feststellung, dass die Befristung des Arbeitsverhältnisses unwirksam
ist. Diese „punktuelle Befristungsschutzklage" ist durch § 17 S. 1 TzBfG vorgegeben und
entspricht der Situation bei der Kündigungsschutzklage (vgl. auch *Michalski*, Arbeitsrecht, 7. Aufl., Rdn. 413).

Exkurs Das TzBfG regelt neben der Teilzeitarbeit die befristeten Arbeitsverhältnisse und hat insoweit das
zum 31. 12. 2000 ausgelaufene BeschFG zum 1. 1. 2001 abgelöst. Neben der erstmals im Geset-
zesrecht enthaltenen Regelung der Befristung aus sachlichem Grund (§ 14 Abs. 1 TzBfG) und dem
Schriftformerfordernis für die Befristung von Arbeitsverträgen (vgl. § 14 Abs. 4 TzBfG) entspre-
chen die Regelungen des TzBfG zur Befristung im Wesentlichen der früheren Rechtslage (vgl.
Bezani/Müller, DStR 2001, 87 ff; *Hromadka*, NJW 2001, 400 ff). Durch das Gesetz zu Reformen
am Arbeitsmarkt ist allerdings der am 1. 1. 2004 in Kraft getretene § 14 Abs. 2 a TzBfG neu ge-
schaffen worden. Danach ist in den ersten vier Jahren nach der Gründung eines Unternehmens
die kalendermäßige Befristung eines Arbeitsvertrages ohne sachlichen Grund bis zur Dauer von
vier Jahren, die sich auch aus der mehrfachen Verlängerung eines befristeten Arbeitsvertrages
ergeben können, zulässig. Zudem war die Altersgrenze in § 14 Abs. 3 TzBfG schon mit Wirkung
vom 1. 1. 2003 – zunächst bis zum 31. 12. 2006 befristet – vom 58. auf das 52. Lebensjahr
gesenkt worden.

3. Das Feststellungsinteresse für die Klage des A ergibt sich bereits aus der Gefahr der
Präklusion nach § 17 S. 2 TzBfG i. V. m. § 7 KSchG.

Wie auch im Rahmen der Kündigungsschutzklage, wo nur ein punktueller Kündigungsschutzantrag
die Präklusion nach § 4 KSchG verhindert (vgl. BAG, NJW 1988, 2691), muss man nun auch bei einen
Vorgehen gegen eine Befristung einen punktuellen Antrag gegen die Befristung und keine allgemeine
Feststellungsklage erheben, wenn man der Präklusion des § 17 S. 2 TzBfG i. V. m. § 7 KSchG entgehen
will (vgl. *Reuter*, NZA 1998, 1321; *Will*, FA 1998, 77).

4. Eine Klagefrist in dem Sinne, dass deren Nichtbeachtung zur Unzulässigkeit der
Klage führt, ist nicht einzuhalten. Die Dreiwochenfrist des § 17 S. 1 TzBfG ist – wie auch
die vergleichbare Frist in § 4 Abs. 1 KSchG (vgl. dazu HK-KSchG/*Hauck*, § 4 Rdn. 90)
– „nur" eine materiell-rechtliche Ausschlussfrist (vgl. BAG, NZA 1999, 671 zu § 1

BeschFG). Eine Versäumung der Dreiwochenfrist führt grundsätzlich zur Unbegründetheit der Klage (vg. BAG, AP Nr. 14 zu § 1 KschG 1969).

Ergebnis: Die Klage ist zulässig.

II. Begründetheit der Klage
Die Klage ist begründet, wenn die Befristung unwirksam war und dies auch rechtzeitig geltend gemacht wurde.

1. Auf Arbeitsverträge, die auf bestimmte Zeit abgeschlossen sind, findet gem. § 620 Abs. 3 BGB das TzBfG Anwendung. Nach § 14 Abs. 1 TzBfG ist die Befristung eines Arbeitsvertrages grundsätzlich nur zulässig, wenn sie durch einen sachlichen Grund gerechtfertigt ist (sog. Sachgrundbefristung). Der unbestimmte Begriff des „sachlichen Grundes" wird in § 14 Abs. 1 S. 2 TzBfG durch insgesamt acht Beispielsfälle konkretisiert, wobei die Aufzählung ausweislich der Gesetzesbegründung in ausdrücklicher Anlehnung an die bisherige Rechtsprechung des BAG erfolgt und nicht abschließend ist („insbesondere").

Der sachliche Grund muss dabei zu dem Zeitpunkt, in dem die Befristungsabrede vereinbart wird, vorliegen (vgl. MünchArbR/*Wank*, § 116 Rdn. 58).

Exkurs Bei mehreren Befristungen ist nur das zuletzt abgeschlossene befristete Arbeitsverhältnis auf eine sachliche Rechtfertigung hin zu überprüfen, da in dem vorbehaltlosen Abschluss eines befristeten Arbeitsvertrages zugleich notwendig die Auflösung eines früheren unbefristeten Arbeitsvertrages liegt (ständige Rechtsprechung, vgl. BAG, NZA 2000, 722 m. w. N.). Dies gilt auch nach Einführung des § 14 Abs. 1 S. 2 TzBfG, der die Befristung ausschließt, wenn mit demselben Arbeitgeber bereits ein befristetes oder unbefristetes Arbeitsverhältnis zuvor bestanden hat. Diese Einschränkung erfasst nur die erleichterte Befristung, nicht aber die Sachgrundbefristung.

Die Befristung des Arbeitsverhältnisses wird hier von B mit der unsicheren Konjunktur und Absatzentwicklung begründet. Insofern könnte ein sachlicher Grund i. S. d. § 14 Abs. 1 S. 2 Nr. 1 TzBfG gegeben sein. Dann müsste ein betrieblicher Bedarf an der Arbeitsleistung des A zum Zeitpunkt der letzten Verlängerung des Arbeitsverhältnisses nur vorübergehend bestanden haben. Grundsätzlich kann nach Auffassung des BAG ein vorübergehender Mehrbedarf an Arbeitskräften eine Befristung rechtfertigen, wenn zu erwarten ist, dass für die befristet eingestellte Person nach Fristablauf kein Bedarf besteht. Dafür muss der Arbeitgeber aber eine entsprechende Prognose erstellen; eine bloße Unsicherheit über den künftigen Arbeitskräftebedarf reicht nicht aus (vgl. BAG, NZA 1997, 313). Zieht man diese Rechtsprechung bei der Auslegung von § 14 Abs. 1 S. 2 Nr. 1 TzBfG heran, sind die von B vorgebrachten allgemeinen Erwägungen zur Begründung eines sachlichen Grundes und mithin einer zulässigen Sachbefristung nicht ausreichend. Die bloße Ungewissheit über den zukünftigen Personalbedarf würde zudem das typische unternehmerische Risiko auf den Arbeitnehmer verlagern, so dass auch über die in § 14 Abs. 1 S. 2 TzBfG genannten Fälle hinaus keine sachliche Rechtfertigung bejaht werden kann (vgl. MünchArbR/*Wank*, § 116 Rdn. 75 ff).

2. Möglicherweise war die Befristung aber auch ohne sachlichen Grund nach Maßgabe des § 14 Abs. 2 TzBfG zulässig. Nach dieser Vorschrift ist die kalendermäßige Befristung eines Arbeitsverhältnisses ohne sachlichen Grund aber nur bis zur Dauer von 2 Jahren zulässig. Auch bei Verlängerungen, die höchstens dreimal erfolgen dürfen, darf die Gesamtdauer der Befristung 2 Jahre nicht überschreiten, § 14 Abs. 2 S. 1, 2. Hs TzBfG. Da A vorliegend fast 3 Jahre auf Grund eines befristeten Arbeitsvertrages bei B beschäftigt war, scheidet eine „erleichterte Befristung" aus. Aber auch § 14 Abs. 2 a TzBfG, der eine Sonderregelung für neu gegründete Unternehmen vorsieht (s. o. I 2 a.E.), kommt nicht in Betracht, weil die B-OHG bereits 1990 gegründet worden ist.

> **Exkurs**
>
> Nach § 14 Abs. 2 S. 2 TzBfG ist eine Befristung nicht zulässig, wenn mit demselben Arbeitgeber bereits ein befristetes oder unbefristetes Arbeitsverhältnis zuvor bestanden hat. Andererseits lässt § 14 Abs. 2 S. 1 TzBfG die dreimalige Verlängerung eines befristeten Arbeitsverhältnisses zu. Der Unterscheidung zwischen einer Befristung und einer Verlängerung kommt damit entscheidende Bedeutung zu. Eine „Verlängerung" liegt nach Auffassung des BAG aber nur vor, wenn der ursprünglich befristete Arbeitsvertrag nur bezüglich des Endtermins geändert wird, alle übrigen Arbeitsbedingungen jedoch unberührt bleiben (BAG, DB 2000, 1572). Auch eine zeitliche Lücke von einem Tag soll dazu führen, dass keine Verlängerung, sondern ein neuer Arbeitsvertrag, dessen Befristung nach § 14 Abs. 2 S. 2 TzBfG unwirksam wäre (vgl. dazu *Bezani/Müller*, DStR 2001, 92), gegeben ist.
>
> Auch der Umstand, dass ein befristetes Arbeitsverhältnis nicht zulässig ist, wenn der Arbeitnehmer schon „zuvor" beim Arbeitgeber beschäftigt war, bereitet Schwierigkeiten. Insofern änderte der Gesetzgeber die Rechtslage gegenüber dem BeschFG, wo i. d. R. ein mehr als 4 Monate zurückliegendes Arbeitsverhältnis als unschädlich angesehen wurde. „Zuvor" enthält keine zeitliche Begrenzung, so dass auch eine Beschäftigung des Arbeitnehmers vor etlichen Jahren schädlich ist. Ermittlungsschwierigkeiten des Arbeitgebers, etwa ob der Arbeitnehmer vor 20 Jahren schon einmal bei ihm beschäftigt war, sollen durch ein Fragerecht des Arbeitgebers kompensiert werden. Im Falle einer unrichtigen Antwort könnte der Arbeitgeber dann gem. § 123 BGB anfechten (vgl. *Bezani/Müller*, DStR 2001, 92).

3. Der Abschluss des zeitlich begrenzten Arbeitsvertrages könnte aber auch ohne sachliche Rechtfertigung deshalb wirksam sein, weil hierdurch kein kündigungsrechtlich garantierter Bestandsschutz verletzt wurde. Der eigentliche Grund für das Erfordernis einer sachlichen Rechtfertigung zeitlich begrenzter Arbeitsverhältnisse ist nämlich, dass eine uneingeschränkte Zulassung von Befristungsabreden dazu führen würde, dass das Arbeitsverhältnis durch bloßen Zeitablauf endet und so der gesetzliche Kündigungsschutz oder der Bestandsschutz des § 613 a BGB umgangen wird (vgl. *Schaub*, Arbeitsrechtshandbuch, 12. Aufl., § 38 Rdn 1 ff).

a) Für einen Betriebsübergang bestehen vorliegend keine Anhaltspunkte, so dass eine Umgehung des § 613 a BGB ausscheidet (vgl. dazu BAG, NZA 1995, 987).

b) In Betracht kommt aber eine Umgehung des KSchG. Dann müsste dass KSchG auf das Arbeitsverhältnis des A anwendbar sein. Hinsichtlich der Wartezeit des § 1 Abs. 1 KSchG bestehen keine Bedenken, da A schon länger als 6 Monate bei B beschäftigt ist. Problematisch ist jedoch, ob das KSchG für den Betrieb der B gilt. Nach § 23 Abs. 1 S. 2 KSchG werden die Vorschriften des 1. Abschnitts des KSchG, mithin also die Vorschriften des allgemeinen Kündigungsschutzes in Betrieben, in denen i. d. R. fünf oder weniger Arbeitnehmer (sog. Kleinbetriebe; zur wechselvollen Geschichte des Schwellenwertes vgl. **Lösung Fall 8**) beschäftigt sind, von der Geltung ausgenommen.

Exkurs Bei der Feststellung der Zahl der regelmäßig im Betrieb beschäftigten Arbeitnehmer kommt es auf die Betriebsgröße im Zeitpunkt des Zugangs der Kündigung an. Dabei wird auf die i. d. R. vom Arbeitgeber beschäftigten Arbeitnehmer abgestellt. Auf diese Weise soll sichergestellt werden, dass der allgemeine Kündigungsschutz nur in solchen Betrieben zur Anwendung kommt, die den Schwellenwert nicht nur kurzfristig und eher zufällig, sondern im Allgemeinen über einen längeren Zeitraum überschreiten. Zur Feststellung der regelmäßigen Beschäftigungszahl bedarf es deshalb bezogen auf den Kündigungszeitpunkt eines Rückblicks auf die bisherige personelle Stärke des Betriebes und einer Einschätzung der künftigen Entwicklung (vgl. HK-KSchG/*Kriebel*, § 23 Rdn. 33 ff).

Vorliegend sind bei B nur 4 Arbeitnehmer regelmäßig vollbeschäftigt. Würde man nur diese berücksichtigen, käme eine Anwendung des KSchG von vornherein nicht in Betracht. Hinzu kommen aber auch noch die 2 Teilzeitbeschäftigten mit einer regelmäßigen wöchentlichen Arbeitszeit von 10 Stunden. Diese sind gem. § 23 Abs. 1 S. 3 mit je 0,5 zu berücksichtigen. Damit ergibt sich, dass insgesamt 5 Arbeitnehmer im Betrieb der B beschäftigt sind, was aber auch noch nicht den Schwellenwert des § 23 Abs. 1 S. 2 KSchG erreicht. Die §§ 1 ff KSchG sind also unter Berücksichtigung der 2 Teilzeitbeschäftigten auf das Arbeitsverhältnis des A nicht anwendbar und mithin besteht auch keine Gefahr der Umgehung des gesetzlichen Kündigungsschutzes.

Auch die Berücksichtigung der Teilzeitbeschäftigten im Rahmen des § 23 KSchG erlebte zahlreiche Änderungen. Bis zum 30. 9. 1996 sah die gesetzliche Regelung vor, dass alle Teilzeitbeschäftigten mit einer wöchentlichen Arbeitszeit von weniger als 10 Stunden oder monatlich bis zu 45 Stunden nicht zu berücksichtigen sind. Dies wurde vom BVerfG als verfassungswidrig angesehen (vgl. BVerfG, NZA 1998, 469, 470). Ab dem 1. 10. 1996 wurden Teilzeitbeschäftigte bis zu einer regelmäßigen wöchentlichen Arbeitszeit von 10 Stunden mit 0,25, bis zu 20 Stunden mit 0,5, bei nicht mehr als 30 Stunden mit 0,75 und über 30 Stunden voll gezählt. Nach dem Gesetz zur Korrektur in der Sozialversicherung und zur Sicherung der Arbeitnehmerrechte gilt ab dem 1. 1. 1999 nun, dass Arbeitnehmer mit nicht mehr als 20 Stunden mit 0,5, bei nicht mehr als 30 Stunden mit 0,75 und über 30 Stunden voll gezählt werden. Die stärkere Berücksichtigung der nur bis zu 10 Stunden Beschäftigten wurde dabei mit der Gefahr begründet, dass es ansonsten für einen Arbeitgeber zu attraktiv sein könnte, Arbeitnehmer nur in geringer Stundenzahl zu beschäftigen (vgl. dazu HK-KSchG/*Kriebel*, § 23 Rdn. 26 ff).

c) Fraglich ist jedoch, ob diese Erwägungen auch unter der Geltung des § 14 Abs. 1 S. 1 TzBfG das grundsätzliche Erfordernis eines sachlichen Grundes entfallen lassen. Nach der Gesetzesbegründung bleiben auch Kleinbetriebe mit nicht mehr als fünf Arbeitnehmern von der Regelung ausgenommen (BT-Dr. 14/4374, zu Art. 1 § 14, S. 18). Diese Einschränkung findet im Gesetzeswortlaut allerdings keinen Niederschlag. Daher wird überwiegend angenommen, dass auch in Kleinbetrieben befristete Arbeitsverhältnisse nur nach Maßgabe der §§ 14 ff TzBfG wirksam vereinbart werden können (so *Bezani/Müller*, DStR 2001, 93; *Bauer*, NZA 2000, 1042; a. A. *Schiefer*, DB 2000, 2121). Der „Schwarze Peter" liegt insofern bei den Gerichten (so *Hromadka*, NJW 2001, 404).

4. Die Befristung könnte jedoch in jedem Falle nach § 14 Abs. 4 TzBfG unwirksam sein. Danach bedarf die Befristung zu ihrer Wirksamkeit der Schriftform – so seit 1. 5. 2000 bereits § 623 BGB, in dem nunmehr die Wörter „sowie die Befristung" gestrichen sind. Der befristete Arbeitsvertrag vom September 2002 wurde schriftlich geschlossen. Seit 1. 5. 2002 bedurften aber alle weiteren Befristungen, also auch die verlängernden Befristungen, der Schriftform (vgl. *Palandt/Weidenkaff*, BGB, 67. Aufl.,

§ 623 Rdn. 6). Da die Verlängerung vom August 2004 nur mündlich geschlossen wurde, liegt somit ein Verstoß gegen § 14 Abs. 4 TzBfG vor, der die Befristung unwirksam macht.

5. Rechtsfolge der unwirksamen Befristung ist gem. § 16 S. 1 TzBfG, dass das befristete Arbeitsverhältnis als auf unbestimmte Zeit abgeschlossen gilt. Die Unwirksamkeit der Befristung kann jedoch nach § 17 S. 1 TzBfG nur innerhalb von drei Wochen nach dem vereinbarten Ende des befristeten Arbeitsvertrages durch entsprechende Klage zum Arbeitsgericht geltend gemacht werden. Es ist daher weiter zu prüfen, ob diese Frist eingehalten wurde. Dies gilt angesichts des klaren Wortlauts des § 17 S. 1 TzBfG („Befristung … rechtunwirksam ist") auch für die Nichtbeachtung des Schriftformgebots (vgl. *Preis/Gotthard,* NZA 2000, 360; *Richardi/Annuß*, NJW 2000, 1235; a. A.: *Bader*, NZA 2000, 636).

> **Exkurs** Diese Vorschrift gilt – wegen § 13 Abs. 1 S. 1 KSchG auch bei der außerordentlichen Kündigung – nicht im Falle der Nichteinhaltung der Schriftform, denn die Kündigungsschutzklage muss drei Wochen nach Zugang der schriftlichen Kündigung erhoben werden.

Vorliegend wurde der 31. August 2007 als das Ende des befristeten Arbeitsvertrages vereinbart. Die Dreiwochenfrist beginnt daher gem. § 187 Abs. 1 BGB am 3. September 2007 und endet gem. §§ 188 Abs. 2, 1. Alt., 193 BGB am Montag, den 24. September 2007. Die Anrufung erfolgte mithin rechtzeitig i. S. d. § 17 S. 1 TzBfG.

Ergebnis: Die Klage der A ist daher auch begründet.

Lösung Fall 30
Nachwirkende Pflichten aus dem Arbeitsverhältnis

Ein Anspruch auf Unterlassung der Tätigkeit des A bei der C-OHG könnte sich für die B-GmbH aus der vertraglichen Klausel im Arbeitsvertrag zwischen A und der B-GmbH ergeben.

I. Voraussetzung eines Unterlassungsanspruchs ist, dass zwischen A und der B-GmbH ein wirksames Wettbewerbsverbot zu Stande gekommen ist.

Ein gesetzliches Wettbewerbsverbot besteht gem. § 60 HGB für Handlungsgehilfen. Für andere „normale" Arbeitnehmer existiert eine solche Regelung nicht.

Gesetzliche Regelungen zum Inhalt vertraglicher Wettbewerbsverbote enthalten die §§ 74 ff HGB sowie § 90 a HGB als spezielle Regelung für Handelsvertreter.

Die detaillierten Regelungen in den §§ 74 ff HGB werden jedoch entsprechend auch auf andere Arbeitnehmer angewandt (vgl. BAG, AP Nr. 24 und 26 zu § 611 BGB Konkurrenzklauseln).

II. Aus § 74 Abs. 1 HGB geht hervor, dass ein nachvertragliches Wettbewerbsverbot nicht schon automatisch mit dem Bestehen eines Arbeitsverhältnisses zwischen Arbeitgeber und Arbeitnehmer entsteht, sondern einer ausdrücklichen und schriftlichen Vereinbarung bedarf..

1. Die Schriftform wurde vorliegend durch die Klausel im Arbeitsvertrag, der von A und dem Geschäftsführer der B-GmbH (vgl. § 35 Abs. 1 GmbHG) unterschrieben wurde, eingehalten (vgl. zur Schriftform beim Wettbewerbsverbot *Schaub*, Arbeitsrechtshandbuch, 12. Aufl., § 58 Rdn. 27).

2. Weiter erforderlich ist aber, dass der Umfang des Verbots die Konkurrenztätigkeit eindeutig festlegt und außerdem eine angemessene Karenzentschädigung vereinbart ist, § 74 Abs. 2 HGB. Fraglich ist vorliegend schon, ob die Bestimmung des Umfangs der verbotenen Konkurrenztätigkeit des A diesen Anforderungen entspricht. Auf jeden Fall fehlt es aber an einer Regelung über eine Karenzentschädigung.

III. Fraglich ist, welche Rechtsfolge sich aus der Nichteinhaltung des § 74 Abs. 2 HGB ergibt. Das Gesetz spricht insofern von einer Unverbindlichkeit der Konkurrenzklausel bzw. des Wettbewerbsverbots. Allerdings ist der Begriff der Unverbindlichkeit hier mit dem Begriff der Nichtigkeit gleichzustellen (vgl. *Schaub*, Arbeitsrechtshandbuch, 12. Aufl., § 58 Rdn. 54).

Da hier keine Regelung über die Karenzentschädigung getroffen worden ist, ist das Wettbewerbsverbot unwirksam. A kann aber auch keine Entschädigung verlangen.

Exkurs

Die Rechtsprechung des BAG hat es bislang abgelehnt, einem Arbeitnehmer ein Wahlrecht dahingehend einzuräumen, dass dieser bei der Einhaltung des Wettbewerbsverbots berechtigt ist, eine angemessene Karenzentschädigung zu verlangen. Gleiches gilt für den Fall, in dem Arbeitgeber und Arbeitnehmer zwar eine Karenzentschädigung vereinbart haben, diese aber nicht angemessen ist. Auch dann hat der Arbeitnehmer nur die Möglichkeit, sich an das Wettbewerbsverbot zu halten und die geringe Entschädigung anzunehmen oder das Wettbewerbsverbot nicht zu beachten. Einen Anspruch auf Zahlung einer angemessenen, d.h. gesetzlichen Karenzentschädigung besteht nicht (vgl. *Schaub*, Arbeitsrechtshandbuch, 12. Aufl., § 58 Rdn. 54).

Ergebnis: Der B-GmbH steht kein Unterlassungsanspruch gegen den A zu.

Lösung Fall 31
Die HIV-Infektion

Ausgangsfall:

Möglichkeiten des B, den Arbeitsantritt des A zu verhindern:

I. Anfechtung gem. § 119 Abs. 2 BGB
Zwar kommt grundsätzlich eine Anfechtung nach § 119 Abs. 2 BGB in Betracht, da die HIV-Infektion des A dessen Fähigkeit zur Herstellung von Lebensmitteln stark beein-

trächtigt (vgl. dazu ausführlich *Eich*, NZA-Beil. 2/1987, 10 ff, 17). Jedoch hat B nach Kenntniserlangung von A's Krankheit 3 Wochen lang nichts unternommen. Die Anfechtung wegen Eigenschaftsirrtums kann also nicht mehr unverzüglich i. S. d. des § 121 Abs. 1 S. 1 BGB erklärt werden.

Ergebnis: Eine Anfechtung wegen Eigenschaftsirrtums scheidet aus.

II. Anfechtung gem. § 123 Abs. 1 BGB
Fraglich ist, ob der B das Arbeitsverhältnis mit A auch im Wege der Anfechtung wegen arglistiger Täuschung beenden könnte. Denn der A hat bei dem Einstellungsgespräch bewusst die Unwahrheit gesagt.

1. Grundsätzlich kann derjenige nach § 123 Abs. 1 BGB seine Willenserklärung anfechten, der zu deren Abgabe durch arglistige Täuschung bestimmt worden ist. Die arglistige Täuschung muss also für die Abgabe einer Willenserklärung kausal gewesen sein.

Dies ist hier der Fall. Der A hat bewusst die Unwahrheit gesagt, er hat damit den B arglistig getäuscht. Hätte A die Wahrheit gesagt, so hätte ihn B nicht eingestellt. Kausalität ist damit gegeben.

2. Im Arbeitsrecht gelten bezüglich der Anfechtung nach § 123 Abs. 1 BGB jedoch Besonderheiten. Danach ist die Anfechtung des Arbeitsvertrages nur dann möglich, wenn

a) der Anfechtungsgegner in zulässiger Weise nach der verschwiegenen Tatsache gefragt worden ist oder dieser nach Treu und Glauben mit Rücksicht auf die Verkehrssitte auch ohne besondere Befragung zur Offenbarung dieser Tatsache verpflichtet gewesen war,

b) der Anfechtungsgegner die Frage bewusst falsch beantwortet und/oder die nicht offenbarte Tatsache bewusst verschwiegen hat,

c) der Anfechtungsgegner wissen oder erkennen musste, dass die von ihm verschwiegene Tatsache für die Entscheidung zur Begründung des Arbeitsverhältnisses wesentlich sein kann, und

d) diese verschwiegene Tatsache für die Begründung des Arbeitsvertrages kausal war.

Die Voraussetzungen b) bis d) sind hier unproblematisch gegeben. Die Frage, ob ein Anfechtungsrecht des B nach § 123 Abs. 1 BGB unter den Besonderheiten des Arbeitsrechts hier gegeben ist, hängt im Ergebnis davon ab, ob der B den A in zulässiger Weise nach einer HIV-Infektion befragt hatte.

Beachte: Es gibt bei Einstellungsgesprächen gleichwohl kein „Recht zur Lüge". Wird dem Bewerber eine zulässige Frage gestellt, so hat er wahrheitsgemäß zu antworten. Allerdings drohen ihm dann, wenn er auf eine unzulässige Frage hin lügt, keine Sanktionen.

3. Bei der Frage nach einer HIV-Erkrankung kommt es weiter darauf an, ob der Bewerber bereits an Aids erkrankt ist oder lediglich mit dem HIV-Virus infiziert ist.

a) Soweit der Bewerber bereits akut erkrankt ist, muss damit gerechnet werden, dass er in absehbarer Zeit nicht mehr in der Lage sein wird, die geforderte berufliche Leistung zu erbringen. Deshalb darf der Arbeitgeber zulässigerweise nach einer vorhandenen Aidserkrankung fragen (vgl. *Lichtenberg/Schücking,* NZA 1990, 41, 47).

b) Anders ist die Rechtslage dagegen beim bloßen Vorliegen einer HIV-Infektion: Hier würde die Eignung für den vorgesehenen Arbeitsplatz nur ausnahmsweise entfallen. Denn soweit die Krankheit nicht ausbricht, ist der Infizierte in seiner Leistungsfähigkeit nicht beeinträchtigt.

Eine Beeinträchtigung seiner beruflichen Eignung kann nur dann angenommen werden, wenn der Arbeitnehmer wegen seiner Infektion im Rahmen des Arbeitsverhältnisses einer erhöhten Gefahr ausgesetzt ist. Dies wäre z. B. dann denkbar, wenn die Tätigkeit mit besonderen Verletzungs- oder Infektionsgefahren verbunden ist. Aber auch bei einer möglichen Gefährdung Dritter durch den Infizierten, wie z. B. wegen der Möglichkeit der Übertragung von Körperflüssigkeit, kann die Eignung des Bewerbers für die berufliche Tätigkeit in Frage stehen (MünchArbR/*Buchner,* § 41 Rdn. 69). Jedoch genügt nicht schon, dass die Beschäftigung Gelegenheit bietet, mit dem infizierten Arbeitnehmer Kontakt aufzunehmen. Vielmehr ist notwendig, dass wegen der Art der Tätigkeit eine erhöhte Ansteckungsgefahr besteht.

Typische Fälle, in denen auf Grund der Arbeitsplatzrelevanz ein Fragerecht des Arbeitgebers nach einer Aids-Infektion bejaht wird, sind etwa ärztliche Tätigkeiten und sonstige Beschäftigungen in der Heilpflege, aber auch der Fall, dass jemand bei einem Optiker mit der Anpassung von Linsen beschäftigt wird oder in einem Friseursalon tätig ist.

c) Bei A ist die Krankheit noch nicht ausgebrochen. Seine Leistungsfähigkeit ist nicht beeinträchtigt. Die Gefährdung von Kollegen durch die im Arbeitsverhältnis üblichen Kontakte allein rechtfertigt noch nicht die Frage nach der HIV-Infektion. Jedoch ist A mit der Herstellung von Lebensmitteln betraut. Gelegentliche arbeitsbedingte kleinere Verletzungen an der Hand mit Blutaustritt sind in diesem Tätigkeitsbereich nicht ungewöhnlich. Nach § 17 Abs. 1 BSeuchG führt u. a. die Erkrankung mit einer Virus-Hepatitis zu einem Beschäftigungsverbot bei der Herstellung und dem Vertrieb von Lebensmitteln. Das HIV-Virus ist stark kontagiös, aber längst nicht so sehr wie das Hepatitis-Virus, weil es sehr viel schneller abstirbt. Solange es jedoch aktiv ist, kann es durch kleinste Haut- und Schleimhautdefekte übertragen werden. Mithin kann auch die Gefahr einer Kontaminierung der hergestellten Lebensmittel nicht ausgeschlossen werden, die wiederum eine Haftung des B nach sich ziehen und dessen Wettbewerbsfähigkeit beeinträchtigen kann (*Eich,* NZA-Beil. 2/1987, S. 11, 17; vgl. auch *Richardi,* NZA 1988, 74 ff, 75; *Lepke,* DB 1987, 1299 ff).

In einem solchen Fall ist das schutzwürdige Interesse des Arbeitgebers an einer Frage nach einer HIV-Infektion so stark, dass dahinter auch das Interesse des Arbeitnehmers zum Schutz seines Persönlichkeitsrechts und an der Unverletzbarkeit seiner Individualsphäre zurücktreten muss (BAG, NZA 1985, 57 f). Die Frage nach einer HIV-Infektion war daher wegen der besonderen Arbeitsplatzrelevanz zulässig.

Da der A auf diese zulässige Frage bewusst falsch geantwortet hat und auch die übrigen Voraussetzungen für eine Anfechtung nach § 123 Abs. 1 BGB vorliegen, kann der B seine Willenserklärung anfechten.

4. Dies muss der B gegenüber dem A, § 143 Abs. 1 BGB, innerhalb der Jahresfrist des § 124 Abs. 1 BGB machen.

Abweichend von § 142 Abs. 1 BGB wird der Arbeitsvertrag damit jedoch nicht ex tunc nichtig. Denn der Arbeitsvertrag war bereits in Vollzug gesetzt worden. Wegen der Schwierigkeiten, die mit der Rückabwicklung eines derartigen Arbeitsverhältnisses entstünden, entfaltet die Anfechtung grundsätzlich nur eine ex nunc-Wirkung (vgl. Lösung **Fall 8**). Für die Zukunft würde bei erfolgter Anfechtung aber kein Arbeitsvertrag mehr bestehen und B müsste A nicht mehr bei sich beschäftigen.

Ergebnis: B kann also das Arbeitsverhältnis mit A durch Anfechtung gem. § 123 Abs. 1 BGB mit Wirkung für die Zukunft beenden. Einer der Kündigungsfrist entsprechenden Anfechtungsfrist bedarf es dabei nicht.

III. Ordentliche Kündigung gem. §§ 620 Abs. 2, 622 BGB
1. Zwischen den Parteien ist ein Arbeitsvertrag geschlossen werden. Da über die Dauer des Arbeitsvertrages keine Vereinbarung getroffen worden ist, könnte der B gem. §§ 620 Abs. 2, 622 BGB dem A ordentlich kündigen.

2. Die Kündigung eines Arbeitsverhältnisses, das nicht dem Kündigungsschutz unterliegt, bedarf keines rechtfertigenden Grundes, insbesondere keines nach § 1 KSchG erheblichen Grundes. Die Kündigung darf aber andererseits auch nicht aus sonstigen Gründen (Sittenwidrigkeit nach § 138 Abs. 1 BGB oder Verstoß gegen das Diskriminierungsverbot) rechtsunwirksam sein; insbesondere darf sie nicht aus niederen und verwerflichen Gründen erfolgen (vgl. *Lichterberg/Schücking*, NZA 1990, 45). Jedoch können einer Kündigung eines Arbeitnehmers wegen dessen HIV-Infektion bei einer Beschäftigung in einer Bäckerei sachliche Gründe nicht abgesprochen werden. Sowohl die bereits aufgeführten gesundheitlichen Aspekte als auch die wirtschaftlichen Risiken, wenn die Krankheit des A publik würde, stellen nachvollziehbare und jenseits der Sittenwidrigkeit liegende Kündigungsmotive dar (vgl. zur Kündigung eines mit HIV infizierten Floristen BAG, NZA 1989, 962 ff). Auch eine nur vermeintliche Ansteckungsgefahr durch den an AIDS Infizierten für Mitarbeiter, den Arbeitgeber selbst oder seiner Geschäftspartner ist als Kündigungsgrund nicht sittenwidrig (vgl. *Lepke*, DB 1987, 1300 f)

3. Zur Wirksamkeit der Beendigung des Arbeitsverhältnisses durch Kündigung bedarf es gem. § 623 BGB der Schriftform.

Ergebnis: Der B kann also dem A jederzeit ordentlich unter Beachtung der Schriftform kündigen.

IV. Außerordentliche Kündigung gem. § 626 BGB
Bei der Prüfung der Tatbestandsvoraussetzungen des § 626 Abs. 1 BGB muss in zwei Prüfungsschritten vorgegangen werden. Zunächst ist zu prüfen, ob überhaupt Tatsachen vorliegen, auf die eine außerordentliche Kündigung gestützt werden könnte. Anschließend ist zu untersuchen, ob dem Arbeitgeber die Fortsetzung des Arbeitsverhältnisses auf Grund der Kündigungstatsachen unzumutbar wäre. Im Rahmen der dabei zu erfolgenden Interessenabwägung sind alle Umstände des Einzelfalls zu berücksichtigen (BAG, NZA 1985, 426).

1. Ein Kündigungsgrund i. S. d. § 626 Abs. 1 BGB könnte in der HIV-Infektion des A gegeben sein. Fraglich ist allerdings, ob eine Krankheit überhaupt geeignet sein kann, einen wichtigen Grund für die Kündigung darzustellen. Grundsätzlich ist das nicht der Fall. Nur ausnahmsweise kommt dies in Betracht, etwa wenn die ordentliche Kündigung ausgeschlossen ist, ungewöhnlich lange vertragliche Kündigungsfristen vereinbart sind, der Arbeitsplatz dringend besetzt werden muss oder wenn die Krankheit ansteckend ist (vgl. *Palandt/Weidenkaff*, BGB, 67. Aufl., § 626 Rdn. 51).

a) Eine ordentliche Kündigung ist hier weder vertraglich ausgeschlossen noch sind aus dem Sachverhalt ungewöhnlich lange vertragliche Kündigungsfristen ersichtlich. Eine außerordentliche Kündigung wegen der HIV-Infektion des A käme also nur dann in Betracht, wenn die Krankheit des A ansteckend wäre.

b) Eine akute Ansteckungsgefahr durch das Aids-Virus am Arbeitsplatz ist nicht gegeben. Nach derzeitiger medizinisch gesicherter Erkenntnis sind Infektionen mit diesem Virus nur durch Intimkontakte und Blutübertragungen möglich, andere Ansteckungswege werden derzeit von der Wissenschaft ausgeschlossen. Eine Übertragung durch Anhusten, gemeinsamen Gebrauch von Essgeschirr oder Kleidungsstücken und durch gewöhnliche soziale Kontakte aller Art ist ausgeschlossen. Auch die Benutzung von gemeinsamen Dusch- oder Toilettenräumen birgt keine Ansteckungsgefahr, soweit die einfachsten Grundsätze der Hygiene beachtet werden (ArbG Berlin, NJW 1987, 637 f).

c) Jedoch gelten auch hier die bereits aufgeführten gesundheitlichen und wirtschaftlichen Risiken, die durchaus die außerordentliche Kündigung stützen könnten.

2. Die kurze Bestehensdauer des Arbeitsverhältnisses, die geringe Betriebsgröße von B's Bäckerei und die immensen Haftungsrisiken sprechen schließlich auch im Rahmen der Interessenabwägung dafür, dass die Fortsetzung des Arbeitsverhältnisses für B unzumutbar ist (vgl. auch *Eich*, NZA-Beil. 2/1987, S. 19; *Lepke*, DB 1987, 1302).

3. Da die HIV-Infektion des A dauerhaft ist, die 2-Wochenfrist des § 626 Abs. 2 S. 2 BGB aber nicht vor Beendigung dieses Zustands beginnt (vgl. *Palandt/Weidenkaff*, BGB, 67. Aufl., § 626 Rdn. 27), kann die außerordentliche Kündigung auch noch rechtzeitig erklärt werden.

Dagegen könnte die außerordentliche Kündigung nicht auf die unwahre Beantwortung der Frage nach der HIV-Infektion gestützt werden, da insofern die 2-Wochenfrist des § 626 Abs. 2 S. 2 BGB abgelaufen ist.

Ergebnis: Auch mittels außerordentlicher Kündigung nach § 626 BGB kann B das Arbeitsverhältnis mit A beenden.

V. Suspendierung des B von der Arbeitspflicht
Wählt B die für A schonendste Vorgehensweise einer ordentliche Kündigung, so muss er die Kündigungsfrist des § 622 BGB beachten. Anders als bei Anfechtung oder außerordentlicher Kündigung würde dann das Arbeitsverhältnis weiter bis zum Ablauf der Kündigungsfrist bestehen, und A hätte grundsätzlich einen Beschäftigungsanspruch (vgl. BAG GS, DB 1985, 2199). Rechtsgrundlage hierfür ist der Arbeitsvertrag, der den Arbeitnehmer gem. § 613 S. 1 BGB zur persönlichen Dienstleistung für den Arbeitgeber verpflichtet. Der Beschäftigungsanspruch beruht dabei unmittelbar auf der sich aus § 242 BGB ergebenden arbeitsvertraglichen Förderungspflicht des Arbeitgebers. Da sich der allgemeine Beschäftigungsanspruch aus einer aus Treu und Glauben ergebenden Pflicht des Arbeitgebers herleitet, muss er allerdings dort zurücktreten, wo überwiegende und schutzwerte Interessen des Arbeitgebers entgegenstehen. Ein solches überwiegendes Interesse des Arbeitgebers an einer Nichtbeschäftigung ist aber in den Fällen anzuerkennen, in denen die HIV-Infektion mit der arbeitsvertraglichen Leistungspflicht zu große Risiken aufweist, wie hier bei der Herstellung von Lebensmitteln. Bloße potentielle Gefährdungen anderer Arbeitnehmer auf Grund sozialtypischen Verhaltens würden dagegen das Beschäftigungsinteresse des HIV-Infizierten nicht aufwiegen.

Ergebnis: B könnte A von dessen Arbeitspflicht suspendieren, was insbesondere dann relevant wäre, wenn er A nur ordentlich kündigen würde.

Abwandlung:

Soweit dem Arbeitgeber nicht aus anderen Gründen, z. B. wegen der Schwere der Erkrankung oder der Arbeitsplatzrelevanz, eine Kündigungsmöglichkeit zusteht, kann dem Betroffenen grundsätzlich auch nicht auf Druck der Belegschaft gekündigt werden. An eine Druckkündigung hat das BAG strenge Anforderungen gestellt. Der Arbeitgeber muss den Druck anderer Arbeitnehmer im Rahmen des Zumutbaren hinnehmen und darf ihn nicht auf den Arbeitnehmer abwälzen (vgl. BAG, AP Nr. 3, 10 zu § 626 Druckkündigung). Er hat sich vielmehr auf Grund der Fürsorgepflicht schützend vor den betroffenen Arbeitnehmer zu stellen und alles Zumutbare zu versuchen, die Belegschaft von ihrer Drohung abzubringen. Nur wenn daraufhin ein betriebsschädigendes Verhalten in Aussicht gestellt wird (z. B. Streik oder Massenkündigung) und dadurch schwere wirtschaftliche Schäden für den Arbeitgeber drohen, kann die Kündigung gerechtfertigt sein. Gerade HIV-Infizierten sind auf den Schutz des Arbeitgebers angewiesen, da es für sie wichtig ist, dass sie in ihrem gewohnten Lebensbereich integriert bleiben und durch ein Maximum an seelischer Ausgeglichenheit der Krankheit Widerstand entgegensetzen können (vgl. *Lichtenberg/Schücking*, NZA 1990, 46).

Vorliegend hat B daher zunächst alles zu versuchen, um die 5 Arbeitnehmer, die eine Kündigung bei Weiterbeschäftigung des A in Aussicht gestellt haben, von ihrer Drohung abzubringen. Sollte er hiermit jedoch keinen Erfolg haben, käme dann eine außerordentliche Kündigung des A durchaus in Betracht, wenn der Abgang der 5 Arbeitnehmer nicht kompensiert bzw. ausgeglichen werden könnte und mithin zu erheblichem wirtschaftlichen Schaden führen würde (vgl. dazu auch ArbG Berlin, NJW 1984, 638).

Die Möglichkeit einer Druckkündigung würde dagegen von vornherein nicht bestehen, wenn B den Druck der Belegschaft selbst schuldhaft herbeigeführt hat (vgl. BAGE 12, 220 ff 231). Dies wäre etwa zu bejahen, wenn er durch sein eigenes Informationsgebaren Angstvorstellungen und irrationale Reaktionen bei seiner Belegschaft hervorgerufen und/oder verstärkt hätte.

Lösung Fall 32
Mutterschutz und Kündigung

Die Kündigungsschutzklage ist begründet, wenn die Kündigung unwirksam ist.

I. Die zum 31. Juli 2008 ausgesprochene Kündigung könnte sozial ungerechtfertigt und damit unwirksam sein, § 1 Abs. 2, Abs. 3 KSchG.

1. Zur Prüfung der sozial ungerechtfertigten Kündigung bedarf es jedoch überhaupt der Anwendbarkeit des KSchG.

a) Das KSchG findet nach § 23 Abs. 1 S. 3 KSchG nur in denjenigen Betrieben Anwendung, in denen i. d. R. mehr als 5 Arbeitnehmer beschäftigt sind. In der B-GmbH sind einschließlich der A 11 Arbeitnehmer beschäftigt.

Zur Geschichte des Schwellenwerts des § 23 KSchG vgl. Lösung **Fall 29.**

b) Für den jeweiligen Arbeitnehmer ist das KSchG jedoch nur dann anwendbar, wenn sein Arbeitsverhältnis, das gekündigt wurde, mehr als 6 Monate bestanden hat, § 1 Abs. 1 KSchG. Da die A erst am 1. Februar 2008 bei der B-GmbH ihre Tätigkeit aufgenommen hat, findet das KSchG somit keine Anwendung.

Der Zweck der Wartezeit besteht darin, dass der Arbeitnehmer erst nach einer gewissen Dauer der Betriebs- bzw. Unternehmenszugehörigkeit die durch den Kündigungsschutz geschaffene Rechtsposition hinsichtlich des Arbeitsplatzes erwerben soll.

Auf die Frage der sozialen Rechtfertigung der Kündigung aus betriebsbedingten Gründen kommt es daher hier nicht an.

Mithin kann auch die Frage einer Präklusion nach § 7 KSchG dahinstehen.

II. Die Kündigung könnte jedoch unwirksam sein, weil A ihrem Arbeitgeber mitgeteilt hat, dass sie schwanger ist.

1. Die Kündigung gegenüber einer Frau während der Schwangerschaft und bis zum Ablauf von 4 Monaten nach der Entbindung ist unzulässig und damit unwirksam, wenn dem Arbeitgeber zur Zeit der Kündigung die Schwangerschaft oder Entbindung bekannt war oder innerhalb von 2 Wochen nach Zugang der Kündigung mitgeteilt wurde, § 9 Abs. 1 S. 1 MuSchG.

Beachte: Hätte A vorliegend die Frist des § 4 KSchG versäumt, so hätte dies für die Geltendmachung der Unwirksamkeit der Kündigung nach § 9 MuSchG keine Auswirkungen. Die Präklusion nach § 7 KSchG betrifft nach der bis zum 31. 12. 2003 geltenden Rechtslage nur die soziale Rechtfertigung der ordentlichen Kündigung bzw. das Fehlen eines wichtigen Kündigungsgrundes nach § 626 Abs. 1 BGB) oder das Versäumen der Erklärungsfrist nach § 626 Abs. 2 BGB bei einer außerordentlichen Kündigung, nicht aber andere Mängel, wie die Verletzung von § 9 MuSchG, §§ 85 ff SGB IX, § 18 BErzGG, § 2 ArbPlSchG, § 102 BetrVG, § 15 KSchG, § 623 BGB, Sittenwidrigkeit etc. (vgl. HK-KSchG/*Hauck*, § 7 KSchG Rdn. 21; vgl. auch BAG, NZA 2000, 271).

2. Zum Zeitpunkt des Ausspruchs der Kündigung war dem Arbeitgeber der A nicht bekannt, dass diese schwanger war.

3. Fraglich ist hier, ob A ihrem Arbeitgeber innerhalb der 2-Wochen-Frist nach Zugang der Kündigung Mitteilung von der bestehenden Schwangerschaft gemacht hat.

Unter Abwesenden geht die Kündigung dann zu und wird damit wirksam (§ 130 Abs. 1 BGB), wenn sie so in den Machtbereich des Empfängers gelangt ist, dass bei Annahme gewöhnlicher Verhältnisse mit der Kenntnisnahme des Empfängers gerechnet werden kann. Mit dem Einwurf des Kündigungsschreibens in den Briefkasten gelangte die Kündigung in den Machtbereich der A. Der Zugang ist aber bei Einwurf in den Briefkasten erst dann bewirkt, wenn und sobald mit der Leerung zu rechnen ist. Wird die Kündigung erhebliche Zeit nach der allgemeinen Postzustellung in den Wohnungsbriefkasten geworfen, geht sie daher erst am nächsten Tag zu (vgl. BAG, AP Nr. 12 zu § 130). Da vorliegend das Schreiben erst am Abend des 3. Juli 2008 von P in den Briefkasten der A geworfen wurde, ist ein Zugang der Kündigung erst am 4. Juli 2008 gegeben. Die Frist begann daher am 5. Juli 2008 um 0.00 Uhr zu laufen und endete am 18. Juli 2008 um 24.00 Uhr, §§ 187 Abs. 1, 188 Abs. 2 BGB. Die Mitteilungsfrist nach § 9 Abs. 1 MuSchG lief somit zum 18. Juli 2008 aus. Die Mitteilung der A erfolgte jedoch erst am 21. Juli 2008 und war daher verspätet.

Zugegangen ist eine Kündigung auch dann, wenn der Arbeitnehmer verreist oder wegen Urlaub, Krankenhausaufenthalt, Kur, Haft oder ähnlicher Umstände ortsabwesend ist. Auch hier gelangt das Kündigungsschreiben durch den Einwurf in den Briefkasten so in den Machtbereich des Empfängers, dass bei Annahme gewöhnlicher Verhältnisse mit seiner Kenntnisnahme von dem Kündigungsschreiben zu rechnen ist (vgl. HK-KSchG/*Hauck*, § 4 Rdn. 82). Nach der Rechtsprechung kommt es dabei nicht einmal darauf an, ob der Arbeitgeber von der Abwesenheit Kenntnis hatte oder nicht (vgl. BAG, AP Nr. 16 und 17 zu § 130 BGB).

4. Die Fristüberschreitung ist jedoch dann unschädlich, wenn sie auf einem von der Frau nicht zu vertretenden Grund beruht und die Mitteilung unverzüglich nachgeholt wird, § 9 Abs. 1 S. 1 MuSchG.

a) Die A hat bereits am ersten Werktag nach ihrer Rückkehr von der Hochzeitsreise der B-GmbH gegenüber das Bestehen ihrer Schwangerschaft erklärt. Die Mitteilung erfolgte somit zum nächsten der A möglichen Zeitpunkt. Die Mitteilung wurde daher unverzüglich nachgeholt.

b) Fraglich ist jedoch, ob die Fristüberschreitung durch A unverschuldet erfolgt ist, da die A bereits mit Aushändigung ihres Mutterpasses am 2. April 2008 Kenntnis vom Bestehen der Schwangerschaft hatte.

Nach § 5 Abs. 1 MuSchG sollen werdende Mütter dem Arbeitgeber ihre Schwangerschaft und den mutmaßlichen Tag ihrer Entbindung mitteilen, sobald ihnen ihr Zustand bekannt ist. Hiergegen hat A verstoßen. Bei der Bestimmung des § 5 Abs. 1 S. 1 MuSchG handelt es sich jedoch nicht um eine gesetzlich verbindliche Pflicht der Arbeitnehmerin zur Offenbarung ihres Zustandes. Die Fassung als Soll-Vorschrift bedeutet vielmehr eine nachdrückliche Empfehlung an die Frau, im eigenen Interesse dem Arbeitgeber ihren Zustand zu offenbaren, sobald sie ihn kennt (BAG, NZA 1996, 1154, 1156).

Sinn der Mitteilungsfrist des § 9 Abs. 1 MuSchG ist es, der schwangeren Arbeitnehmerin einen ausreichenden zeitlichen Handlungsspielraum zu verschaffen, innerhalb dessen eine nachdrückliche Mitteilung i. d. R. möglich sein soll. Das Gesetz unterscheidet nicht, auf welche Gründe die Fristüberschreitung zurückzuführen war. Es mag zwar der Regelfall sein, dass die Fristüberschreitung wegen Nichtkenntnis von der Schwangerschaft erfolgt, gleichwohl macht es keinen Unterschied, ob die Arbeitnehmerin erst während der 2-Wochen-Frist des § 9 Abs. 1 MuSchG von ihrer Schwangerschaft erfährt und dann schuldlos an der rechtzeitigen Mitteilung gehindert ist oder ob sie zwar von Anfang an Kenntnis von ihrer Schwangerschaft hat, an der Einhaltung der 2-Wochen-Frist aber dadurch gehindert wird, dass ihr das Kündigungsschreiben während einer Auslandsreise an ihrem Wohnort zugeht und sie erst nach Ablauf der 2-Wochen-Frist Kenntnis von der Kündigung erlangt (BAG, NZA 1996, 1154 ff). Eine andere Auslegung des Gesetzes wäre auch im Hinblick auf Art. 6 Abs. 4 GG verfassungsrechtlich bedenklich.

c) Da A bei Antritt ihrer Hochzeitsreise nicht mit einer Kündigung rechnen musste, war die Überschreitung der 2-Wochen-Frist von ihr nicht verschuldet. Der Kündigungsschutz nach § 9 Abs. 1 MuSchG greift daher ein.

Ergebnis: Das Arbeitsgericht wird die Kündigung der B-GmbH für unwirksam erklären und der innerhalb der 3-Wochen-Frist des § 4 S. 1 KSchG (s. o. II 3) erhobenen Klage stattgeben.

Exkurs Trotz Obsiegens in dem Kündigungsschutzprozess hat die A wegen der von ihr zu zahlenden Rechtsanwaltskosten keinen Erstattungsanspruch gegenüber der B-GmbH. Im Urteilsverfahren des ersten Rechtszuges besteht kein Anspruch der obsiegenden Partei auf Entschädigung wegen Zeitversäumnis und auf Erstattung der Kosten für die Hinzuziehung eines Prozessbevollmächtigten oder Beistandes, § 12 a ArbGG.

Lösung Fall 33
Alkohol und Arbeitsvertrag

Entscheidung des Arbeitsgerichts

A. Zulässigkeit der Klage
Nach dem Sachverhalt hat der A beim zuständigen Arbeitsgericht (vgl. § 2 Abs. 1 lit. b ArbGG) Kündigungsschutzklage erhoben. Das für diese Feststellungsklage gem. § 256 Abs. 1 ZPO erforderliche rechtliche Interesse des A ergibt sich bereits aus der Regelung in §§ 4, 7 KSchG. Keine Rolle für die Zulässigkeit der Klage spielt dagegen die Frist des § 4 Abs. 1 KSchG. Denn die Nichteinhaltung der Frist des § 4 Abs. 1 KSchG führt nicht zur Unzulässigkeit der Klage als solche, sondern bedingt die Wirksamkeit der Kündigung nach § 7 KSchG. Nach nunmehr einhelliger Meinung stellt die Frist des § 4 Abs. 1 KSchG eine materiell-rechtliche Ausschlussfrist dar (vgl. bereits Lösung **Fall 32**).

B. Begründetheit der Klage
Die Kündigungsschutzklage ist dann begründet, wenn die Kündigung der B rechtsunwirksam ist. Ein Arbeitsverhältnis kann nach § 626 Abs. 1 BGB aus wichtigen Grund ohne Einhaltung einer Kündigungsfrist gekündigt werden. Eine außerordentliche Kündigung setzt zunächst einen sie rechtfertigenden wichtigen Grund voraus.

I. Grundsätzlich wird das Recht zur außerordentlichen Kündigung durch das Kündigungsschutzgesetz nicht berührt, § 13 Abs. 1 S. 1 KSchG. Eine Ausnahme gilt gem. § 13 Abs. 1 S. 2 KSchG, wonach die Rechtswirksamkeit einer außerordentlichen Kündigung lediglich nach Maßgabe des § 4 S. 1 und der §§ 5 bis 7 KSchG geltend gemacht werden kann. Um die Heilungswirkung des § 7 KSchG zu vermeiden, ist daher jetzt auch bei der außerordentlichen Kündigung unabhängig von der Anwendbarkeit des KSchG nach §§ 1 Abs. 1, 23 Abs. 1 S. 2–4 KSchG jeder Unwirksamkeitsgrund und damit nicht nur, wie unter der Geltung der bis zum 31. 12. 2003 bestehenden Rechtslage, der fehlende wichtige Grund – dazu zählt auch die Überschreitung der Zweiwochenfrist des § 626 Abs. 2 BGB – durch rechtzeitig zu erhebende Kündigungsschutzklage geltend zu machen.

II. Eine Unwirksamkeit der Kündigung aus einem anderen Grund als dem des wichtigen Grundes könnte sich aber aus einer fehlerhaften oder fehlenden Betriebsratsanhörung ergeben.

Gem. § 102 Abs. 1 BetrVG ist der Betriebsrat vor **jeder** Kündigung zu hören. Eine ohne Anhörung des Betriebsrats ausgesprochene Kündigung ist unwirksam, § 102 Abs. 1 S. 3 BetrVG.

Aus dem Sachverhalt ergibt sich allerdings, dass der Betriebsrat ordnungsgemäß angehört worden ist. Eine Unwirksamkeit der Kündigung wegen einer fehlerhaften Betriebsratsanhörung scheidet daher aus.

III. Mangels anderer einschlägiger Unwirksamkeitsgründe kommt es also auf das Vorliegen eines wichtigen Grundes an. Mithin stellt sich die Frage, ob die außerordentliche Kündigung wegen Versäumung der Dreiwochenfrist nach §§ 13 Abs. 1 S. 2; 7 KSchG als von Anfang rechtswirksam gilt.

1. Die Kündigung war dem A am 8. April 2008 zugegangen. Fristbeginn war gem. § 187 Abs. 1 BGB der 9. April 2008. Nach § 188 Abs. 2 BGB endet die Frist drei Wochen später an dem gleichen Wochentag, an dem die Kündigung zugegangen ist. Dies ist hier der 29. April 2008, also der Tag, an dem die Klage – fristgerecht – beim Arbeitsgericht eingegangen ist.

2. Es kommt also auf das Vorliegen eines wichtigen Grundes an. Dieser könnte von vornherein fehlen, wenn die Kündigungsfrist des § 626 Abs. 2 BGB von der B-GmbH & Co. KG nicht eingehalten wurde.

Die Kündigungserklärung der B-GmbH & Co. KG ist dem A am 8. April 2008 zugegangen. Fraglich ist, ob die B damit die Frist des § 626 Abs. 2 BGB eingehalten hat. Die Frist beginnt dann zu laufen, sobald der Arbeitgeber sichere Kenntnis von den Tatsachen hat, die den wichtigen Grund ausmachen. Hier unterrichtete der A die B am 25. März 2008 vom Entzug seiner Fahrerlaubnis. Die Frist zur Aussprache einer außerordentlichen Kündigung begann damit gem. § 187 Abs. 1 BGB am 26. März 2008 um 0.00 Uhr zu laufen. Fristende war demnach gem. § 188 Abs. 2 BGB am 8. April 2008 um 24.00 Uhr. Die Kündigungserklärung der B ist dem A genau am 8. April 2008, also rechtzeitig zugegangen. Die Frist des § 626 Abs. 2 BGB wurde daher gewahrt.

3. Die Prüfung des Vorliegens eines wichtigen Grundes vollzieht sich in zwei Schritten: Zunächst muss geprüft werden, ob überhaupt ein wichtiger Grund i. S. d. § 626 Abs. 1 BGB gegeben ist; anschließend ist zu untersuchen, ob es dem Arbeitgeber unzumutbar ist, das Arbeitsverhältnis wegen eines solchen wichtigen Grundes fortzusetzen.

a) Es müssten Tatsachen vorliegen, die geeignet sind, einen wichtigen Grund abzugeben.

aa) Als wichtiger Grund könnte hier der Entzug der Fahrerlaubnis angesehen werden. Der Entzug einer Fahrerlaubnis stellt zwar für sich gesehen noch keinen wichtigen Grund i. S. d. § 626 Abs. 1 BGB dar, etwas anderes gilt allerdings dann, wenn der Arbeitnehmer zur Erbringung seiner im Arbeitsvertrag geschuldeten Leistung die Fahrerlaubnis benötigt.

Die Erbringung der arbeitsvertraglich geschuldeten Leistung ist Grundlage für das Arbeitsverhältnis. Wenn nun ein Arbeitnehmer auf Grund eigenen Verhaltens nicht mehr in der Lage ist, seine arbeitsvertraglich geschuldete Leistung für einen erheblichen Zeitraum zu erbringen, kann darin ein wichtiger Grund i. S. v. § 626 Abs. 1 BGB liegen.

bb) A war bei der B als LKW-Fahrer beschäftigt. Seine spezielle Tätigkeit ist es, das Großgerät, welches nicht am allgemeinen Straßenverkehr teilnehmen kann, mittels eines Tiefladers von einer Baustelle zur anderen zu bringen. Dies stellte seine hauptsächliche überwiegende Tätigkeit dar.

Voraussetzung für derartige Überführungstätigkeiten ist das Innehaben der hierfür erforderlichen Fahrerlaubnis. Ohne Führerschein ist der A demnach nicht in der Lage, seine arbeitsvertraglich geschuldete Leistung für die B-GmbH & Co KG zu erbringen.

Die Unmöglichkeit der Leistungserbringung seitens des A beruhte auf seinem eigenen Verhalten, da dieser schuldhaft eine Straftat begangen hatte. Unerheblich ist in diesem Zusammenhang, dass der Verlust der Fahrerlaubnis auf einen außerdienstlichen Umstand zurückzuführen war. Abzustellen ist ausschließlich darauf, dass der A wegen des Entzugs der Fahrerlaubnis nicht mehr in der Lage ist, seine vertraglich geschuldete Leistung zu erbringen.

Die Unmöglichkeit der Leistungserbringung hat A durch sein schuldhaftes Verhalten selbst herbeigeführt.

cc) Der Zeitraum der Entziehung der Fahrerlaubnis mit einem Jahr ist auch als erheblich anzusehen.

b) Zu prüfen ist nun, ob die Arbeitgeberin vor Aussprache der Kündigung nicht zu einem anderen Mittel hätte greifen müssen (ultima ratio-Prinzip).

Die Beförderung der Baumaschinen mit dem LKW stellt die arbeitsvertraglich geschuldete Leistung von A dar. Die Unmöglichkeit der Leistungserbringung durch den A selbst ist deshalb eine Störung im Leistungsbereich. Bei derartigen Störungen im Leistungsbereich hat nach ständiger Rechtsprechung des BAG einer Kündigung wegen des ultima ratio-Prinzips zunächst eine Abmahnung vorauszugehen.

Hier könnte jedoch ausnahmsweise eine Abmahnung als entbehrlich angesehen werden. Zur Beurteilung dieser Frage ist es erforderlich, sich über den Sinn und Zweck einer derartigen Abmahnung klar zu werden. Eine Abmahnung verfolgt mehrere Zwecke. Einerseits hat die Abmahnung Hinweisfunktion; dies bedeutet, dass dem Arbeitnehmer durch die Abmahnung sein Fehlverhalten vor Augen geführt werden soll. Zugleich hat die Abmahnung auch Warnfunktion, d. h., dem Arbeitnehmer soll für den Wiederholungsfall die mögliche Konsequenz, hier der Verlust des Arbeitsplatzes durch Kündigung, vor Augen geführt werden.

Schließlich ist festzuhalten, dass die Abmahnung auch noch eine dritte Funktion erfüllt, nämlich die sog. Dokumentations- oder Beweisfunktion. Mit der Abmahnung soll in einem späteren Kündigungsschutzprozess das Fehlverhalten des Arbeitnehmers bzw. die Gründe, die zu einer Kündigung geführt haben, bewiesen werden (vgl. zur Abmahnung *Schaub*, Arbeitsrechtshandbuch, 12. Aufl., § 132).

Hier könnte eine Abmahnung aber deshalb für entbehrlich gehalten werden, weil sie ihre Funktionen nicht mehr hätte erfüllen können. Denn der Zweck der Abmahnung war hier nicht mehr zu erreichen. Das Fehlverhalten des A hatte bereits stattgefunden. Selbst wenn er sein Verhalten ändern würde, wäre er für die Zeit des Führerscheinentzugs nicht mehr in der Lage, seine arbeitsvertraglich geschuldete Leistung zu erbringen.

Daher liegen hier die Voraussetzungen vor, bei denen bei einer Störung im Leistungsbereich eine Abmahnung ausnahmsweise nicht erforderlich ist.

c) Fraglich ist nun, inwieweit sich das Angebot des A, einen Freund für ein Jahr unentgeltlich statt seiner als LKW-Fahrer einzusetzen, auf die Rechtmäßigkeit der Kündigung auswirkt.

Möglicherweise war die B verpflichtet gewesen, auf das Angebot des A einzugehen. Dies ist aber deshalb abzulehnen, weil der Arbeitnehmer grundsätzlich seine Leistung höchstpersönlich zu erbringen hat, § 613 S. 1 BGB. Es ist allein Sache des Arbeitgebers, sich seine Arbeitnehmer auszusuchen. Dabei kommt es maßgeblich darauf an, ob der Arbeitgeber den Arbeitnehmer für geeignet hält und ob er mit ihm zusammenarbeiten möchte (BAG, NZA 1987, 699 f). Die B-GmbH & Co. KG muss sich deshalb nicht auf den Vorschlag des A, dass sein Freund die Fahrtätigkeit übernehmen würde, verweisen lassen.

d) Weiterhin ist zu prüfen, ob die von A seit dem 13. April 2006 bestehende Krankschreibung Auswirkungen auf den wichtigen Grund haben könnte. Dies wäre deshalb zu überlegen, weil der A deshalb seine Arbeitsleistung für unabsehbare Zeit ohnehin nicht hätte erbringen können.

Derartige Fälle werden unter dem Begriff des rechtmäßigen Alternativverhaltens behandelt. Davon wird dann gesprochen, wenn sich die fehlende Fahrerlaubnis letztlich gar nicht auf das Arbeitsverhältnis ausgewirkt hätte, der A also auch bei Fortbestand der Fahrerlaubnis nicht hätte arbeiten können.

Fraglich ist daher, auf welchen Zeitpunkt für eine solche Beurteilung abzustellen ist. Maßgeblich für die Beurteilung der Rechtswirksamkeit einer Kündigung ist der Zeitpunkt der Kündigungserklärung (BAG, NZA 1987, 699 f). Nichts anderes kann für die Beurteilung eines Falles des rechtmäßigen Alternativverhaltens gelten. Zu dem Zeitpunkt, als dem A die Kündigung zuging, also am 8. April 2008, war dieser noch arbeitsfähig. Es war für die B auch nicht vorhersehbar, dass der A in einigen Tagen arbeitsunfähig werden würde. Außerdem kann nicht vorhergesagt werden, wie lange sich die Arbeitsunfähigkeit hinziehen wird, so dass es auch noch jetzt durchaus möglich wäre, dass der A früher wieder arbeitsfähig wird, als der Entzug der Fahrerlaubnis andauert.

e) Ein wichtiger Grund i. S. d. § 626 Abs. 1 BGB ist daher zu bejahen.

2. Nunmehr ist eine Interessenabwägung durchzuführen. Es müsste für die B unzumutbar sein, den A bis zum Ablauf der Kündigungsfrist weiterzubeschäftigen. Dabei ist zu beachten, dass es sich um eine Leistungsstörung von erheblicher Intensität handelte. Der A war wegen des Verlustes der Fahrerlaubnis nicht in der Lage, seine arbeitsvertraglich geschuldete Leistung überhaupt zu erbringen. Diese Unmöglichkeit der Leistungserbringung trat auch sofort mit dem Entzug der Fahrerlaubnis ein.

Unter diesen Umständen war es der B nicht zumutbar, den A bis zum Ablauf der Kündigungsfrist weiterzubeschäftigen.

3. Damit sind die Tatbestandsvoraussetzungen des § 626 Abs. 1 BGB gegeben.

V. Die Klage des A ist unbegründet.

Ergebnis: Das Arbeitsgericht wird die Kündigungsschutzklage des A als unbegründet abweisen.

Lösung Fall 34
Die Verdachtskündigung

Frage 1: Begründetheit der Kündigungsschutzklage

I. Die Kündigungsschutzklage des A ist dann begründet, wenn die Kündigung der B sozial ungerechtfertigt ist, § 1 Abs. 1 KSchG.

1. Die Klage des A wurde am 13. 2. 2008 und damit innerhalb von drei Wochen nach Zugang der Kündigung (2. 2. 2008) eingelegt, so dass eine Präklusion nach den §§ 4, 7 KSchG ausscheidet.

2. Sozial ungerechtfertigt ist die Kündigung, wenn sie nicht durch Gründe, die in der Person oder in dem Verhalten des Arbeitnehmers liegen, bedingt ist, § 1 Abs. 2 S. 1 KSchG.

Betriebsbedingte Gründe für die Kündigung scheiden von vornherein aus. Zu prüfen ist hier also das Vorliegen eines personen- oder verhaltensbedingten Kündigungsgrundes.

a) Personenbedingte Gründe zur Kündigung sind solche, die auf den persönlichen Eigenschaften und Fähigkeiten des Arbeitnehmers beruhen. Hierzu zählen vor allem mangelnde körperliche und geistige Eignung. Die Grenzziehung zu verhaltensbedingten Kündigungsgründen kann im Einzelfall schwierig sein (*Schaub*, Arbeitsrechtshandbuch, 12. Aufl., § 131 Rdn. 12).

Der A verfügt über die notwendigen Fähigkeiten, seinen Arbeitsplatz auszufüllen. Annahmen für eine krankhafte Neigung des A, fremdes Eigentum nicht zu respektieren, enthält der Sachverhalt nicht. Eine Kündigung aus personenbedingten Gründen liegt hier nicht vor.

b) Fraglich ist, ob hier eine Kündigung aus verhaltensbedingten Gründen gegeben ist. Der A wird von B verdächtigt, Materialien im Wert von 5000,– € an sich genommen zu haben.

Ob eine Kündigung wegen des Verdachts einer strafbaren Handlung zulässig ist, ist im neueren Schrifttum umstritten (vgl. *Schaub*, Arbeitsrechtshandbuch, 12. Aufl., § 127

Rdn. 136 ff). In der Rechtsprechung wird diese Zulässigkeit allerdings bejaht, da auch der Verdacht schon das für ein Arbeitsverhältnis notwendige Vertrauensverhältnis zerstören kann. Für die Zulässigkeit einer Verdachtskündigung hat die Rechtsprechung allerdings mehrere Voraussetzungen herausgearbeitet (BAG, AP Nr. 1, 5, 9, 13 zu § 626 BGB, Verdacht strafbarer Handlungen):

aa) Der Verdacht muss sich auf ein schweres, für das Arbeitsverhältnis erhebliches Fehlverhalten richten.

bb) Der Verdacht muss dringend und von erheblichem Gewicht sein.

cc) Für den Verdacht müssen objektiv nachweisbare Tatsachen vorliegen.

dd) Der Arbeitgeber muss alles Zumutbare getan haben, um den Verdacht aufzuklären.

c) Für den vorliegenden Fall bedeutet dies im Einzelnen:

aa) Der Verdacht der B bezieht sich hier auf die unberechtigte Materialunterschlagung durch den A. A war als Lagerarbeiter für das Materiallager allein verantwortlich. Er nahm somit eine erhöhte Vertrauensposition ein. An Personen, die derartige Tätigkeiten ausüben, sind erhöhte Anforderungen bezüglich der Zuverlässigkeit zu stellen.

Der Verdacht einer strafbaren Handlung kann nur dann eine Verdachtskündigung rechtfertigen, wenn das Vorliegen der Straftat selbst eine Kündigung rechtfertigen könnte. So könnte beispielsweise eine Trunkenheitsfahrt im Verkehr die Kündigung eines Fabrikarbeiters nicht rechtfertigen. Die Kündigung wegen des Verdachts einer Trunkenheitsfahrt würde daher den Bestand des Arbeitsverhältnisses nicht berühren.

Hier aber geht es um den Verdacht einer Unterschlagung bei einem Lagerverwalter. Eine nachgewiesene Unterschlagung würde hier eine Kündigung rechtfertigen.

Die dem A vorgeworfene Tat stellt ein schweres, für das Arbeitsverhältnis erhebliches Fehlverhalten dar.

bb) Für den Verdacht trägt die B dringende und erhebliche Gründe vor. Die Ausgabe von Material aus dem von A überwachten Lager erfolgt nur gegen entsprechende Belege. A war allein verantwortlich. Gleichwohl stellte sich bei der Inventur ein Fehlbestand von Waren im Werte von 5000,– € heraus.

Daher wird der Verdacht als dringend und auch als von erheblichem Gewicht zu beurteilen sein.

cc) Der Fehlbestand im Lager ist auch objektiv anhand der Inventur nachweisbar. Der Warenausgang erfolgte nur gegen entsprechende Belege. Daher war der Warenausgang auch einzeln nachvollziehbar. Wenn nun Fehlbestände aufgetreten sind, ohne dass hierfür Belege vorhanden waren, so stellt dies einen objektiv nachweisbaren Umstand zu Lasten des A dar. Damit ist auch diese Voraussetzung für eine Verdachtskündigung gegeben.

dd) Die B hätte weiterhin alles Zumutbare tun müssen, um den Verdacht aufzuklären. Hierzu ist grundsätzlich die Anhörung des betroffenen Arbeitnehmers geboten. Das schuldhafte Unterbleiben der Anhörung des Arbeitnehmers hat i. d. R. die Unwirksamkeit der Kündigung zur Folge. Etwas anderes gilt jedoch dann, wenn der betroffene Arbeitnehmer eine Anhörung von vornherein ablehnt bzw. nicht bereit ist, sich zu den Verdachtsgründen substantiiert zu äußern (HK-KSchG/*Dorndorf*, § 1 Rdn. 848).

Die B versuchte, den A zu den Vorwürfen anzuhören. A lehnte jedoch ab, sich hierzu zu äußern. Ihn interessiere jedenfalls die Sachlage nicht.

Die B hatte daher alles Erforderliche getan, um dem A Gelegenheit zu geben, den Verdacht auszuräumen bzw. dazu Stellung zu nehmen.

g) Damit sind die Voraussetzungen für eine Verdachtskündigung gegeben (vgl. zur Verdachtskündigung auch *Appel/Gerken,* ArbuR 1995, 201 ff; *Busch*, MDR 1995, 217 ff; *Schütte,* NZA-Beil. 2/91, 17 ff).

3. Fraglich ist jedoch, ob sich die B im Prozess überhaupt auf das Vorliegen einer Kündigung aus verhaltensbedingten Gründen, hier wegen des Verdachts der Unterschlagung, berufen durfte. Denn in der Kündigungserklärung, die dem A am 2. Februar 2006 zuging, war ein solcher Kündigungsgrund nicht genannt. Dies war aber auch nicht erforderlich. Maßgeblich für die Wirksamkeit einer Kündigung ist lediglich, dass ein Kündigungsgrund zum Zeitpunkt der Kündigungserklärung tatsächlich vorgelegen hatte.

Deshalb können auch in einem späteren Kündigungsschutzprozess Kündigungsgründe nachgeschoben werden, ohne dass dies die materiell-rechtliche Wirksamkeit der Kündigung berührt. Entscheidend ist, dass die – nachgeschobenen – Kündigungsgründe bereits zum Zeitpunkt der Kündigungserklärung vorgelegen haben.
Eine Ausnahme von dem Grundsatz, dass das Nachschieben von Kündigungsgründen grundsätzlich zulässig ist, besteht bei der außerordentlichen Kündigung von zu ihrer Berufsausbildung Beschäftigten, § 22 Abs. 3 BBiG. Besonderheiten gelten auch bei Bestehen eines Betriebsrats. Hier ist ein Nachschieben nur möglich, wenn der Arbeitgeber den Betriebsrat dazu angehört hat, da der Betriebsrat vor Ausspruch der Kündigung vollständig unterrichtet sein muss, § 102 Abs. 1 S. 2 BetrVG (*Schaub*, Arbeitsrechtshandbuch, 12. Aufl., § 124 Rdn. 25 ff). Zulässig ist ein Nachschieben von Kündigungsgründen aber wiederum dann, wenn der nachgeschobene Kündigungsgrund zwar zum Kündigungszeitpunkt bestanden hat, dem Arbeitgeber aber erst später bekannt geworden ist. Voraussetzung ist dann aber eine partielle erneute Anhörung des Betriebsrats in entsprechender Anwendung des § 102 Abs. 1 BetrVG (vgl. HK-KSchG/*Höland*, § 1 Anh. 1 Rdn. 30).

Unabhängig davon ist verfahrensrechtlich § 61 a ArbGG bzw. außerhalb des Kündigungsverfahrens § 56 ArbGG zu beachten.

Der Kündigungsgrund des Verdachts einer Unterschlagung durch den A war zum Zeitpunkt der Kündigungserklärung bekannt. Damit liegt hier ein zulässiges Nachschieben von Kündigungsgründen im Prozess vor. Die B konnte sich hierauf berufen.

Zwischenergebnis: Die Kündigung war daher im Verhalten des A bedingt. Sie war nicht sozial ungerechtfertigt.

II. Die Kündigung könnte aber aus einem anderen Grunde rechtsunwirksam sein. Wenn dies der Fall wäre, spielte die soziale Rechtfertigung der Kündigung keine Rolle, die Kündigungsschutzklage müsste aber auch dann, wie sich aus der seit dem 1. 1. 2004 geltenden Neufassung des § 4 S. 1 KSchG ergibt, rechtzeitig erhoben werden. Dies ist hier geschehen.

1. Die Unwirksamkeit der Kündigung könnte sich hier aus § 102 Abs. 1 S. 3 BetrVG ergeben. Danach ist der Betriebsrat vor jeder Kündigung zu hören. Der Arbeitgeber hat bei der Anhörung dem Betriebsrat die Gründe für die Kündigung mitzuteilen. Eine ohne Anhörung des Betriebsrats ausgesprochene Kündigung ist unwirksam, § 102 Abs. 1 S. 3 BetrVG.

a) Fraglich ist, ob hier eine ordnungsgemäße Anhörung des Betriebsrats erfolgt ist. Die B hatte nämlich dem Betriebsrat am 15. Januar 2008 lediglich mitgeteilt, dass sie dem A kündigen würde, weil nach dessen Aussage für sie feststehe, dass er die fehlenden Materialien unberechtigt an sich genommen habe. Der Betriebsrat hat sich hierzu nicht geäußert.

b) Die Nichtäußerung des Betriebsrats steht einer ordnungsgemäßen Anhörung allerdings nicht entgegen. Dies ergibt sich bereits aus dem Wortlaut des § 102 Abs. 2 BetrVG. Äußert sich der Betriebsrat innerhalb der Anhörungsfrist nicht, so gilt seine Zustimmung zur Kündigung als erteilt, § 102 Abs. 2 S. 2 BetrVG.

c) Die Unwirksamkeit der Anhörung des Betriebsrats könnte sich hier jedoch daraus ergeben, dass die B dem Betriebsrat mitgeteilt hatte, für sie stehe die Unterschlagung durch den A fest. Im Prozess hatte sich die B jedoch auf den Verdacht der Unterschlagung berufen. Der Verdacht einer Unterschlagung stellt jedoch einen anderen Grund als die behauptete tatsächlich begangene Unterschlagung dar. Der Betriebsrat war daher nicht zum Verdacht der Unterschlagung als Kündigungsgrund angehört worden, sondern vielmehr zum Vorliegen einer Straftat als Kündigungsgrund. Dies stellt einen anderen Sachverhalt dar. Die Mitteilung, einem Arbeitnehmer solle wegen des Verdachts einer strafbaren Handlung gekündigt werden, gibt dem Betriebsrat weit stärkeren Anlass für ein umfassendes Tätigwerden im Anhörungsverfahren als eine Anhörung wegen einer als erwiesen behaupteten Handlung (BAG, NZA 1986, 677, 678).

Der B war der Kündigungsgrund des Verdachtes einer Straftat bereits zum Zeitpunkt der Betriebsratsanhörung bekannt. Eine Anhörung nach § 102 BetrVG ist im Hinblick auf eine Verdachtskündigung allerdings nicht erfolgt. Somit lag eine ordnungsgemäße Anhörung des Betriebsrats in diesem Sinne nicht vor.

2. Die Kündigung ist aus diesem Grund rechtsunwirksam.

Ergebnis: Die Kündigungsschutzklage des A ist begründet.

2. Frage: Möglichkeiten des A, das Arbeitsverhältnis nicht fortzusetzen

1. Auflösungsantrag nach § 9 KSchG

Das KSchG bezweckt den Fortbestand des Arbeitsverhältnisses. Eine Ausnahme von diesem Bestandsschutz regelt § 9 KSchG. Unter den in dieser Vorschrift festgelegten Voraussetzungen hat das Arbeitsgericht das Arbeitsverhältnis auf Antrag aufzulösen. Dies findet seine Rechtfertigung darin, dass nicht in allen Fällen der Unwirksamkeit der Arbeitgeberkündigung die Fortsetzung des Arbeitsverhältnisses den Interessen der Arbeitsvertragsparteien entspricht. Als finanziellen Ausgleich für den Verlust des Arbeitsplatzes ist der Arbeitgeber zur Zahlung einer nach § 10 KSchG zu bemessenden Abfindung an den Arbeitnehmer zu verurteilen.

§ 9 gilt jedoch grundsätzlich nur für die wegen Sozialwidrigkeit unwirksame ordentliche Arbeitgeberkündigung im Geltungsbereich des KSchG.

Nach Maßgabe des § 13 Abs. 1 S. 3 KSchG ist die Auflösung des Arbeitsverhältnisses durch Gestaltungsurteil des Arbeitsgerichts aber auch für die außerordentliche Arbeitgeberkündigung und nach Maßgabe des § 13 Abs. 2 S. 2 KSchG für die sittenwidrige Kündigung möglich.

Eine gerichtliche Auflösung nach § 9 KSchG kommt dagegen gerade nicht in Betracht, wenn die ordentliche Kündigung allein aus anderen Gründen unwirksam ist, die Sozialwidrigkeit nach § 1 KSchG aber nicht festgestellt werden kann (vgl. HK-*Hauck*, § 9 Rdn. 18). Dies ergibt sich zwar nicht aus dem Wortlaut des § 9 Abs. 1 S. 1 KSchG, wohl aber aus § 9 Abs. 2 KSchG. Nach dieser durch das Gesetz zu Reformen am Arbeitsmarkt unverändert gebliebenen Vorschrift hat das Gericht für die Auflösung den Zeitpunkt festzulegen, „an dem es bei sozial gerechtfertigter Kündigung geendet hätte." Die Nichterstreckung der Auflösungsmöglichkeit auf andere Nichtigkeitsgründe als die sozial ungerechtfertigte Kündigung ist kein redaktionelles Versehen des Gesetzgebers. Dies folgt schon aus den Regelungen in § 13 Abs. 1 S. 2–4 KSchG für die außerordentliche Kündigung, insbesondere aber aus § 13 Abs. 2 KSchG, wonach § 9 Abs. 1 S. 1, Abs. 2 KSchG auf den Nichtigkeitsgrund der Sittenwidrigkeit entsprechend anwendbar ist – und damit weitere Unwirksamkeitsgründe von dieser Vorschrift ausgeschlossen sind.

Da vorliegend die Sozialwidrigkeit der Kündigung aber gerade nicht gegeben ist, scheidet also eine Auflösung nach § 9 KSchG aus.

2. Aufhebungsvertrag/-vergleich

Da vorliegend auch der B ein Interesse daran haben könnte, den A nicht weiter zu beschäftigen, besteht die Möglichkeit, dass sich beide auf einen Aufhebungsvertrag einigen. Hierdurch könnten beide das Arbeitsverhältnis einvernehmlich lösen und A die Zahlung einer Abfindung erreichen, mithin also ein Ausgleich der gegenläufigen Interessen von Arbeitgeber und Arbeitnehmer erzielt werden.

Abfindungen sind nach § 3 Ziff. 9 EStG bis zu bestimmten Grenzen steuerfrei. Außerhalb der Auflösung des Arbeitsverhältnisses nach §§ 9, 10 KSchG ist aber Voraussetzung, dass das Arbeitsverhältnis „auf Veranlassung des Arbeitgebers" aufgelöst wurde. In der gesetzlichen Sozialversicherung sind Abfindungen beitragsfrei. Nach Maßgabe des § 143 a SGB III kann es aber zum Ruhen des Anspruchs auf Arbeitslosengeld kommen, und unter den Voraussetzungen des § 144 SGB III kann die Zahlung des Arbeitslosengeldes gesperrt sein.

Seit dem 1. Mai 2000 ist auch für den Aufhebungsvertrag die Form des § 623 BGB zu beachten. Ist ein Kündigungsprozess anhängig, kann der Aufhebungsvertrag in einem gerichtlichen oder außergerichtlichen Vergleich abgeschlossen werden.

Lösung Fall 35
Die Änderungskündigung

Frage 1: Reaktionsmöglichkeiten der A

Die W-AG hat der A gekündigt, ihr aber gleichzeitig das Angebot gemacht, das Arbeitsverhältnis unter geänderten Bedingungen fortzusetzen. Diese Art der Kündigung bezeichnet man als Änderungskündigung. Möglich wäre insofern auch die Konstruktion einer Kündigung unter der auflösenden Bedingung der Annahme der geänderten Arbeitsbedingungen.

Die Änderungskündigung ist wie jede andere Kündigung eine einseitige empfangsbedürftige Willenserklärung. Sie unterliegt den gleichen Kündigungsbeschränkungen wie die Beendigungskündigung, wie etwa §§ 85 ff SGB IX, § 9 MuSchG, § 18 BEEG, und bedarf seit dem 1. Mai 2000 nach § 623 BGB der Schriftform. Im Geltungsbereich des KSchG muss die Änderungskündigung zudem sozial gerechtfertigt sein, vgl. §§ 2, 4 S. 2 KSchG.

Da auf das Arbeitsverhältnis der A mit der W-AG das KSchG anwendbar ist (vgl. §§ 1, 23 KSchG), ergeben sich für sie folgende Möglichkeiten:

1. Sie kann die Änderung hinnehmen. Dann ändert sich der Arbeitsvertrag entsprechend und wird mit dem neuen Inhalt fortgeführt.

2. Sie kann die Änderung ablehnen und die Kündigung hinnehmen. In diesem Fall endet das Arbeitsverhältnis mit Ablauf der Kündigungsfrist.

3. Die A kann aber auch die angebotene Änderungskündigung unter dem Vorbehalt annehmen, dass die Änderung sozial gerechtfertigt ist. Der Vorteil dieser Vorgehensweise liegt darin, dass die A ihren Arbeitsplatz auf keinen Fall verliert, trotzdem aber gem. § 2 KSchG die Prüfung der Sozialwidrigkeit der Änderung erreichen kann. Nach § 4 S. 2 KSchG ist in diesem Fall eine Änderungsschutzklage mit dem Antrag auf Feststellung zu erheben, dass die Änderung der Arbeitsbedingungen sozial ungerechtfertigt ist. Ist die Klage begründet, so bleiben die alten Arbeitsbedingungen bestehen, ist die Klage dagegen unbegründet, gelten die neuen Bedingungen. Ein Auflösungsantrag nach § 9 KSchG ist nicht möglich.

Die Erklärung des Vorbehalts muss gem. § 2 S. 2 KSchG innerhalb der Kündigungsfrist, spätestens jedoch binnen drei Wochen erhoben werden.

Da die Kündigungsfrist grundsätzlich nicht kürzer als drei Wochen ist (vgl. § 622 Abs. 1 BGB), gilt i. d. R. die Dreiwochenfrist. Eine Ausnahme bestünde nur dann, wenn die Kündigungsfrist durch Tarifvertrag (vgl. § 622 Abs. 4 BGB) unter drei Wochen verkürzt worden wäre.

Die Erklärung des Vorbehalts kann nicht nur schriftlich oder mündlich, sondern auch schlüssig, etwa durch die Erhebung einer Änderungsschutzklage mit dem Feststellungsantrag, dass die Änderung der Arbeitsbedingungen nicht sozial gerechtfertigt ist, erfolgen (vgl. HK-KSchG/*Weller/Hauck*, § 2 Rdn. 101).

Wird die Annahme unter Vorbehalt in der Klageschrift erklärt, ist zu beachten, dass es für die Einhaltung der Dreiwochenfrist nicht auf den Zeitpunkt der Klageeinreichung, sondern den der Zustellung beim Arbeitgeber ankommt. § 270 Abs. 3 ZPO findet insofern keine Anwendung, da die Vorschrift nur dann eingreift, wenn zur Wahrung der Frist gerade eine Klageerhebung erforderlich ist. Dies ist bei der Vorbehaltserklärung jedoch nicht der Fall (BAG, NZA 1998, 1225).

4. Schließlich kann die A auch die Änderung ablehnen und gegen die Kündigung unter den allgemeinen Voraussetzungen der § 4 S. 1 KSchG Kündigungsschutzklage erheben. In diesem Fall steht nur noch der Bestand des Arbeitsverhältnisses zu den bisherigen Arbeitsbedingungen in Frage. Wie bei der normalen Beendigungskündigung würde die A das volle Risiko für den Verlust des Arbeitsplatzes tragen. Nach h. M. gilt dabei der gleiche Prüfungsmaßstab wie im Rahmen des § 2 S. 2 KSchG, d. h., die Klage ist schon dann unbegründet, wenn die Änderung der Arbeitsbedingungen sozial gerechtfertigt war (BAG, AP Nr. 1 zu § 626 BGB Änderungskündigung; *Schaub*, Arbeitsrechtshandbuch, 12. Aufl., § 137 Rdn. 35 ff; diff. MünchArbR/*Berkowsky*, § 152 Rdn. 16 ff). Das Angebot zur Fortsetzung des Arbeitsverhältnisses zu geänderten Bedingungen wird also zu Gunsten des Arbeitgebers berücksichtigt.

Eine Auflösung des Arbeitsverhältnisses nach § 9 KSchG ist in diesem Verfahren möglich.

Frage 2: Begründetheit der Klage

Die Begründetheit der Änderungsschutzklage nach §§ 2, 4 S. 2 KSchG hängt davon ab, dass die Kündigung form- und fristgemäß erfolgte und dass die Änderungskündigung sozial gerechtfertigt ist. Bei der Prüfung der sozialen Rechtfertigung ist dabei auf das Änderungsangebot und seine soziale Rechtfertigung abzustellen.

Das würde selbst im Fall der Ablehnung des Änderungsangebots im Rahmen der Kündigungsschutzklage nach § 4 S. 1 KSchG gelten (vgl. BAG, AP Nr. 1 zu § 626 BGB Änderungskündigung).

1. Auch die Änderungskündigung wird vom Formerfordernis des § 623 BGB erfasst (vgl. *Schaub*, NZA 2000, 344, 347). Indem der Prokurist P der A ein Kündigungsschreiben aushändigte, bestehen insofern aber keine Bedenken.

Bei einseitigen Rechtsgeschäften eines Bevollmächtigten, d.h. eines Vertreters, dessen Vertretungsmacht auf Rechtsgeschäft beruht (vgl. § 166 Abs. 2 S. 1 BGB), sind grundsätzlich die §§ 174, 180 BGB zu beachten. Nach § 174 S. 1 BGB ist das einseitige Rechtsgeschäft unwirksam, wenn der Bevollmächtigte keine Vollmachtsurkunde vorlegt und der Geschäftsgegner das Rechtsgeschäft aus diesem Grunde unverzüglich (vgl. § 121 Abs. 1 BGB) zurückweist. Eine Zurückweisung ist jedoch gem. § 174 S. 2 BGB ausgeschlossen, wenn der Vollmachtgeber den Geschäftsgegner von der Bevollmächtigung in Kenntnis setzt. Dem steht es gleich, wenn der Bevollmächtigte eine Stelle einnimmt, die üblicherweise mit einer entsprechenden Vollmacht ausgestattet ist. Daher besteht kein Zurückweisungsrecht, wenn der Arbeitsvertrag vom Leiter der Personalabteilung (BAG, NJW 1993, 1286) oder, wie hier, vom Prokuristen gekündigt wird (BAG, DB 1992, 895).

2. Die materielle Präklusionsfrist der §§ 4 S. 1, 7 KSchG wurde gewahrt.

3. Die Überprüfung der sozialen Rechtfertigung erfolgt nach der Rechtsprechung des BAG in zwei Stufen (vgl. BAG, AP Mr. 49 zu § 2 KSchG 1969):

Zunächst ist zu prüfen, ob ein Grund vorliegt, der an sich geeignet ist, eine Änderung des Vertragsinhalts sozial zu rechtfertigen. Hierbei sind die nach § 1 Abs. 2 KSchG in Betracht kommenden Gründe heranzuziehen.

Auf der zweiten Stufe ist zu prüfen, ob der Arbeitnehmer die ihm angebotene Vertragsänderung billigerweise hätte annehmen müssen.

4. Auf den Fall angewendet bedeutet dies:
Die Kündigung könnte aus betriebsbedingten Gründen i. S. v. § 1 Abs. 2 KSchG sozial gerechtfertigt sein. Die Kündigung ist demzufolge daran zu messen, ob dringende betriebliche Erfordernisse gem. § 1 Abs. 2 KSchG das Änderungsangebot bedingen und ob der Arbeitgeber sich bei einem an sich anerkennenswerten Anlass zur Änderungskündigung darauf beschränkt hat, nur solche Änderungen vorzuschlagen, die der Arbeitnehmer billigerweise hinnehmen muss (st. Rechtsprechung, z. B. BAG, NZA 1992, 120).

a) Dringende betriebliche Gründe könnten sich vorliegend aus dem Straffungsprogramm der W-AG ergeben. Organisatorische Maßnahmen des Arbeitgebers, bei deren Umsetzung das Bedürfnis für die Weiterbeschäftigung eines oder mehrerer Arbeitnehmer überhaupt oder unter Zugrundelegung des Vertragsinhalts für den bisherigen Einsatz entfällt, können grundsätzlich einen dringenden betrieblichen Grund darstellen (vgl. BAGE 28, 131, 133). Dabei kann die unternehmerische Entscheidung des Arbeitgebers selbst nur daraufhin überprüft werden, ob sie offenbar unvernünftig oder willkürlich ist (BAGE 31, 157, 162). Die hier vorliegenden Kostengesichtspunkte sind indes als sachlicher Grund anerkannt (vgl. BAG, NZA 1990, 946), so dass eine offenbare Unvernünftigkeit oder Willkür ausscheidet.

b) Im Ermessen des Arbeitgebers liegt auch die Entscheidung, mit welcher Anzahl von Arbeitskräften er nach Durchführung des innerbetrieblichen Organisationsaktes die verbleibende Arbeitsmenge durchführen lässt. Die Bestimmung, ob ein umfangmäßig konkretisierter Dienstleistungsbedarf nur mit Volltags- oder teilweise auch mit Halbtagsbeschäftigten abgedeckt werden soll, gehört zum Bereich der „Unternehmenspolitik". Dies verstößt auch nicht gegen den Sinn und Zweck des KSchG. Zwar würde die A bei einer Anpassung der Belegschaft an den verminderten Arbeitsbedarf durch Beendigungskündigungen ihre volle Arbeitszeit und ihren vollen Verdienst behalten, da sie sozial schwächer ist als die B. Aus § 1 Abs. 3 KSchG ergibt sich jedoch nicht, dass ein Arbeitskräfteüberhang allein durch Beendigungskündigungen abgebaut werden kann. Geschütztes Rechtsgut des KSchG ist das Arbeitsverhältnis, das in § 1 KSchG gegen seine Beendigung und in § 2 KSchG gegen die Änderung seines Inhalts geschützt wird. Rechtstechnisch erfolgt dieser Schutz aber allein durch die an materielle Gründe gebundenen Beschränkungen der Kündigungsbefugnis.

c) Auch der Verhältnismäßigkeitsgrundsatz (ultima ratio-Prinzip) führt zu keinem anderen Ergebnis. Eine Beendigungskündigung eines anderen Arbeitnehmers ist kein milderes Mittel in diesem Sinne. Die Wahl des milderen Mittels beschränkt sich auf den Katalog der Maßnahmen, die aus dem Rechtsverhältnis der Parteien resultieren.

d) Schließlich ist zu prüfen, ob die A die Änderung des Arbeitsverhältnisses billigerweise hätte hinnehmen müssen. Die W-AG hat sich vorliegend darauf beschränkt, der A die Arbeitszeitverkürzung vorzuschlagen, die unter Berücksichtigung der weiteren Vertragsänderung mit der Mitarbeiterin B erforderlich war, um den Arbeitskräftebedarf anzupassen. Dass die der A angebotenen Arbeitsbedingungen unzumutbar sind, wird von der A nicht vorgetragen. Mithin ist davon auszugehen, dass die A die Änderung der Arbeitsbedingungen hinnehmen musste.

Zwischenergebnis: Die Änderungskündigung ist sozial gerechtfertigt.

5. Auch bei der Änderungskündigung ist jedoch die Kündigungsfrist des § 622 Abs. 2 BGB einzuhalten (BAG, BB 1994, 855). Da die A seit über 10 Jahren bei der W-AG beschäftigt ist, gilt für sie die Kündigungsfrist des § 622 Abs. 2 S. 1 Nr. 4 BGB, d. h., ihr kann nur mit einer Frist von 4 Monaten zum Ende des Kalendermonats gekündigt werden. Bei einer beabsichtigten Änderung des Arbeitsverhältnisses zum 31. Dezember 2007 hätte damit bis zum 31. August 2007 die Änderungskündigung erfolgen müssen. Eine verspätete Kündigung ist aber nicht unwirksam, sondern wirkt erst zum nächsten Kündigungstermin. Vorliegend wurde der A das Kündigungsschreiben am 3. Oktober 2005 ausgehändigt. Fristbeginn ist gem. § 187 Abs. 1 BGB der 4. Oktober 2005. Fristende ist bei einer Kündigungsfrist von 4 Monaten gem. § 188 Abs. 2 S. 1, 1. Hs. BGB der 4. Februar 2008. Da die Kündigung nur zum Monatsende erfolgen kann, greift die Änderungskündigung aber erst zum 28. Februar 2008. Ab dem 1. März 2008 muss die A zur den geänderten Arbeitsbedingungen arbeiten.

Ergebnis: Die Klage ist nur soweit begründet, als die Änderungen der Arbeitsbedingungen vor dem 28. Februar 2008 erfolgen sollen.

Lösung Fall 36
Die Nichteinhaltung eines Arbeitsvertrages

Nach der Fallfrage ist zu prüfen, ob die B-KG einen Anspruch auf die arbeitsvertragliche Leistung oder ggf. Schadensersatzansprüche gegen den A hat.

I. Der Anspruch auf die Arbeitsleistung
Die B-KG könnte gegen den A einen Anspruch auf Arbeitsleistung gem. § 611 BGB i. V. m. dem Arbeitsvertrag haben.

1. Voraussetzung hierfür ist, dass zwischen der B-KG und dem A ein wirksamer Arbeitsvertrag zustande gekommen ist. Dies ist mit dem Vertragsschluss Mitte Januar 2004 der Fall. Daraus ergibt sich grundsätzlich ein Anspruch der B-KG gegen den A, ab dem 1. April 2004 bei ihr zu arbeiten.

2. Dieser Anspruch ist jedoch nicht vollstreckbar. Dies ergibt sich aus § 62 Abs. 2 ArbGG i. V. m. § 888 ZPO.

Dies führt aber nicht dazu, dass einer entsprechenden Leistungsklage das Rechtsschutzbedürfnis abzusprechen ist. Die Klage führt nämlich auf jeden Fall zu einer Klärung der Rechtslage. Ferner bringt sie für den Arbeitnehmer einen deutlichen Hinweis auf die bestehende Arbeitspflicht (vgl. MünchArbR/*Blomeyer*, § 50 Rdn. 1).

Der Arbeitsvertrag stellt einen Unterfall des Dienstvertrages i. S. d. § 611 BGB dar. § 888 Abs. 1 ZPO regelt die Vollstreckung von Handlungen, die von dem Willen des Schuldners abhängen. Aus § 888 Abs. 2 ZPO ergibt sich, dass die Vorschrift des § 888 Abs. 1 ZPO bei der Leistung von Diensten aus einem Dienstvertrag nicht anwendbar ist. Eine Ausnahme ist nur dann zu machen, wenn aus dem Dienstvertrag vertretbare Handlungen resultieren, § 887 ZPO. Dies sind solche Handlungen, die von einem Dritten anstelle des Schuldners vorgenommen werden können.

Bei einem Bauingenieur, der eine besonders qualifizierte Tätigkeit auszuüben hat, ist dies jedoch nicht der Fall. Damit liegt eine unvertretbare Handlung vor. Rechtliche Konsequenz hieraus ist, dass die Verpflichtung zur Vornahme einer solchen Leistung nicht vollstreckbar ist.

Sehr umstritten ist, ob eine Arbeitsleistung immer eine unvertretbare Handlung ist oder ob dann eine nach § 887 ZPO durch Ersatzvornahme vollstreckbare Handlung geschuldet wird, wenn es dem Arbeitgeber wirtschaftlich gleichgültig ist, ob die Arbeitsleistung gerade von dem schuldenden Arbeitnehmer erbracht wird (vgl. *Grunsky*, ArbGG, 7. Aufl., § 62 Rdn. 13).

3. Der A ist jedoch verpflichtet, bei der B-KG seine Arbeitsleistung zu erbringen. Deshalb wäre es denkbar, die Unterlassung der Arbeitsleistung bei der C-AG gem. § 890 Abs. 1 ZPO einzuklagen und zu vollstrecken. Nach h. M. ist der Unterlassungsanspruch aber nur die Kehrseite des Erfüllungsanspruchs, der nicht selbständig eingeklagt werden kann. Nur wenn ein weitergehender Zweck als die Begegnung des Arbeitsvertragsbruchs verfolgt werden soll, z. B. die Unterlassung einer Wettbewerbstätigkeit, besteht ein Unterlassungsanspruch. Mit einem gerichtlich erzwungenen Unterlassungsurteil einer anderweitigen Tätigkeit wäre zudem keineswegs sichergestellt, dass der Arbeitnehmer an den Arbeitsplatz zurückkehrt.

4. Von der h. M. wird dem Arbeitgeber auch die Möglichkeit einer einstweiligen Verfügung zugestanden. Indes wird es regelmäßig an einem Verfügungsgrund fehlen, sei es, weil der Arbeitgeber im Fall des § 887 ZPO oder des § 61 Abs. 2 ArbGG regelmäßig nicht auf den sofortigen Eingang der Entschädigungsleistung angewiesen sein wird, sei es, dass die Pflicht zur Arbeitsleistung nicht vollstreckbar ist und mithin der Zweck der einstweiligen Verfügung nicht erreicht werden kann (vgl. *Grunsky*, ArbGG, 7. Aufl., § 62 Rdn. 19 f).

II. Schadensersatzansprüche der B-KG gegen den A

1. Schadensersatzanspruch gem. §§ 280 Abs. 1 und 3, 283 BGB i. V. m. §§ 249 ff BGB
Da die Arbeitsleistung grundsätzlich Fixschuldcharakter hat, liegt bei der Nichter-bringung ein Fall der Unmöglichkeit vor (vgl. dazu *Michalski*, Arbeitsrecht, 7. Aufl., Rdn. 465).

Fraglich ist jedoch, welcher Schaden dabei zu ersetzen ist (vgl. dazu die Zusammenstellung in MünchArbR/*Blomeyer*, § 57 Rdn. 32 ff).

a) Zu ersetzen wäre zunächst der entgangene Gewinn des Arbeitgebers, der vor allem durch den kausal entstandenen Produktionsausfall bedingt ist, § 252 BGB.

Der Arbeitgeber kann insofern die Beweiserleichterung des § 252 BGB i. V. m. § 287 ZPO in Anspruch nehmen. Allerdings obliegt es ihm auch hiernach, die Umstände darzulegen und ggf. zu beweisen, aus denen sich die Wahrscheinlichkeit des Gewinn-eintritts und die Höhe des Schadens ergibt. Der Schadensersatzanspruch ist zudem auf den Zeitraum bis zum nächstmöglichen Kündigungszeitpunkt beschränkt.

Zu berücksichtigen ist ferner ein Mitverschulden des Arbeitgebers gem. § 254 BGB, da er einen bestimmten Ersatz von Arbeitskräften – beispielsweise für den Krankheitsfall – vorhalten muss. Vorliegend werden von der B-KG indes keine Umstände hinsichtlich eines entgangenen Gewinns vorgetragen.

b) Ebenfalls umfasst von einem Schadensersatzanspruch aus §§ 280 Abs. 1 und 3, 283 BGB i. V. m. §§ 249 ff BGB sind die Kosten der angefallenen Mehrarbeit im Betrieb. Dabei kann es sich einerseits um die Differenz zwischen der Vergütung des Arbeit-nehmers und der einer für ihn eingestellten Ersatzkraft handeln oder andererseits um die Mehrvergütung für diejenigen Mitarbeiter, die den Arbeitsausfall durch Überstun-den ausgleichen. Zur Schadensdarlegung gelten aber auch hier die oben aufgestellten Grundsätze.

c) Nur eingeschränkt zu ersetzen sind die infolge einer einseitigen Abkehr des Arbeit-nehmers entstandenen Anwerbungskosten für eine Ersatzkraft, beispielsweise die Kos-ten für Inserate und Vorstellungen.

Ursprünglich hatte das BAG sämtliche Anwerbungskosten für ersatzfähig gehalten und sie lediglich gem. § 254 Abs. 2 BGB auf eine angemessene Höhe beschränkt. In seiner Entscheidung vom 26. März 1981 (BAG, AP Nr. 7 zu § 276 BGB Vertragsbruch; bestätigt durch BAG, AP Nr. 8 zu § 276 Vertragsbruch) hat das BAG jedoch den Schadensersatz auf den sog. „Verfrühungsschaden" beschränkt. Danach ist nur der Anwerbungsscha-den, der durch die überstürzte Vertragsbeendigung entstanden ist und bei vertrags-gemäßer Einhaltung der Kündigungsfrist nicht entstanden wäre, zu ersetzen.

Hätte A den Arbeitsvertrag erfüllt und zum frühestmöglichen Zeitpunkt gekündigt, hät-te die B-KG ebenfalls auf ihre Kosten inserieren und sich um einen Nachfolger bemü-hen müssen. Die Kosten für derartige Inserate wären somit auch bei vertragstreuem

Verhalten des A angefallen. Damit liegt im Ergebnis auch kein ersatzfähiger Verfrühungsschaden vor.

2. Schadensersatzanspruch gem. § 628 Abs. 2 BGB
In Betracht kommt auch ein Schadensersatzanspruch aus § 628 Abs. 2 BGB. Ein solcher Schadensersatzanspruch ist Rechtsfolge einer außerordentlichen Kündigung nach § 626 BGB.

Einen Kündigungsgrund i. S. d. § 626 BGB könnte man in der beharrlichen Leistungsverweigerung des A sehen. Für den Umfang des Schadensersatzes gelten jedoch die oben dargestellten Grundsätze.

3. Pauschalierte Entschädigung
Wie dargestellt, bestehen tatsächliche Schwierigkeiten, den Umfang des Schadensersatzes darzulegen und zu beweisen.

Diesen Schwierigkeiten kann der Arbeitgeber dadurch entgehen, wenn er in Verbindung mit einer Erfüllungsklage den Antrag stellt, den Arbeitnehmer für den Fall, dass die Erfüllung nicht innerhalb einer bestimmten Frist erfolgt, zur Zahlung einer vom Arbeitsgericht festzusetzenden Entschädigung zu verurteilen, § 61 Abs. 2, Abs. 1 ArbGG. Die Höhe der Zahlung setzt dabei das Gericht nach freiem Ermessen fest, § 287 ZPO. Der Arbeitgeber hat dabei lediglich den Schaden zu beziffern, das Gericht ist bei der Festsetzung jedoch nicht an diese Bezifferung gebunden. Der Antrag auf Entschädigung nach § 61 Abs. 2 ArbGG ist aber nur begründet, wenn feststeht, dass tatsächlich ein Schaden entstanden ist (näher dazu MünchArbR/*Blomeyer*, § 50 Rdn. 11).

Ergebnis: Die B-KG hat dem Grunde nach einen Schadensersatzanspruch. Die Höhe und der Umfang ist jedoch nach den oben dargestellten Grundsätzen zu ermitteln.

Lösung Fall 37
Der Weiterbeschäftigungsanspruch des Arbeitnehmers

A würde von der B-GmbH zu Recht eine Weiterbeschäftigung verlangen, wenn ihm hierüber ein Anspruch zustehen würde.

I.   Gesetzlicher Weiterbeschäftigungsanspruch

1.   In den Bestimmungen des BGB ist ein solcher Weiterbeschäftigungsanspruch nicht enthalten.

2.   Allerdings findet sich in § 102 Abs. 5 BetrVG ein gesetzlicher Weiterbeschäftigungsanspruch.

Eine entsprechende Regelung findet sich auch in § 79 Abs. 2 BPersVG.

Voraussetzung hierfür ist, dass der Betriebsrat einer ordentlichen Kündigung frist- und ordnungsgemäß widersprochen hat und der Arbeitnehmer nach dem KSchG Klage auf Feststellung erhoben hat, dass das Arbeitsverhältnis durch die Kündigung nicht aufgelöst ist. Weiterhin muss der Arbeitnehmer gegenüber dem Arbeitgeber sein Weiterbeschäftigungsverlangen erklären.

Dieser gesetzliche Weiterbeschäftigungsanspruch greift hier aber schon deshalb nicht ein, weil bei der B-GmbH kein Betriebsrat besteht.

II. Allgemeiner Weiterbeschäftigungsanspruch
Fraglich ist, ob dem A ein allgemeiner Weiterbeschäftigungsanspruch zusteht (vgl. dazu *Michalski*, Arbeitsrecht, 7. Aufl., Rdn. 631 ff).

1. In Literatur und Rechtsprechung war es lange Zeit umstritten, ob ein allgemeiner Weiterbeschäftigungsanspruch für solche Arbeitnehmer besteht, die sich nicht auf § 102 Abs. 5 BetrVG berufen können. Dies wäre beispielsweise dann der Fall, wenn – wie hier – kein Betriebsrat im Unternehmen besteht oder weil der Betriebsrat der Kündigung nicht ordnungsgemäß widersprochen hat.

Dies ist insbesondere deshalb problematisch, weil das Arbeitsverhältnis durch die Kündigung beendet wird und insoweit die vertragliche Grundlage für die Rechtsbeziehung zwischen Arbeitgeber und Arbeitnehmer entfällt. In seiner Entscheidung vom 27. Februar 1985 hat sich der Große Senat des BAG (NZA 1985, 702 ff) mit der Problematik auseinandergesetzt und folgende Grundsätze aufgestellt:

a) Grundsätzlich hat jeder Arbeitnehmer im bestehenden Arbeitsverhältnis einen Anspruch auf tatsächliche Beschäftigung. Diesem Anspruch können einerseits Interessen des Arbeitgebers entgegenstehen, andererseits kann ein Arbeitnehmer ein besonders starkes Interesse an einer Beschäftigung haben.

Überwiegende Interessen des Arbeitgebers gegen eine Weiterbeschäftigung können etwa aus dem Wegfall der Vertragsgrundlage, bei Auftragsmangel oder der absehbaren Abwanderung des Arbeitnehmers zur Konkurrenz resultieren.

Ein besonderes Interesse des Arbeitnehmers an der Weiterbeschäftigung kann sich im Hinblick auf die Geltung in der Berufswelt, seiner Ausbildung oder der Erhaltung von Fachkenntnissen ergeben (vgl. auch MünchArbR/*Wank*, § 121 Rdn. 68).

b) Für die Dauer eines Kündigungsschutzprozesses folgert der Große Senat sodann: Außerhalb der Regelung des § 102 Abs. 5 BetrVG besteht ein arbeitsvertraglicher Anspruch auf vertragsgemäße Beschäftigung über den Ablauf der Kündigungsfrist oder bei einer fristlosen Kündigung über deren Zugang hinaus bis zum rechtskräftigen Abschluss des Kündigungsprozesses dann, wenn die Kündigung unwirksam ist und ein überwiegendes schützenswertes Interesse des Arbeitgebers einer solchen Beschäftigung nicht entgegensteht.

Anders als im Falle einer offensichtlich unwirksamen Kündigung begründet die Unge-wissheit des Ausgangs des Kündigungsschutzprozesses ein schutzwertes Interesse des Arbeitgebers an der Nichtbeschäftigung des gekündigten Arbeitnehmers. Dieses über-wiegt grundsätzlich das Beschäftigungsinteresse des Arbeitnehmers bis zu dem Zeit-punkt, in dem im Kündigungsprozess ein die Unwirksamkeit der Kündigung feststel-lendes Urteil ergeht. Solange ein solches Urteil besteht, kann allein die Ungewissheit des Prozessausgangs ein überwiegendes Gegeninteresse des Arbeitgebers nicht mehr begründen. Hinzu kommen müssen vielmehr zusätzliche Umstände, etwa dass dem Arbeitgeber die Beschäftigung des Arbeitnehmers unmöglich (z. B. bei Auftragsman-gel) oder unzumutbar (z. B. bei einer absehbaren Abwanderung des Arbeitnehmers zur Konkurrenz) ist.

Die Entscheidung des Großen Senats ist durch eine Reihe von Entscheidungen fortentwickelt wor-den. So sind die eben dargestellten Grundsätze auch dann anwendbar, wenn Streitgegenstand die Wirksamkeit einer Befristung oder einer auflösenden Bedingung des Arbeitsverhältnisses ist (BAG, AP Nr.. 19 zu § 611 BGB Beschäftigungspflicht). Spricht der Arbeitnehmer mehrere Kündigungen aus, so bleibt der Weiterbeschäftigungsanspruch des Arbeitnehmers bestehen, wenn die weiteren Kündi-gungen offensichtlich unwirksam sind oder wenn sie auf dieselben Gründe gestützt werden, wie die erste Kündigung (BAG, AP Nr. 17 zu § 611 BGB Beschäftigungspflicht).

2. Dass die Kündigung offensichtlich unwirksam ist, ist dem Sachverhalt nicht zu ent-nehmen. Allerdings hat A in erster Instanz mit seiner Kündigungsschutzklage obsiegt. Mithin besteht eine Vermutung dafür, dass das Arbeitsverhältnis durch die Kündigung nicht beendet worden ist. Ab diesem Moment verschiebt sich die Interessenabwägung zu Gunsten des Arbeitnehmers, der von diesem Zeitpunkt an die Weiterbeschäftigung verlangen kann. Der Arbeitgeber kann die Weiterbeschäftigung nur dann ablehnen, wenn er besondere schutzwürdige eigene Belange für die Nichtbeschäftigung des Arbeitnehmers gelten machen kann. Hierzu enthält der Sachverhalt jedoch keine Hin-weise.

Bis zu einem abweichenden Urteil in zweiter Instanz bzw. bis zu dem Zeitpunkt, zu dem der Kündigungsrechtsstreit rechtskräftig abgeschlossen worden ist, besteht daher ein Weiterbeschäftigungsanspruch des A (vgl. zu den Rechtsfolgen hinsichtlich des Lohnanspruchs *Michalski*, Arbeitsrecht, 7. Aufl., Rdn. 638).

Zu beachten ist weiterhin, dass angesichts der durchschnittlich recht langen Verfahrensdauer arbeits-gerichtlicher Verfahren ausnahmsweise auch schon während des laufenden Verfahrens in erster Instanz ein Anspruch auf Weiterbeschäftigung zu Gunsten des Arbeitnehmers bestehen kann. Dies könnte dann der Fall sein, wenn der Arbeitnehmer durch die fehlende Beschäftigung schwerwiegen-de Nachteile erleiden würde. Dies ist beispielsweise bei Tätigkeiten mit speziellem, sich rasch än-derndem Niveau gegeben.

Ergebnis: Dem A steht ein Weiterbeschäftigungsanspruch gegen die B-GmbH zu.

Lösung Fall 38
Aufsaugungsprinzip und Effektivgarantieklauseln

Der Lohnanspruch des A ergibt sich aus § 611 BGB. Zweifelhaft ist vorliegend jedoch, wie hoch der Stundenlohn jeweils ist.

Für das Arbeitsverhältnis ist typisch, dass sein Inhalt durch mehrere konkurrierende Gestaltungsfaktoren bestimmt werden kann. Insoweit kommen neben dem Arbeitsvertrag das Gesetz, der Tarifvertrag, die Betriebsvereinbarung und das Weisungsrecht des Arbeitgebers in Betracht. Bei der Lohngestaltung kommt vor allem dem Tarifvertrag eine maßgebliche Bedeutung zu. Betriebsvereinbarungen sind dagegen nach § 77 Abs. 3 BetrVG weitgehend ausgeschlossen.

I. Alternative 1

A erhält bisher einen arbeitsvertraglichen Lohn in Höhe von 10,– € pro Stunde. Der Tariflohn beträgt 8,– €. Nach § 4 Abs. 1 S. 1 TVG haben Rechtsnormen des Tarifvertrages unmittelbare und zwingende Wirkung. Abweichende einzelvertragliche Abmachungen sind nach § 4 Abs. 3 TVG aber zulässig, soweit sie eine Änderung der tarifvertraglichen Regelung zu Gunsten des Arbeitnehmers treffen (Günstigkeitsprinzip).

Problematisch ist der Günstigkeitsvergleich, wenn durch Arbeitsvertrag bzw. Betriebsvereinbarung zum Teil zu Gunsten, zum Teil zu Ungunsten des Arbeitnehmers abgewichen wird. Grundsätzlich gelten die für den Arbeitnehmer jeweils günstigeren Regelungen. Etwas anderes kann sich aber dann ergeben, wenn die verschiedenen Bestimmungen im inneren Zusammenhang zueinander stehen. Dann ist ggf. ein Gruppenvergleich vorzunehmen (vgl. ausführlich *Michalski*, Arbeitsrecht, 7. Aufl., Rdn. 861 ff).

Nach der Alternative 1 wird der Tariflohn um 10 % erhöht. Dies würde hier bedeuten, dass statt des bisherigen Tariflohns in Höhe von 8,– € pro Stunde nunmehr 8,80 € pro Stunde zu zahlen sind.

Fraglich ist, ob diese Erhöhung auf den arbeitsvertraglichen Stundenlohn des A mit der Folge durchschlägt, dass dessen bisheriger Stundenlohn von 10,– € ebenfalls um 0,80 € auf 10,80 € anzuheben ist.

1. A könnte (lediglich) 10,– € pro Stunde verlangen, wenn durch die bisherige übertarifliche Zulage in Höhe von 2,– € die Tariflohnerhöhung aufgesaugt werden würde. Dies hängt davon ab, was im Arbeitsvertrag vereinbart worden ist.

Besteht eine eindeutige Klausel, dass Tariflohnerhöhungen angerechnet werden, so wird die übertarifliche Zulage aufgesogen. Enthält der Arbeitsvertrag dagegen eine Klausel, dass Tariflohnerhöhungen nicht angerechnet werden, so findet eine Aufstockung statt. Findet sich im Arbeitsvertrag keine Regelung, so muss versucht werden, durch eine ergänzende Vertragsauslegung eine Regelung zu entwickeln.

Für die Entscheidung ist dabei immer von Bedeutung, warum dem Arbeitnehmer ein übertariflicher Lohn bezahlt wird. Lässt sich auch dadurch keine vertragliche Regelung ermitteln, so findet im Zweifel eine Aufsaugung der übertariflichen Leistung statt (BAG, AP Nr. 47 zu § 242 BGB Gleichbehandlung).

2. A könnte die Zahlung von 10,80 € als Lohn verlangen, wenn eine Aufstockung stattfinden würde. Dann würde die Tariflohnerhöhung zum Tariflohn hinzugerechnet, hier also 10 % von 8,– € = 8,80 €, und anschließend die übertarifliche Zulage von 2,– € dazugezählt.

3. Vorliegend sind aber keine vertraglichen Regelungen ersichtlich. Auch durch eine Auslegung ist eine Vereinbarung nicht zu ermitteln. Deshalb ist nach den dargestellten Grundsätzen im Zweifel von einer Aufsaugung der übertariflichen Leistung auszugehen.

Ergebnis: A wird auch in Zukunft 10,– € pro Stunde als arbeitsvertraglichen Lohn erhalten.

II. Alternative 2

Um die bisher übertariflich entlohnten Arbeitnehmer an der Tariflohnerhöhung partizipieren zu lassen, versuchten die Gewerkschaften in der Vergangenheit, Regelungen mit dem Inhalt durchzusetzen, dass eine Anrechnung der Tariflohnerhöhung auf den übertariflichen Lohn nicht stattfinden darf. Solche Regelungen werden allgemein Effektivklauseln genannt.

Auch die Klausel in der ersten Alternative beabsichtigt eine derartige Erhaltung der übertariflichen Zulagen, indem der Gesamtlohn effektiv um 1,– € pro Stunde erhöht werden soll. Diese Erhöhung des Stundenlohnes müsste, damit sie je Arbeitnehmer und Stunde voll wirksam werden würde, dem bisherigen Lohn des Arbeitnehmers zugeschlagen werden. Danach müsste dem A ein tariflich abgesicherter Stundenlohn von 11,– € bezahlt werden.

Eine derartige Klausel wird als Effektivgarantieklausel oder allgemeine Effektivklausel bezeichnet, da dem Arbeitnehmer der bisherige übertarifliche Lohn zuzüglich des Unterschieds zwischen dem alten und dem neuen Tarifsatz tarifvertraglich garantiert wird und damit der bisher gezahlte Lohn zu einem Tariflohn wird, was er zuvor nicht war.

Was unter einer Effektivgarantieklausel zu verstehen ist, wird teilweise unterschiedlich herausgearbeitet. Während zum Einen darauf abgestellt wird, dass durch die Klausel der bisher gezahlte Effektivlohn um die Tariflohnerhöhung aufgestockt werden soll (vgl. *Schaub*, Arbeitsrechtshandbuch, 12. Aufl., § 204 Rdn. 51), stellen andere darauf ab, dass die bisher gezahlten Effektivlöhne zu unabdingbaren tariflichen Mindestlöhnen werden, die um den Betrag der Tariflohnerhöhung aufgestockt werden (vgl. *Wiedemann/Wank*, TVG, 6. Aufl., § 4 Rdn. 529). Im Ergebnis unterscheiden sich die Ansätze indes nicht, da auch nach dem ersten Ansatz der neu zu zahlende Lohn zum Tariflohn erhoben wird. Einer expliziten Aufführung, dass die übertariflichen Zulagen Bestandteil des Tarifvertrages werden, bedarf es also nicht.

In Rechtsprechung und Literatur besteht im Wesentlichen Einigkeit, dass Effektivgarantieklauseln unzulässig sind, wobei man sich im vor allem auf zwei Argumente stützt (vgl. *Wiedemann/Wank*, TVG, 7. Aufl., § 4 Rdn. 529 ff):

- Der Tarifvertrag müsse den Mindestlohn festlegen und dürfe als kollektive Regelung nicht an individuelle Lohnfestsetzungen anknüpfen.
- Effektivgarantieklauseln würden zu unterschiedlichen Tariflöhnen führen, da an die jeweiligen, durch den Arbeitsvertrag festgesetzten Entgelte angeknüpft wird, so dass von gleichen Löhnen für gleiche Arbeit keine Rede mehr sein könne. Darin läge ein Verstoß gegen das Gleichbehandlungsprinzip.

Ergebnis: A kann nur den arbeitsvertraglichen Lohn in Höhe von 10,– € pro Stunde verlangen.

III. Alternative 3

Die Gewerkschaften versuchten der Kritik an den Effektivgarantieklauseln durch die sog. beschränkte oder begrenzte Effektivklausel Rechnung zu tragen. Eine solche Klausel bezweckt auch die Erhaltung der übertariflich gezahlten Zulagen. Im Unterschied zur Effektivgarantieklausel soll der Anspruch auf den übertariflichen Lohn zwar normativ begründet werden, aber weiterhin als arbeitsvertraglicher Lohn geschuldet sein. Der Arbeitgeber hat auf Grund des Tarifvertrages die gesamte Tariferhöhung zwar zunächst zu realisieren, kann aber auf individualrechtlicher Ebene Abänderungen (Widerrufsrecht, Änderungskündigung, Vertragsänderung) erreichen, ohne dass ihm insofern der Tarifvertrag entgegen steht.

Auch die Klausel in der 3. Alternative stellt eine solche begrenzte Effektivklausel dar. Auch nach ihr würde der A in Zukunft 11,– € als Stundenlohn erhalten. Dieser würde sich aus 9,– € (neuer Tariflohn) plus 2,– € (übertarifliche Zulage) zusammensetzen.

Nachdem das BAG die begrenzte Effektivklausel zunächst für wirksam angesehen hatte (BAG, DB 1961, 918), hat es 1968 seine Rechtsprechung geändert und sie als rechtsunwirksam eingestuft (BAG, AP Nr. 7 zu § 4 TVG Effektivklausel). Begründet wird dies vom BAG im Wesentlichen mit den Argumenten, nach denen auch die allgemeine Effektivgarantieklausel der Wirksamkeit entbehrt (vgl. *Wiedemann/Wank*, TVG, 7. Aufl. § 4 Rdn. 533 ff):

- Solche Effektivklauseln würden zu unterschiedlichen Tariflöhnen führen, da durch diese Klauseln die früher freiwilligen Zahlungen über den Tariflohn nunmehr als Teil des Tariflohns garantiert würden. Derart unterschiedliche Tariflöhne verstoßen jedoch gegen Art. 3 Abs. 1 GG.
- Schließlich würden derartige Effektivklauseln auch gegen die Grundprinzipien des Tarifrechts verstoßen. Aus § 4 Abs. 3 TVG lässt sich entnehmen, dass ein Tarifvertrag nur Mindestbedingungen festsetzen soll. Über dieses Ziel, Mindestbedingungen zu garantieren, würde man hinausgehen, wenn man freiwillige Zulagen durch einen Tarifvertrag garantieren würde.
- Außerdem sind Tarifverträge schriftlich zu schließen, § 1 Abs. 2 TVG. Diesem Schriftformerfordernis würde nicht entsprochen werden, wenn auf Grund der Klauseln im Ergebnis unterschiedliche Tariflöhne entstehen würden. Denn wegen der einzelvertraglichen Vereinbarung von übertariflichen Zulagen könnte man dem eigentlichen Tarifvertrag den Tariflohn des jeweiligen Arbeitnehmers nicht mehr entnehmen.

Vor allem die Rechtsprechung zur begrenzten Effektivklausel ist auf Kritik gestoßen, da sich im Ergebnis die Tariflohnerhöhungen überhaupt nicht auswirken (vgl. *Lieb*, Arbeitsrecht § 6 II 3 a). Indes beruhen einzelvertragliche Zulagen gerade auf individualrechtlicher Grundlage und dürfen nicht durch einen kollektivrechtlichen Tarifvertrag beeinflusst werden. Billigt man den Arbeitsvertragsparteien bei der Gewährung von übertariflichen Zulagen einen Spielraum für privatautonome Regelungen zu, so ist die Tarifmacht insofern beschränkt.

Ergebnis: A's Stundenlohn bleibt auch in der 3. Alternative bei 10,– €.

Lösung Fall 39
Die Voraussetzungen eines Streiks

I. Die Verpflichtung zur Lohnzahlung

Die Verpflichtung zur Lohnzahlung durch den Arbeitgeber ergibt sich aus § 611 BGB i. V. m. dem Arbeitsvertrag. Dabei gilt grundsätzlich, dass der Arbeitnehmer die arbeitsvertraglich geschuldete Leistung zu erbringen hat, der Arbeitgeber hierfür den vereinbarten Lohn entrichten muss.

Von diesem Grundsatz „ohne Arbeit kein Lohn" bestehen vielerlei Ausnahmen. Dies zeigt sich z. B. bei der Entgeltfortzahlung im Krankheitsfall oder der Entgeltzahlung an Feiertagen, vgl. §§ 2, 3 EFZG. Keine Ausnahme vom Grundsatz „Ohne Arbeit kein Lohn" besteht allerdings im Falle eines Streiks. Unabhängig davon, ob es sich bei dem Streik um einen rechtmäßigen oder einen rechtswidrigen Streik handelt, ist der Arbeitgeber grundsätzlich von seiner Lohnzahlungspflicht befreit.

Ergebnis: Arbeitgeber B ist nicht zur Lohnzahlung verpflichtet.

II. Schadensersatzansprüche gegen die Arbeitnehmer

1. Schadensersatzanspruch gem. §§ 280 Abs. 1 und 3, 283 BGB
Der B könnte gegen seine Arbeitnehmer einen Schadensersatzanspruch nach §§ 280, 283 BGB haben. Voraussetzung ist gem. § 280 Abs. 1 BGB eine schuldhafte Pflichtverletzung aus einem Schuldverhältnis, wozu nach §§ 283, 275 BGB Abs. 1 auch die vom Schuldner zu vertretende Unmöglichkeit zählt.

a) Zwischen den Arbeitnehmern und dem B bestehen jeweils Arbeitsverträge i. S. d. § 611 BGB. Ein Schuldverhältnis ist somit gegeben.

b) Die Leistungspflicht der Arbeitnehmer ist die Erbringung der Arbeitsleistung. Diese Leistung müsste unmöglich geworden sein.

Voraussetzung hierfür ist jedoch, dass zum fraglichen Zeitpunkt überhaupt eine Verpflichtung zur Leistungserbringung bestanden hatte. Dies wäre dann nicht der Fall, wenn die Arbeitnehmer sich an einem rechtmäßigen Streik beteiligt hätten. Denn nach der herrschenden Suspendierungstheorie wird durch einen rechtmäßigen Streik der Bestand des Arbeitsverhältnisses nicht berührt. Lediglich die Hauptpflichten der Arbeitsvertragsparteien werden für den Zeitraum des rechtmäßigen Streiks suspendiert. Zu einem anderen Ergebnis kommt die sog. Lösungstheorie, die für den Fall eines Streiks die Lösung des bisherigen Vertragsverhältnisses annimmt. Die Lösungstheorie wird jedoch nicht mehr vertreten (vgl. *Schaub,* Arbeitsrechtshandbuch, 12. Aufl., § 194 Rdn. 2).

Liegt also ein rechtmäßiger Streik vor, so werden die Hauptleistungspflichten der Arbeitsvertragsparteien lediglich suspendiert. Nach der Beendigung des Streiks leben sie wieder auf. Hätte hier ein rechtmäßiger Streik vorgelegen, so wären die Arbeitnehmer während der Zeit des Streiks nicht zur Arbeitsleistung verpflichtet gewesen, was zur Folge hat, dass damit auch keine Unmöglichkeit i. S. d. § 275 BGB Abs. 1 gegeben sein konnte.

c) Nach Art. 9 Abs. 3 GG stehen den Koalitionen die Mittel des Arbeitskampfes zur Verfügung. Dies ist auf der Seite der Arbeitnehmer der Streik, auf der Seite der Arbeitgeber die Aussperrung. Die Rechtmäßigkeit dieser Maßnahmen ist an bestimmte Voraussetzungen geknüpft.

aa) Der Streik bzw. die Aussperrung muss auf ein tariffähiges Ziel gerichtet sein. Dies bedeutet, dass nur Regelungen, die in einem Tarifvertrag enthalten sein können, erkämpft werden dürfen.

Politische Streiks sind unzulässig. Gleiches gilt für Streiks, die zwar den Abschluss eines Tarifvertrages als solchen erstreben, die erzielte Regelung aber außerhalb der Tarifmacht liegen würde.

Die Arbeitnehmer des B protestierten mit ihrem Streik gegen Maßnahmen der Bundesregierung. Es handelte sich also um einen Proteststreik. Ziel dieses Streiks war es nicht, auf den Abschluss eines Tarifvertrages oder auf bestimmte Inhalte eines solchen Vertrages hinzuwirken. Daraus folgt, dass der Streik bereits aus diesem Grunde rechtswidrig war.

bb) Eine weitere Voraussetzung für einen rechtmäßigen Streik ist, dass nicht gegen die sog. Friedenspflicht verstoßen wird. Die Friedenspflicht betrifft den Zeitraum, in dem ein Tarifvertrag noch läuft. Während dieser Zeit sind Streiks unzulässig. Erst nach dem Ablauf eines Tarifvertrages oder dem Ende einer tarifvertraglichen Kündigungsfrist ist es zulässig, einen Arbeitskampf über die in dem Tarifvertrag geregelten Angelegenheiten zu führen (relative Friedenspflicht, vgl. dazu *Wiedemann/Thüsing,* TVG, 7. Aufl., § 1 Rdn. 866 ff).

Der Sachverhalt enthält allerdings keine Angaben darüber, ob für den Betrieb des B ein Tarifvertrag besteht. Läge ein solcher Tarifvertrag vor, so wäre in dem Streik der Arbeitnehmer auch ein Verstoß gegen die Friedenspflicht gegeben.

cc) Das Recht zur Führung von Arbeitskämpfen steht nach Art. 9 Abs. 3 GG nur den Koalitionen zu. Daraus folgt, dass Arbeitskampfmaßnahmen auf Seiten der Arbeitnehmer nur durch eine Gewerkschaft in Betracht kommen können. Arbeitsniederlegungen, zu denen nicht von einer tariffähigen Partei aufgerufen worden ist, gelten als sog. wilde Streiks. Derartige Streiks sind rechtswidrig.

Allerdings besteht die Möglichkeit, dass eine Gewerkschaft einen sog. wilden Streik übernimmt. Findet eine solche Übernahme statt, so wird aus dem bisherigen wilden Streik ein rechtmäßiger gewerkschaftlicher Streik. Dies war hier der Fall.

dd) Bevor jedoch eine Gewerkschaft einen Streik ausrufen und durchführen darf, muss auch nach Ablauf der Friedenspflicht das ultima ratio-Prinzip beachtet werden. Das bedeutet, dass Arbeitskämpfe nur dann eingeleitet und durchgeführt werden dürfen, wenn alle Verständigungs- und Verhandlungsmöglichkeiten ausgeschöpft sind.

Nach diesem Prinzip sind grundsätzlich auch sog. Warnstreiks verboten. Unter Warnstreiks versteht man kurze, zeitlich befristete Arbeitsniederlegungen. Zwar ist ein grundsätzliches Verbot von Warnstreiks umstritten (vgl. die Darstellung der hierzu vertretenen Auffassungen bei MünchArbR/*Otto*, § 286 Rdn. 10 ff). Das BAG vertritt seit 1988 die Auffassung, dass auch bei einem Warnstreik das ultima ratio-Prinzip eingehalten werden muss. Allerdings findet eine objektive – ggf. gerichtliche – Überprüfung der Ausschöpfung aller Verständigungsmöglichkeiten nicht statt (BAG, AP Nr. 108 zu Art. 9 GG Arbeitskampf). Maßgeblich ist allein die Einschätzung derjenigen Partei, die den Arbeitskampf durchführen will.

Deshalb ist es auch nicht erforderlich, dass offiziell das „Scheitern der Verhandlungen" erklärt wird. Auch die Arbeitgeberseite kann sog. Warnaussperrungen durchführen, ohne ihrerseits zuvor die Verhandlungen für gescheitert erklären zu müssen (Grundsatz der Kampfparität, BAG, AP Nr. 108 zu Art. 9 GG Arbeitskampf). Der Aufruf zu der jeweiligen Kampfmaßnahme wird dabei mit dem Scheitern der Verhandlungen gleichgesetzt (MünchArbR/*Otto*, § 286 Rdn. 15).

ee) Schließlich muss bei einem Arbeitskampf auch der Verhältnismäßigkeitsgrundsatz gewahrt werden. Dieses Gebot der fairen Kampfführung bedeutet beispielsweise, dass keine der Koalitionen zu Gewalttaten aufrufen darf.

ff) Im vorliegenden Fall wurde eine Verständigung mit der Arbeitgeberseite noch nicht einmal versucht. Allerdings wäre eine solche Verständigung angesichts des Streikzieles auch nicht denkbar. Als Zwischenergebnis bleibt festzuhalten, dass der hier vorgenommene wilde Streik aus mehreren Gründen rechtswidrig war.

d) Folge hiervon war, dass die Hauptpflichten aus dem Arbeitsverhältnis nicht suspendiert worden sind. Die Arbeitnehmer waren nach wie vor zur Arbeitsleistung verpflichtet. Da die Arbeitsleistungen aber absoluten Fixschuldcharakter haben, liegt wegen der Nichtleistung ein Fall der Unmöglichkeit vor.

e) Die Arbeitnehmer müssten die Nichtleistung zu vertreten haben.

Ruft eine Gewerkschaft zum Streik auf, so können die Arbeitnehmer davon ausgehen, dass es sich um einen rechtmäßigen Streik handeln werde. Liegt trotzdem ein rechtswidriger Streik vor, so kommt auf Seiten der Arbeitnehmer ein Tatbestands- oder Verbotsirrtum in Betracht (vgl. *Michalski*, Arbeitsrecht, 7. Aufl., Rdn. 962 ff).

Bei dem hier durchgeführten Streik hat allerdings die zuständige Gewerkschaft diesen erst später übernommen. Bei Beginn des Streiks lag keine gewerkschaftliche Unterstützung vor. Deshalb konnten die Arbeitnehmer auch nicht davon ausgehen, einen rechtmäßigen Streik durchzuführen. Es wäre ihnen ohne weiteres möglich gewesen, sich diesbezüglich rechtlich beraten zu lassen. Dies wäre auch zumutbar gewesen.

Damit ist festzuhalten, dass die Arbeitnehmer die Nichtleistung zu vertreten hatten.

Zwischenergebnis: Der B hat daher einen Schadensersatzanspruch gegen seine Arbeitnehmer aus §§ 280 Abs. 1 und 3, 283 BGB. Über die Höhe eines etwa entstandenen Schadens enthält der Sachverhalt keine Anhaltspunkte. Zu ersetzen wären jedoch insbesondere Zahlungen, die der B an andere Arbeitnehmer deshalb erbringen müsste, weil diese die Tätigkeit der streikenden Arbeitnehmer übernommen hätten.

2. Schadensersatzanspruch gem. § 823 Abs. 1 BGB
Dem B könnte auch ein Schadensersatzanspruch aus § 823 Abs. 1 BGB zustehen. Als verletztes Rechtsgut kommt hier das Recht am eingerichteten und ausgeübten Gewerbebetrieb in Betracht. Allerdings enthält der Sachverhalt keine Anhaltspunkte dazu, ob und inwieweit durch den rechtswidrigen Streik in das Recht des B an seinem eingerichteten und ausgeübten Gewerbebetrieb eingegriffen worden ist.

Ergebnis: Eine abschließende Auskunft wird Rechtsanwalt R bezüglich dieses Schadensersatzanspruches mit den vorliegenden Informationen nicht geben können.

Lösung Fall 40
Die Fernwirkungen von Arbeitskampfmaßnahmen

Der Ausgangsfall betrifft die von der IG-Metall eingeführte „Taktik der neuen Beweglichkeit". Die betroffenen Arbeitnehmer des A könnten einen Anspruch auf Lohnzahlung aus § 611 BGB i. V. m. dem Arbeitsvertrag haben.

I. Alternative 1
Die Produktion von Autositzen ist trotz des Streiks bei der B nach wie vor möglich. Allerdings ist diese Produktion wirtschaftlich sinnlos, da die produzierten Autositze von der B nicht mehr abgenommen werden können. Damit läge grundsätzlich eine Situation vor, die nach den Grundsätzen der Betriebsrisikolehre i. V. m. § 615 S. 3 BGB zu lösen wäre. Der Arbeitgeber trägt danach das Risiko einer wirtschaftlich sinnlosen Produktion.

Allerdings wäre hier die wirtschaftlich sinnlose Produktion nicht darauf zurückzuführen, dass beispielsweise der A keine Abnehmer mehr für seine Produkte hätte. Die Produktion wäre nämlich deshalb wirtschaftlich sinnlos, weil die an sich benötigten Produkte nur deshalb nicht abgenommen werden, weil beim Abnehmer wegen des Streiks eine Abnahme entfallen muss.

Insofern könnte die vom BAG (BAG, AP Nr. 70 und 71 zu Art. 9 GG Arbeitskampf) begründete Arbeitskampfrisikolehre eingreifen. Danach verlieren die Arbeitnehmer ihren Beschäftigungs- und Vergütungsanspruch, soweit die Fernwirkung eines Arbeitskampfes sich auf die Stärke der Kampfparteien und das Verhandlungsgleichgewicht auswirkt. Entscheidend ist also die Arbeitskampfparität. Zur Konkretisierung hat das BAG das sog. „Drei-Zonen-Modell" entwickelt:

- Die erste Zone bildet der räumliche und fachliche Geltungsbereich des umkämpften Tarifvertrages. Hier entfallen Lohnansprüche der Arbeitnehmer, und zwar unabhängig davon, ob sie unmittelbar oder mittelbar kampfbetroffen sind.
- Die zweite Zone liegt außerhalb dieses Geltungsbereichs. Es bestehen aber Einflüsse bzw. Interessenverbindungen, die durch die Fernwirkungen des Arbeitskampfes mittelbar oder unmittelbar zu einer Störung der Kampfparität im Tarifgebiet führen. Das BAG subsumiert hierunter u. a. koalitionspolitische Verbindungen und wirtschaftliche Abhängigkeiten, wie sie etwa in einem Konzernunternehmen gegeben sind. Das Lohnrisiko tragen auch hier die Arbeitnehmer.
- Unter die letzte Zone fallen schließlich alle kausal kampfbedingten Arbeitsausfälle, bei denen sich jedoch keine Interessenverbindungen feststellen lassen. Hier entfällt ein Lohnverweigerungsrecht des Arbeitgebers, d. h., er muss den Lohn weiter zahlen.

Vorliegend liegt die Firma A im räumlichen und fachlichen Geltungsbereich des umkämpften Tarifvertrages. Die nichtstreikenden Arbeitnehmer der Firma A partizipieren gerade auch am Ergebnis des Arbeitskampfes. Die erstreikten Veränderungen gelten auch für sie. Daher haben sie auch das Risiko dieses Arbeitskampfes zu tragen. Dies bedeutet im Ergebnis, dass sie ihren Lohnanspruch verlieren.

Die Rechtsprechung des BAG zum Arbeitskampfrisiko hat seine Wurzeln im Kieler Straßenbahnfall (RGZ 106, 272). Das RG lehnte bei einem Streik den Lohnanspruch der Arbeitswilligen mit der Begründung ab, dass der Arbeitgeber sonst gezwungen wäre, den gegen ihn gerichteten Streik mit zu finanzieren. Das RAG (RAGE 3, 69 ff) entwickelte daraus die Sphärentheorie, wonach das Lohnrisiko derjenige tragen muss, in dessen Sphäre die Verhinderung der Arbeitsleistung entstanden ist. Bei Betriebsstörungen ist dies grundsätzlich der Unternehmer, im Fall des Arbeitskampfes dagegen die Arbeitnehmer, selbst wenn sie sich gar nicht am Arbeitskampf beteiligen. Neben der Solidarität der Arbeitnehmer wurde dies mit der Überlegung begründet, dass sich der Streik erfahrungsgemäß auch zu Gunsten der nichtstreikenden Arbeitnehmer auswirkt. Das BAG hat diese Rechtsprechung zunächst übernommen, später aber modifiziert und die Arbeitskampfrisikolehre begründet.

Ergebnis: Die Arbeitnehmer des A haben keinen Lohnzahlungsanspruch gegen ihren Arbeitgeber.

II. Alternative 2

Die Arbeitnehmer des A können deshalb keine Produktion mehr durchführen, weil keine Stoffe mehr geliefert werden können. Der Grund für den Lieferausfall ist der Streik bei C.

Es liegt damit kein Fall einer wirtschaftlich sinnlosen Produktion, sondern ein Produktionsausfall wegen Materialmangel vor. Ein solcher Fall kann nicht anders beurteilt werden als der zuvor geprüfte. Auch hier partizipieren die Arbeitnehmer des A von den Ergebnissen des Arbeitskampfes, den die Arbeitnehmer des C führen. Sie haben deshalb auch das Arbeitskampfrisiko zu tragen.

Ergebnis: Ein Lohnzahlungsanspruch gegen ihren Arbeitgeber steht den Arbeitnehmern des A auch bei der Alternative 2 nicht zu.

Abwandlung:

I. Verpflichtung zur Lohnfortzahlung

Auch hier ist vom „Drei-Zonen-Modell" des BAG auszugehen. Entscheidend ist mithin, ob sich zu den Kampfparteien im Ausland Interessenverbindungen feststellen lassen, die durch die Fernwirkungen des Arbeitskampfes mittelbar oder unmittelbar zu einer Störung der Kampfparität führen können. Regelmäßig wird sich eine solche Fernwirkung nicht feststellen lassen, da bei Arbeitskämpfen im Ausland selten koalitionspolitische Verbindungen oder wirtschaftliche Abhängigkeiten i. S. v. Konzernzugehörigkeit vorliegen werden. Auch vorliegend sind keine koalitionspolitischen Verbindungen bzw. wirtschaftlichen Abhängigkeiten im Ausmaße einer Konzernzugehörigkeit gegeben. Die bloße Lieferabhängigkeit reicht zur Begründung der wirtschaftlichen Abhängigkeit in diesem Sinne nicht aus. Auch darüber hinaus ist nicht ersichtlich, inwieweit der Streik der französischen Fernkraftfahrer Auswirkungen auf die Arbeitsbedingungen der Arbeitnehmer des Autositzherstellers A haben soll. Folglich liegt das Lohnzahlungsrisiko weiter beim Arbeitgeber.

Etwas anderes könnte etwa dann gelten, wenn sich mehrere nationale Gewerkschaften zusammen schließen, um in einem international tätigen Konzern gemeinsame Arbeitskampfziele durchzusetzen. Eine hier erfolgende Bestreikung eines ausländischen Konzernunternehmens mit Auswirkungen auf inländische Konzernunternehmen müsste dann zur Aufrechterhaltung der Arbeitskampfparität das Lohnzahlungsrisiko auf die Arbeitnehmer verlagern.
Angesichts der fortschreitenden Internationalisierung der Wirtschaft wird es immer virulenter, dass auch die Gewerkschaften überstaatlich agieren und grenzüberschreitende wirtschaftliche Verflechtungen ausnutzen. Ausgehend von einem transnationalen Paritätsverständnis hätten dann die Arbeitnehmer das Lohnzahlungsrisiko zu tragen (vgl. ausführlich *Hergenröder*, Der Arbeitskampf mit Auslandsberührung, S. 312 ff).

II. Möglichkeiten der V-AG zur Einschränkung der Lohnzahlungspflicht

1. Einführung von Kurzarbeit

a) Eine Möglichkeit zur Begrenzung der Lohnzahlungspflicht ist die Einführung von Kurzarbeit. Die Arbeits- und Lohnzahlungspflichten wären dann im Umfang der Kurzarbeit suspendiert. Da der Arbeitnehmer während des Arbeitsverhältnisses grundsätzlich einen Anspruch auf Beschäftigung hat, bedarf der Arbeitgeber für die Einführung der Kurzarbeit einer besonderer Rechtsgrundlage. Diese kann sich aus § 19 KSchG, aus Tarifvertrag, aus Betriebsvereinbarung, einer Vereinbarung mit jedem Arbeitnehmer oder auf Grund einer rechtswirksam gewordenen Änderungskündigung ergeben (vgl. *Schaub*, Arbeitsrechtshandbuch, 12. Aufl., § 47 Rdn. 2).

b) Grundsätzlich hat der Betriebsrat gem. § 87 Abs. 1 Nr. 2 und Nr. 3 BetrVG ein Mitbestimmungsrecht hinsichtlich des Umfanges und der Ausgestaltung der Kurzarbeit. Wird infolge eines Arbeitskampfes in einem Drittbetrieb die Einführung von Kurzarbeit notwendig und hat dies Paritätsstörungen i. S. d. Arbeitskampfrisikolehre zur Folge, hat das BAG dieses Mitbestimmungsrecht jedoch allein auf die Modalitäten der Arbeitszeitregelung beschränkt (vgl. BAG, DB 1981, 322). Kommt es also bei ausländischen Arbeitskampfmaßnahmen mit Auswirkungen im Inland zu Störungen des Verhandlungsgleichgewichts (liegt also zumindest eine Konstellation i. S. d. zweiten Stufe des „Drei-Zonen-Modells" vor), so beschränkt sich die Mitbestimmung des Betriebsrats auf die Ausgestaltung der Kurzarbeit, umfasst aber nicht deren Umfang.

Da vorliegend aber keine Verflechtungen i. S. d. zweiten Stufe des „Drei-Zonen-Modells" vorliegen, wäre die Mitbestimmung des Betriebsrats vollumfänglich gegeben.

c) Wird Kurzarbeit eingeführt, haben die Arbeitnehmer nach Maßgabe des § 169 SGB III grundsätzlich Anspruch auf Kurzarbeitergeld. Dieser Anspruch ruht gem. § 174 SGB III i. V. m. § 146 SGB III, soweit durch die Gewährung des Kurzarbeitergeldes in Arbeitskämpfe eingegriffen wird. Nach dem Wortlaut des Gesetzes hält der Gesetzgeber aber nur inländische Arbeitskämpfe für geeignet, den Anspruch auf Kurzarbeitergeld ruhen zu lassen, § 169 SGB III i. V. m. § 146 Abs. 3 SGB III.

Ob sich diese Einschränkung aufrecht erhalten lässt, wenn es infolge ausländischer Streiks zu Störungen der Arbeitskampfparität i. S. d. „Drei-Zonen-Modells" des BAG kommt, ist vor dem Hindergrund der von Art. 9 Abs. 3 GG geforderten Neutralität des Staates bei Arbeitskämpfen fraglich.

2. Arbeitszeitkonten

Immer mehr Unternehmen sind in der Vergangenheit dazu übergegangen, Arbeitszeitkonten einzuführen. Kommt es wegen Lieferengpässen zu Arbeitsausfällen, so könnten die Arbeitnehmer vor Einführung von Kurzarbeit und damit einhergehenden Lohnkürzungen (vgl. zum Umfang des Kurzarbeitergeldes §§ 178 ff SGB III) zunächst auf ihre Arbeitszeitkonten zurückgreifen.

Bei der Diskussion um Lohnfortzahlung, Einführung von Kurzarbeit und Rückgriff auf Arbeitszeitkonten bei Arbeitskämpfen im Ausland ist zu bedenken, dass die Abhängigkeit von Zulieferungen aus dem Ausland auf Unternehmensentscheidungen beruht. Oftmals werden gerade aus Kostengesichtspunkten Produktionen ins Ausland verlagert und allein die Endmontage findet noch im Inland statt. Kommt es nun auf Grund ausländischer Arbeitskämpfe zu Arbeitsausfällen im Inland, so ist vor diesem Hintergrund nicht einzusehen, warum dies zu Lasten der inländischen Arbeitnehmer gehen soll.

Lösung Fall 41
Der Umfang des Streikrechts

I. Überredung zur Beteiligung am Streik
Im Zuge des Streiks werden von beiden Tarifvertragsparteien organisatorische Maßnahmen getroffen. Auf Seiten der Gewerkschaft gehört hierzu auch die Einteilung der Streikposten. Streikposten erfüllen im Wesentlichen zwei Aufgaben:

Einerseits sollen sie für den Streik und dessen Ziele werben, zum anderen sollen sie arbeitswillige Kollegen von der Arbeitsaufnahme abhalten. Die Werbung soll dazu dienen, unbeteiligte Arbeitnehmer sowie andere anwesende Bürger zu informieren. Das Abhalten arbeitswilliger Kollegen von der Arbeitsaufnahme hat den Zweck, die Wirksamkeit des Streiks zu erhöhen.

Nach der Rechtsprechung des BAG (vgl. BAG, NJW 1963, 1291 ff) umfasst das Arbeitskampfrecht der Gewerkschaften auch den Versuch und ggf. das Gelingen, den bestreikten Betrieb abzusperren. Allerdings ist lediglich ein friedliches Einwirken auf arbeitswillige Kollegen zulässig. Die Streikposten dürfen sich vor den Betriebszugängen aufstellen und versuchen, auf „Streikbrecher" durch verbale Überzeugungsversuche einzuwirken, d.h., diese ansprechen und versuchen, sie in ein Gespräch zu verwickeln. Tätlichkeiten, wie beispielsweise Beleidigungen oder Nötigungen, Körperverletzungen oder Sachbeschädigungen, müssen in jedem Fall unterlassen werden.

Zwischenergebnis: Das Zureden und Argumentieren gegenüber dem C ist daher vom Streikrecht gedeckt.

II. Passierscheine können bzw. müssen von der streikführenden Gewerkschaft an solche Arbeitnehmer ausgegeben werden, die Notdienst- und Erhaltungsarbeiten leisten sollen, um ihnen die Auseinandersetzung mit den Streikposten durch Vorzeigen der Ausweise von vornherein zu ersparen. Daraus folgt dann auch das Recht der Streikposten, nach den Passierscheinen zu fragen, um klarzustellen, bei welchen Personen sie auch verbale Überzeugungsversuche zu unterlassen haben. Dagegen ist die Kontrolle von Ausweisen nicht gestattet, da dies für den Streik nicht erforderlich ist.

Exkurs
Notstandsarbeiten sollen die zur Befriedigung der elementaren persönlichen, sozialen und staatlichen Bedürfnisse erforderliche Mindestversorgung gewährleisten (BAG, AP Nr. 135 zu Art 9 GG Arbeitskampf). Hierzu zählen etwa die Bereiche Nahrung, Gesundheit, Energie, Feuerwehr, Müllbeseitigung. Hingegen spricht man von Erhaltungarbeiten, wenn der Arbeitseinsatz erforderlich ist, um Anlagen und Betriebsmittel während des Arbeitskampfes so zu erhalten, dass nach Beendigung des Arbeitskampfes die Arbeit fortgesetzt werden kann BAG, AP Nr. 74 zu Art. 9 GG Arbeitskampf). Hier geht es also um die Funktionalität des Betriebes. Zugleich soll auch verhindert werden, dass von dem Betrieb Gefahren ausgehen, etwa bei Nichtwartung von chemischen Anlagen. Zum Teil rechnet man zu den Erhaltungsarbeiten auch Schutzvorkehrungen im Interesse fremder Vermögenswerte, wie etwa die weitere Durchführung von Reparaturmaßnahmen an einem Dach (MünchArbR/*Otto*, § 285 Rdn. 144).

Über die Durchführung von Notstands- und Erhaltungsarbeiten besteht zwischen den Sozialpartner im Grundsatz Einigkeit. Zudem resultiert ihre Notwendigkeit auch aus dem Grundsatz der Verhältnismäßigkeit des Arbeitskampfes. Hinsichtlich der Reichweite im Einzelnen kommt es dagegen des öfteren zu Meinungsverschiedenheiten.

III. Die Hinderung des E, den Betrieb des B zu betreten, war jedoch nicht vom Streikrecht gedeckt. Hier lag eine unzulässige – gewalttätige – Zutrittsverhinderung vor. Diese Maßnahme war rechtswidrig.

IV. Streikposten dürfen den Zugang zum Betrieb nicht durch eine mauerartige Kette verhindern. Gleiches gilt für eine Blockade der Eingänge, um einen Warenzu- oder Abtransport zu unterbinden. Dies geht über das zulässige Maß hinaus und ist vom Streikrecht nicht mehr gedeckt.

V. Schließlich bleibt festzuhalten, dass das Verbot gegenüber dem Kunden F, das Betriebsgelände zu betreten, ebenfalls nicht vom Streikrecht umfasst ist. Die Zugangsverhinderung bzw. das Zugangsverbot war rechtswidrig.

Ergebnis: Die Handlungen 3–5 sind vom Streikrecht nicht gedeckt.

Abwandlung:
Ansprüche des E gegen die A-Gewerkschaft wegen der Beschädigung des Anoraks

I. Anspruch aus § 823 Abs. 1 i. V. m. § 31 BGB analog
Die A-Gewerkschaft könnte nach § 823 Abs. 1 i. V. m. § 31 BGB analog verpflichtet sein, für die Beschädigung des Anoraks Ersatz zu leisten.

1. Die A-Gewerkschaft selbst konnte den Anorak des E nicht beschädigen, da sie als nichtrechtsfähiger Verein gar nicht handlungsfähig ist. Möglicherweise ist ihr aber das Verhalten des S analog § 31 BGB zuzurechnen.

Eine direkte Anwendung von § 31 BGB scheidet aus. Gewerkschaften sind aus historischen Gründen als nichtrechtsfähige Vereine organisiert. Für den nichtrechtsfähigen Verein schreibt § 54 S. 1 BGB an sich die Geltung des Rechts der BGB-Gesellschaft (§§ 705 ff BGB) vor. Diese Entscheidung beruhte vor allem auf der Erwägung, Parteien und Gewerkschaften zur Eintragung zu veranlassen und einer politischen Kontrolle zu unterwerfen. Dieser Zweck ist indes überholt und mit Art. 9 GG unvereinbar. Die Anwendung der §§ 705 ff BGB ist wegen der strukturellen und organisatorischen Unterschiede zwischen der Gesellschaft und dem körperschaftlich organisierten Verein sachfremd. Das BGB muss gerade für den unter dem Schutz des Art. 9 GG stehenden nichtrechtsfähigen Verein eine seiner Struktur entsprechende rechtliche Ausgestaltung bereitstellen. Rechtsprechung und Lehre sind daher dazu übergegangen, den nichtrechtsfähigen Verein den §§ 21 ff BGB insoweit zu unterstellen, als die jeweilige Vorschrift nicht die Rechtsfähigkeit, also die Eintragung in das Vereinsregister, voraussetzt. § 31 BGB ist keine solche Vorschrift (vgl. *Palandt/Heinrichs/Ellenberger*, BGB, 67. Aufl., § 54 Rdn. 12).

Voraussetzung des § 31 BGB ist, dass S als „verfassungsmäßig berufener Vertreter" zu qualifizieren ist. Dabei genügt es, dass ihm durch die allgemeine Betriebsregelung und Handhabung bedeutsame wesensgemäße Funktionen der Körperschaft zur selbständigen eigenverantwortlichen Erfüllung zukommen und er die Körperschaft insoweit repräsentiert.

Vorliegend beschränkte sich die Aufgabe des S allein darauf, als Streikposten tätig zu werden und hierbei Arbeitswillige durch verbale Einwirkung von der Arbeit abzubringen. Er ist daher nicht als Organ der A-Gewerkschaft i. S. d. § 31 BGB anzusehen.

2. Auch ein Schadensersatzanspruch aus § 823 Abs. 1 BGB unter dem Gesichtspunkt des unterlassenen Einschreitens der Streikleitung, die regelmäßig als Organ der Gewerkschaft i. S. d. § 31 BGB anzusehen ist (vgl. MünchArbR/*Otto* § 289 Rdn. 28), scheidet aus. Dem Sachverhalt ist nicht zu entnehmen, dass die Streikleitung von solchen Vorfällen Kenntnis hatte und insofern hätte einschreiten können.

II. Anspruch aus § 831 Abs. 1 S. 1 BGB
In Betracht kommt jedoch ein Anspruch aus § 831 Abs. 1 BGB wegen vermuteten Auswahl- bzw. Überwachungsverschuldens.

1. Dies setzt zunächst voraus, dass S Verrichtungsgehilfe der A-Gewerkschaft war. S war von der A-Gewerkschaft als weisungsabhängiger Streikposten eingesetzt wurden und ist in dieser Eigenschaft als deren Verrichtungsgehilfe anzusehen (BAG, AP Nr. 108 zu Art. 9 GG Arbeitskampf).

2. S hat auch in Ausführung seiner Tätigkeit als Streikposten die Beschädigung des Anoraks verursacht, also in unmittelbaren Zusammenhang mit der ihm aufgetragenen Verrichtung, als er den E am Betreten der B-GmbH zu hindern versuchte.

3. Weitere Voraussetzung des § 831 Abs. 1 S. 1 BGB ist, dass dem E durch S widerrechtlich ein Schaden zugefügt wurde. Dies ist dann der Fall, wenn S den objektiven Tatbestand einer unerlaubten Handlung rechtswidrig erfüllt hat (vgl. *Palandt/Sprau*, BGB, 67. Aufl., § 831 Rdn. 8) Durch sein Verhalten hat S den Anorak des E beschädigt und mithin dessen Eigentum verletzt. Der objektive Tatbestand des § 823 Abs. 1 BGB ist erfüllt. S handelte hierbei auch rechtswidrig; insbesondere kann er sich nicht auf Art. 9 Abs. 3 GG berufen, da die Anwendung von körperlicher Gewalt oder psychischem Zwang vom Streikrecht nicht gedeckt ist.

4. Möglicherweise kann sich die A-Gewerkschaft aber nach § 831 Abs. 1 S. 2 BGB exkulpieren. Erforderlich hierfür ist, dass die A-Gewerkschaft den S sorgfältig ausgewählt und auch im Folgenden entsprechend beaufsichtigt und überwacht hat. Gerade am ersten Streiktag wäre es indes angezeigt gewesen, den S zu kontrollieren, zumal S die Aufgabe zum ersten Mal ausgeübt hat und somit nicht als erwiesenermaßen zuverlässig gelten konnte. Da dies nach dem vorliegenden Sachverhalt von der A-Gewerkschaft nicht unternommen wurde, wird der Entlastungsbeweis nach § 831 Abs. 1 S. 2 BGB daher nicht gelingen.

5. Nach § 249 Abs. 2 S. 1 BGB kann E daher von der A-Gewerkschaft den für die Reparatur erforderlichen Geldbetrag verlangen.

Ergebnis: E kann von der A-Gewerkschaft des Ersatz der Reparaturkosten gem. § 831 Abs. 1 BGB i. V. m. § 249 Abs. 2 S. 1 BGB verlangen.

Lösung Fall 42
Arbeitskampf und Entgeltfortzahlung

Fraglich ist, ob der Streik bei der B-GmbH zum Wegfall des Entgeltfortzahlungsanspruchs des G führt.

I. Grundsätzlich hat ein Arbeitnehmer, der nach Beginn der Beschäftigung durch Arbeitsunfähigkeit infolge Krankheit an seiner Arbeitsleistung verhindert ist, ohne dass ihn daran ein Verschulden trifft, einen Entgeltfortzahlungsanspruch für die Dauer von bis zu sechs Wochen, § 3 EFZG.

II. Der Anspruch auf Entgeltfortzahlung setzt jedoch gem. § 3 Abs. 1 S. 1 EFZG weiter voraus, dass „ein Arbeitnehmer durch Arbeitsfähigkeit infolge Krankheit an seiner Arbeitsleistung verhindert" wird. Damit ist – neben der Kausalität zwischen Krankheit und Arbeitsunfähigkeit – ein weiterer Kausalzusammenhang dahingehend erforderlich, dass die krankheitsbedingte Arbeitsunfähigkeit den Arbeitnehmer an der Erbringung seiner vertraglich geschuldeten Arbeitsleistung gehindert haben muss. Rechtsprechung und Literatur fordern daher, dass die krankheitsbedingte Arbeitsunfähigkeit die alleinige und ausschließliche Ursache für den Ausfall der Arbeitsleistung und damit den Verlust des Vergütungsanspruchs bildet (vgl. MünchArbR/*Boecken*, § 83 Rdn. 57 f m. w. N.).

Fraglich ist daher, ob vor dem Hintergrund des Streiks bei B die krankheitsbedingte Arbeitsunfähigkeit des G als alleinige Ursache des Arbeitsausfalls als anzusehen ist. Treffen Krankheit und Arbeitskampf aufeinander, ist wie folgt zu differenzieren:

1. Erkrankt ein streikender oder ausgesperrter Arbeitnehmer während eines Arbeitskampfes, so besteht kein Anspruch auf Entgeltfortzahlung (BAG, AP Nr. 121 zu Art. 9 GG Arbeitskampf). Der Arbeitkampf führt zur Suspendierung der arbeits-vertraglichen Hauptleistungspflichten, weshalb die krankheitsbedingte Arbeitsunfähigkeit nicht die alleinige Ursache für den Entgeltausfall darstellt. Auch ohne die krankheitsbedingte Arbeit hätte der Arbeitnehmer kein Arbeitsentgelt erhalten.

Der Arbeitnehmer kann auch nicht durch Erklärung das Ende seiner Streikteilnahme herbeiführen mit der Folge, dass der Arbeitskampf als Ursache des Entgeltausfalls entfällt. Dem würde der Einwand des Rechtsmissbrauchs entgegenstehen (MünchArbR/*Boecken*, § 83 Rdn. 77).

2. Ist der Arbeitnehmer bereits vor dem Beginn des Arbeitskampfes arbeitsunfähig krank, scheidet ein Entgeltanspruch jedenfalls dann aus, wenn der Arbeitnehmer auf Grund des Arbeitskampfes auch nicht hätte arbeiten können, wenn er arbeitsfähig gewesen wäre (vgl. BAG, AP Nr. 29 zu § 1 LohnFG, Nr. 121 zu Art. 9 GG-Arbeitskampf). Somit entfällt der Entgeltfortzahlungsanspruch, wenn der Arbeitgeber den bestreikten Betrieb bzw. Betriebsteil während der Dauer des Streikaufrufs durch eine entsprechende Willenserklärung des Arbeitgebers einstellt (hierzu näher BAG, AP Nr. 139 zu Art 9 GG Arbeitskampf), wozu er auch ohne Aussperrung berechtigt ist (sog. Betriebsstilllegung, vgl. BAG, AP Nr. 130 zu Art. 9 GG Arbeitskampf).

3. Ist der Arbeitnehmer bereits vor dem Beginn des Arbeitskampfes arbeitsunfähig krank und hält der Arbeitgeber den bestreikten Betrieb zumindest teilweise aufrecht, so kann nicht in jedem Fall davon ausgegangen werden, dass sich der Arbeitnehmer am Streik beteiligt. Es ist vielmehr Sache des Arbeitnehmers, ausdrücklich oder konkludent gegenüber dem Arbeitgeber zu erklären, ob er sich am Streik beteiligt (BAG, AP Nr. 114 zu Art. 9 GG Arbeitskampf). Der Arbeitgeber kann zwar im Regelfall davon ausgehen, dass diejenigen Arbeitnehmer, die nach einem gewerkschaftlichen Streikaufruf nicht zur Arbeit erscheinen, von ihrem Streikrecht Gebrauch machen; dies gilt jedoch nicht bei Arbeitnehmern, die schon vor Streikbeginn von der Arbeit befreit waren, z. B. durch krankheitsbedingte Arbeitsunfähigkeit BAG, AP Nr. 121 zu Art 9 GG Arbeitskampf).

Vorliegend war G bereits vor Streikbeginn krankheitsbedingt arbeitsunfähig. Da er weder ausdrücklich noch konkludent kund tat, dass er sich am Arbeitskampf beteiligen wolle, kann nicht davon ausgegangen werden, dass er sich im Falle der Arbeitsfähigkeit am Streik beteiligt hätte. Ein hypothetischer Kausalverlauf ist insofern unbeachtlich (BAG, AP Nr. 114 zu Art 9 GG Arbeitskampf). Damit hat G Anspruch auf Entgeltfortzahlung.

Exkurs Würde der G wegen des Streiks von seinem Arbeitgeber keine Entgeltfortzahlung erhalten, so bliebe davon der daneben bestehende Anspruch auf Krankengeld nach § 44 SGB V grundsätzlich unberührt. Der Anspruch auf Krankengeld ruht nach § 49 SGB V nämlich nur, solange und soweit der Versicherte Arbeitsentgelt oder Ersatzleistungen erhält. Der Anspruch gegen die Krankenversicherung bleibt vom Streik unberührt. Denn der Zahlungsanspruch auf Krankengeld gegen die Solidargemeinschaft resultiert einzig aus der Mitgliedschaft des Versicherten in der Solidargemeinschaft, vgl. §§ 19, 190, 192 SGB V.
Dies kann im Ergebnis dazu führen, dass ein kranker Streikender gegenüber einem gesunden Streikenden besser gestellt ist.

Ergebnis: Auf den Entgeltfortzahlungsanspruch des G hat der Streik bei der B-GmbH keine Auswirkungen.

Lösung Fall 43
Zulässigkeit und Grenzen der Aussperrung

Gutachten des Assessors Gut:

Als Abwehrmaßnahme gegen den gewerkschaftlichen Streik kommt zunächst eine Aussperrung von Arbeitnehmern durch die bestreikten Betriebe in Betracht. Unter Aussperrung ist dabei die planmäßig erfolgte Arbeitsausschließung mehrerer Arbeitnehmer unter Verweigerung der Lohnfortzahlung zur Erreichung eines bestimmten Zieles durch einen oder mehrere Arbeitgeber zu verstehen (vgl. *Schaub*, Arbeitsrechthandbuch, 12. Aufl., § 192 Rdn. 14).

I. Allgemeine Zulässigkeit der Aussperrung

Art. 9 Abs. 3 GG garantiert die Koalitionsfreiheit. Vom Schutzbereich des Art. 9 Abs. 3 GG ist das Recht der Koalitionen umfasst, Arbeitskämpfe durchzuführen. Der arbeitskampfrechtliche Garantiegehalt des Art. 9 Abs. 3 GG ist indes heftig umstritten.

1. Während in den fünfziger und sechziger Jahren jedwede verfassungsrechtliche Garantie des Arbeitskampfes von der h. M. noch abgelehnt wurde, besteht heute zumindest weitgehende Einigkeit darüber, dass der Streik als Arbeitskampfmittel durch Art. 9 Abs. 3 GG dem Grunde nach garantiert ist. Die verfassungsrechtliche Gewährleistung und Zulässigkeit der Aussperrung wird dagegen zum Teil abgelehnt, weil Art. 9 Abs. 3 GG als Arbeitnehmergrundrecht allein der strukturellen Unterlegenheit der Arbeitnehmerseite durch Gewährung des Streikrechts dient. Nach h. M. ist die Aussperrung dagegen jedenfalls soweit gewährleistet und zulässig, wie sie zur Verhinderung eines strukturellen Übergewichts der Arbeitnehmerseite erforderlich ist (vgl. MünchArbR/*Otto*, § 284 Rdn. 10 ff m. w. N.).

2. Der große Senat des BAG entschied bereits am 28. Januar 1955, dass bestreikte Arbeitgeber im Wege der kollektiven Abwehraussperrung zur fristlosen Lösung der Arbeitsverhältnisse der streikenden Arbeitnehmer berechtigt sind (vgl. BAG, AP Nr. 1 zu Art. 9 GG Arbeitskampf). Er begründete dabei seine Entscheidung mit dem Prinzip der Kampfparität. Mit Beschluss vom 21. April 1971 stellte der Große Senat des BAG schließlich fest, dass im Rahmen des Verhältnismäßigkeitsprinzips nicht nur Streiks der Arbeitnehmer, sondern auch Aussperrungen als Kampfmaßnahme der Arbeitgeber zulässig seien (BAG, AP Nr. 43 zu Art. 9 GG Arbeitskampf). Der erste Senat des BAG bestätigte später die Zulässigkeit der Abwehraussperrung, beschränkte ihren Umfang aber gegenüber dem Angriffstreik (vgl. BAGE 33, 140, 162 ff und 185, 192 ff; bestätigt durch BAG, AP Nr. 84 zu Art. 9 GG Arbeitskampf). Ob die Aussperrung notwendiger Bestandteil einer im Kern durch Art. 9 Abs. 3 GG geschützten Kampfordnung ist, ließ das BAG indes offen (vgl. BAG, AP Nr. 101 zu Art. 9 GG Arbeitskampf).

3. Das BVerfG äußerte sich im Beschluss vom 26. Juni 1991 schließlich dahingehend, dass jedenfalls die suspendierende Aussperrung zur Abwehr von Teil- und Schwerpunktstreiks, die der Herstellung der Verhandlungsparität dienen, verfassungsrechtlich geschützt ist (BVerfGE 84, 212, 225 = NJW 1991, 2549).

4. Fraglich ist, ob auch eine Angriffsaussperrung zulässig ist. Bisher hat sie keine praktische Bedeutung erlangt. Die Zulässigkeit ist im Prinzip anerkannt, weil auch der Arbeitgeberseite die Möglichkeit eröffnet werden muss, zur Herstellung gleicher Verhandlungschancen mit dem Arbeitskampf zu beginnen (*Brox/Rüthers*, Arbeitskampfrecht, Rdn. 187). In seiner Grundsatzentscheidung aus dem Jahre 1971 hat auch der Große Senat des BAG betont, dass „der Arbeitgeber derartige Maßnahmen – und zwar auch als ersten Akt eines Arbeitskampfes – ergreifen kann" (vgl. BAG, NJW 1971, 1669). Allerdings ist zweifelhaft, ob eine nicht weiter eingeschränkte Zulässigkeit der Angriffsaussperrung mit der neueren Rechtsprechung des BAG vereinbar ist, das das Streikrecht als Instrument zur Herstellung des Verhandlungsgleichgewichts der Arbeitnehmerseite ansieht (vgl. BAGE 33, 140, 162 ff und 185, 192 ff).

Darüber hinaus wird eine Angriffsaussperrung auch dann für unzulässig gehalten, sofern sie durch Landesnormen ausgeschlossen wird (vgl. MünchArbR/*Otto*, § 286 Rdn. 73 ff).

II. Voraussetzungen der Aussperrung

1. Für die Zulässigkeit einer Aussperrung gelten zunächst die gleichen Voraussetzungen wie für die Rechtmäßigkeit des Streiks, d.h., sie muss auf ein tariffähiges Ziel gerichtet sein und nicht gegen die Friedenspflicht verstoßen. Das Recht zur Aussperrung steht dabei neben den Arbeitgeberverbänden auch den einzelnen Arbeitgebern zu, weil sie gem. § 2 Abs. 1 TVG tariffähig und daher im Stande sind, die Forderungen der Gewerkschaften durch den Abschluss eines Firmentarifvertrages zu erfüllen (BAG, NZA 1993, 39, 40). Selbst wenn es um den Abschluss eines Verbandstarifvertrages geht, können Außenseiter-Arbeitgeber aussperren, wenn der Abschluss des Tarifvertrages für sie Auswirkungen entfaltet (BVerfG, NJW 1991, 2549, 220). Auf kollektiver Ebene ist zudem eine Erklärung erforderlich, aus deren Inhalt deutlich wird, dass eine Aussperrung erfolgt und wer ab wann von der Maßnahme betroffen ist.

Soweit die Aussperrung als Antwort auf einen rechtswidrigen Streik erfolgt, ist sie zulässig, soweit nicht die Rechtswidrigkeit des Arbeitskampfes evident ist (vgl. MünchArbR/ *Otto*, § 286 Rdn. 99). Ansonsten ist der Arbeitgeber auf den Rechtsweg zu verweisen.

Die Aussperrung ist auch gegen Warnstreiks möglich. Auch ein kurzfristiger Streik ist ein Erzwingungsstreik, der von der Arbeitgeberseite mit Abwehrmaßnahmen beantwortet werden kann, wozu auch die Abwehraussperrung gehört (vgl. BAG, NZA 1988, 846; 1993, 39, 40).

2. Gleichwohl darf nicht auf jeden Streik mit einer Aussperrung reagiert werden. Aussperrungen sind nach dem Grundsatz der Verhältnismäßigkeit nur insoweit zulässig, wie sie zur Herstellung der Kampfparität zwischen den Parteien erforderlich sind. Das BAG hat sich insofern ursprünglich für eine Quotenregelung ausgesprochen (BAG, NJW 1980, 1642, 1651):

Wenn durch den Streikbeschluss weniger als 25 % der Arbeitnehmer eines Tarifgebiets zur Arbeitsniederlegung aufgefordert werden, so kann es sich dabei um einen eng geführten Teilstreik handeln, bei dem die beschriebene Belastung für die Solidarität der Arbeitgeber und damit eine Verschiebung des Kräftegleichgewichts als möglich anzusehen seien. Hier muss die Arbeitgeberseite den Kampfrahmen erweitern können, wobei eine Ausdehnung um weitere 25 % der betroffenen Arbeitnehmer als nicht unproportional erscheint. Befinden sich dagegen mehr als 25 % der Arbeitnehmer im Streik, so verringert sich die Möglichkeit der Arbeitgeber zur Erweiterung des Kampfrahmens dementsprechend. Grund hierfür ist, dass der Angriff auf die Solidarität der Arbeitgeber trotz der größeren Zahl der streikenden Arbeitnehmer geringer wird.

Es ist also von einem Gesamtrahmen von bis zu 50 % der Arbeitnehmer des jeweiligen Tarifgebiets auszugehen. Bezogen auf den Fall bedeutet dies hier, dass neben den 30 % der Arbeitnehmer, die sich im Ausstand befinden, weitere 20 % ausgesperrt werden können. Dabei hat der Arbeitgeberverband einen Aussperrungsbeschluss zu fassen, bei dem die Zahl der streikenden und der auszusperrenden Arbeitnehmer zu beachten ist. Wie der Streikbeschluss auf Gewerkschaftsseite, so ist auch der Aussperrungsbeschluss auf Arbeitgeberseite Rechtmäßigkeitsvoraussetzung für eine Aussperrung.

Befinden sich mehr als 50 % der Arbeitnehmer eines Tarifgebiets im Streik, so ist eine Störung der Kampfparität nicht mehr zu besorgen. Ein Angriff auf die Solidarität der Arbeitgeber kann dann nicht mehr gegeben sein. Eine weitere Aussperrung wäre dann nicht mehr möglich.

3. Diese als sog. Arbeitskampfarithmetik bezeichnete Rechtsprechung hat indes viel Kritik erfahren (vgl. etwa *Zöllner/Loritz/Hergenröder,* Arbeitsrecht, 6. Aufl., § 40 IX 1). In einer späteren Entscheidung stellt das BAG dann auch nur noch auf ein auffälliges Missverhältnis zwischen den zum Streik aufgerufenen Arbeitnehmern einerseits und der Zahl der Arbeitnehmer, die nach dem Aussperrungsbeschluss ausgesperrt werden sollen, ab (vgl. BAG, NZA 1985 537, 539). Praktisch handhabbarer ist indes die Quotenregelung.

4. In personeller Hinsicht ist schließlich zu beachten, dass die Aussperrung des Arbeitgebers nicht gezielt nur Mitglieder der streikenden Gewerkschaft erfassen darf. Eine solche Differenzierung verstieße gegen Art. 9 Abs. 3 GG und hätte zur Folge, dass die Aussperrung insgesamt rechtswidrig wäre (vgl. BAG, NJW 1980, 1653, 1654).

Exkurs   Da der vorliegende Fall in dem Land Hessen spielt, ist auch die Vorschrift des Art. 29 Abs. 5 der Verfassung des Landes Hessen zu beachten. Dort heißt es: „Die Aussperrung ist rechtswidrig." Im Hinblick auf Art. 9 Abs. 3 GG hat das BAG jedoch entschieden, dass Art. 29 Abs. 5 der Verfassung des Landes Hessen mit dem geltenden bundesrechtlichen Tarifrecht kollidiert und daher gem. Art. 31 GG unwirksam sei, soweit nach Bundesrecht die Aussperrung zulässig ist (vgl. BAG, AP Nr. 101 zu Art. 9 GG Arbeitskampf). Da zumindest die suspendierende Abwehraussperrung als zulässiges Arbeitskampfmittel anerkannt ist (vgl. BVerfG, NJW 1991, 2549), greift Art. 29 Abs. 5 HessVerf. also zu weit. Angriffsaussperrungen könnten dagegen unter die hessische Verfassungsnorm fallen (vgl. auch MünchArbR/*Otto*, § 286 Rdn. 74).

Abwandlung:

Das BAG hat mit Urteil vom 22. März 1994 als weitere Reaktionsmöglichkeit des Arbeitgebers auf einen Streik die Möglichkeit der Betriebsstilllegung anerkannt (BAG, AP Nr. 130 zu Art. 9 GG Arbeitskampf). Rechtsfolge dieser Maßnahme ist – wie grundsätzlich auch bei Streik und Aussperrung – die Suspendierung der gegenseitigen Pflichten aus dem Arbeitsvertrag.

Der Unterschied zur Abwehraussperrung liegt darin, dass sich die Betriebsstilllegung strikt im räumlichen und zeitlichen Rahmen des konkreten Streikbeschlusses der Gewerkschaft halten muss. Im Vergleich zur Aussperrung stellt das BAG dabei an die Erklärung der Betriebsstilllegung geringere Anforderungen. Insofern reicht die bloße Aufforderung, „das Werksgelände zu verlassen", verbunden mit dem Hinweis, „streikbedingt sei der Arbeitsablauf nicht mehr gesichert" (vgl. BAG, AP Nr. 137 zu Art. 9 GG Arbeitskampf). Im Gegensatz zur Arbeitskampfrisikolehre kommt es auf die Möglichkeit und die wirtschaftliche Zumutbarkeit der Beschäftigung der Arbeitswilligen nicht an.

Die Rechtsfortbildung des BAG wird in der Literatur nahezu einhellig kritisiert und als Verstoß gegen die negative Koalitionsfreiheit der arbeitswilligen Arbeitnehmer abgelehnt (vgl. MünchArbR/*Otto*, § 286 Rdn. 111 ff m. w. N.).

Lösung Fall 44
Rechtsfolgen der Aussperrung

Antwort des Rechtsanwalts R:

Eine Weiterbeschäftigungspflicht des A besteht dann, wenn die Rechte und Pflichten aus dessen Arbeitsverhältnis wieder aufgelebt sind bzw. die B-KG nach Ablauf des Arbeitskampfes zur Wiedereinstellung des A verpflichtet ist. Insofern stellt sich die Frage, welche Rechtsfolgen sich aus der Aussperrung ergeben.

I. Suspendierende Aussperrung

Wie bereits dargestellt (**Fall 42**), führt ein Streik nicht zum Wegfall des Arbeitsverhältnisses, sondern lediglich zur Suspendierung der sich hieraus ergebenden Hauptleistungspflichten. Nichts anderes kann für eine Aussperrung gelten. Folge einer suspendierenden Aussperrung ist danach, dass nach Beendigung des Arbeitskampfes alle Rechte und Pflichten aus dem Arbeitsverhältnis mit der Folge wieder aufleben, dass die B-KG auch verpflichtet ist, den A weiter zu beschäftigen.

II. Lösende Aussperrung

Fraglich ist, ob daneben auch die Möglichkeit einer lösenden Aussperrung besteht.

Der Große Senat hat in seiner Entscheidung aus dem Jahr 1955 zunächst ausgeführt, dass der Arbeitgeber seine Kampfmittel wählen und daher auch lösend aussperren könne (BAG, AP Nr. 1 zu Art. 9 GG Arbeitskampf). Diese Rechtsprechung wurde indes heftig kritisiert. 1971 entschied daraufhin der Große Senat, dass Streik und Aussperrung im Allgemeinen grundsätzlich nur suspendierende Wirkung hätten (BAG, AP Nr. 43 zu Art. 9 GG Arbeitskampf). Eine lösende Aussperrung sollte aber dann zulässig sein, wenn ein rechtswidriger Angriffsstreik oder ein Arbeitskampf mit besonderer Intensität vorgelegen hatte. Von vornherein unzulässig sollte sie gegenüber Personen mit besonderem Kündigungsschutz, wie beispielsweise Betriebsratsmitgliedern oder werdenden Müttern, sein. Diese Rechtsprechung wurde vom BVerfG als unbedenklich angesehen (BVerfG, AP Nr. 50 zu Art. 9 GG Arbeitkampf).

Der Beschluss des Großen Senats von 1971 ist allerdings an der neueren Rechtsprechung des BAG zur Zulässigkeit der Aussperrung zu messen. Danach ist es fraglich, ob eine lösende Aussperrung überhaupt als zulässig angesehen werden kann. Denn bereits bei einer suspendierenden Aussperrung wird in der Gefährdung der Lebensgrundlage des Arbeitnehmers durch den Wegfall des Lohnanspruchs ein wichtiger Grund gesehen, wegen dem eine Begrenzung der Kampfmaßnahme gefordert wird.

Dies muss umso mehr für die lösende Aussperrung gelten, weil sie im Ergebnis zum Verlust des Arbeitsplatzes führt. Zumindest zur Gegenwehr gegen einen rechtmäßigen Streik hat sich in der Literatur die Auffassung durchgesetzt, dass die lösende Aussperrung unverhältnismäßig und damit unzulässig ist (vgl. MünchArbR/*Otto*, § 285 Rdn. 132).

III. Die Rechtsprechung folgert aus dem Gebot der Verhältnismäßigkeit von Kampfmittel und Zwecken, dass der Arbeitgeber nach dem Ende einer lösenden Aussperrung grundsätzlich zur Wiedereinstellung der Arbeitnehmer verpflichtet ist (vgl. BAG, AP Nr. 43 und 45 zu Art. 9 GG Arbeitskampf). Nur wenn der Arbeitgeber nach Beendigung des Arbeitskampfes einzelne Arbeitnehmer nicht mehr beschäftigen kann, weil es an entsprechenden Aufträgen fehlt, könnte ein Wiedereinstellungsanspruch entfallen. Im Ergebnis läuft auch dies auf eine Suspendierung der Hauptleistungspflichten hinaus. Eine lösende Aussperrung mit der Folge der endgültigen Beendigung des Arbeitsverhältnisses dürfte mithin faktisch weitgehend ausgeschlossen sein.

Selbst die Verfechter der lösenden Aussperrung gehen nicht davon aus, dass die arbeitsvertraglichen Beziehungen vollständig erlöschen mit der Folge, dass die betroffenen Arbeitnehmer sämtliche Rechte einschließlich etwaiger Ruhegeldanwartschaften und Urlaubsansprüche verlieren. In der Praxis erfolgt zudem – meist im Rahmen des abzuschließenden Tarifvertrages – die Wiedereinstellung der ausgesperrten Arbeitnehmer.

IV. Vorliegend ist von einer bloß suspendierenden Aussperrung auszugehen. Selbst wenn die Möglichkeit einer lösenden Aussperrung anerkannt wird, liegt hier doch keine einschlägige Fallgruppe für diese Rechtsfolge vor. Auf jeden Fall würde aber dann ein Wiedereinstellungsanspruch bestehen. Ein Ausschluss der Weiterbeschäftigung des A auf Grund seiner aktiven Rolle während des Arbeitskampfes würde zudem gegen § 612 a BGB verstoßen und wäre auch im Hinblick auf Art. 9 Abs. 3 GG unzulässig.

Lösung Fall 45
Das Zugangsrecht der Gewerkschaften

Zulässigkeit der Maßnahmen

Ob und inwieweit sich Gewerkschaften im Betrieb betätigen, namentlich Mitgliederwerbung betreiben dürfen, ist grundsätzlich und in vielen Detailfragen umstritten (vgl. auch MünchArbR/*Berkowsky*, § 137 Rdn. 196 ff). Voranzustellen ist bei der Prüfung der Zulässigkeit der angesprochenen Maßnahmen, dass die Aufgaben der Gewerkschaften und der Arbeitgebervereinigungen durch das BetrVG nicht berührt werden. Dies ergibt sich aus § 2 Abs. 3 BetrVG. Ergänzend hierzu sei auf die Regelung in § 74 Abs. 3 BetrVG verwiesen, nach der die Arbeitnehmer, die im Rahmen dieses Gesetzes Aufgaben übernehmen, hierdurch in der Betätigung für ihre Gewerkschaft auch im Betrieb nicht beschränkt werden dürfen.

Bereits hieraus wird deutlich, dass das BetrVG das Koalitionsrecht des Einzelnen wie auch der Koalition selbst weder einschränkt noch erweitert. Es bleibt bei dem dualistischen System der Trennung der Aufgaben von Betriebsrat und Arbeitgeber auf der einen sowie den Aufgaben der Koalitionen auf der anderen Seite. Jede Institution kann nach den für sie geltenden Regelungen handeln. Zu den Koalitionsaufgaben der Gewerkschaften gehört auch die Information und Werbung im Betrieb sowie die Interessenwahrnehmung durch gewerkschaftliche Vertrauensleute. Zwar bestehen gesetzliche Regelungen hierfür nicht; bei der Ausübung der Koalitionsaufgaben sind jedoch die allgemeinen Schranken einzuhalten, die durch die Rechte anderer sowie durch die speziellen arbeitsrechtlichen Regelungen gesetzt sind.

I. Plakatwerbung

1. Mitgliederwerbung ist notwendige Voraussetzung für den weiteren Bestand und die weitere Betätigung der Gewerkschaft als Koalition. Ohne neue Mitglieder würde der Mitgliederbestand einer Gewerkschaft im Laufe der Zeit so zurückgehen, dass sie ihre Aufgabe nicht mehr sachgerecht erfüllen könnte.

Dabei ist zu beachten, dass eine effektive Werbung nur dort möglich ist, wo die Werbung auch Aufmerksamkeit erregt und auf Aufgeschlossenheit stoßen kann. Dieser Ort ist auch der Betrieb. Denn gerade dort werden diejenigen Fragen, Aufgaben und Probleme deutlich, auf die sich das Tätigwerden einer Gewerkschaft bezieht. Es gehört deshalb zum Kernbereich der verfassungsrechtlich gewährleisteten Betätigung der Koalition i. S. d. Art. 9 Abs. 3 GG, auch und gerade im Betrieb neue Mitglieder zu werben (BAG, AP Nr. 38 zu Art. 9 GG).

2. Allerdings muss das Aufhängen derartiger Plakate in Absprache mit dem Arbeitgeber an den dafür vorgesehenen Orten erfolgen. Ein solcher Ort ist beispielsweise das Schwarze Brett oder der Pausenraum eines Betriebes.

Ergebnis: Das Aufhängen von Plakaten im Pausenraum oder am Schwarzen Brett wäre somit zulässig gewesen, wenn hierüber eine Absprache mit dem Arbeitgeber erfolgt wäre.

II. Die Verteilung von Informationsmaterial

1. Wie soeben ausgeführt wurde, ergibt sich aus Art. 9 Abs. 3 GG ein Recht auf koalitionsmäßige Betätigung durch die Koalition. Geschützt ist durch das Grundrecht des Art. 9 Abs. 3 GG diejenige Betätigung, die für die Erhaltung und Sicherung des Bestandes der Koalition unerlässlich ist. Hierzu gehört auch die Werbung neuer Mitglieder, denn ohne entsprechende Information und Selbstdarstellung könnte der Bestand der Gewerkschaften gefährdet werden (BAG, AP Nr. 55 zu Art. 9 GG).

2. Allerdings wird eine derartige koalitionsmäßige Betätigung nicht schrankenlos gewährt. Nach der bisherigen Rechtsprechung des BAG war das Betätigungsrecht der Koalition lediglich in ihrem Kernbereich geschützt (BAG, NZA 1992, S. 690 f). Das BVerfG hat die letztzitierte Entscheidung des BAG aufgehoben und erklärt, dass der Schutz des Art. 9 Abs. 3 GG sich nicht nur auf diejenigen Tätigkeiten, die für die Erhaltung und die Sicherung des Bestandes der Koalition unerlässlich sind, beschränkt, sondern alle koalitionsspezifischen Verhaltensweisen umfasst. Hierzu gehöre auch die Mitgliederwerbung durch die Koalition und ihre Mitglieder (BVerfG, NZA 1996, 381 ff).

Der einzelne Arbeitnehmer, der innerhalb eines Betriebes gewerkschaftliche Aufgaben wahrnimmt, darf dabei jedoch nicht gegen seine eigenen arbeitsvertraglichen Pflichten verstoßen. Deshalb ist eine Verteilung gewerkschaftlicher Werbematerialien während der Arbeitszeit unzulässig. Auch kann ein Arbeitgeber die Verteilung gewerkschaftlicher Unterlagen über ein hausinternes Postverteilungssystem untersagen (BAG, AP Nr. 55 zu Art. 9 GG).

Bei der Verteilung von Werbe- und Informationsmaterial muss der Arbeitnehmer also seine arbeitsvertraglichen Pflichten einhalten. Einrichtungen des Arbeitgebers darf er hierzu nicht beanspruchen. Die Verteilung des genannten Materials ist deshalb auf die Zeit vor Beginn bzw. nach dem Ende der Arbeitszeit sowie die vertraglichen Pausen beschränkt.

3. Hier hat der Arbeitnehmer A das Werbematerial während einer Arbeitspause verteilt. Diese Maßnahme hält sich in dem unter 2. genannten Rahmen.

Ergebnis: Die Verteilung war zulässig. Ein Beseitigungsrecht des Arbeitgebers besteht deshalb nicht.

III. Tätigkeit des C
1. Wie bereits dargestellt, ist Werbung, also auch Mitgliederwerbung, während der Arbeitszeit unzulässig. Bereits aus diesem Grund war das Auftreten des Gewerkschaftsvertreters rechtswidrig.

2. Überdies dürfen Werbemaßnahmen nur durch Gewerkschaftsmitglieder durchgeführt werden, die im Betrieb beschäftigt sind. Betriebsfremde Gewerkschaftsfunktionäre haben kein koalitionsrechtliches Zutrittsrecht zum Betrieb.

Zwar haben Gewerkschaftsvertreter ein Zutrittsrecht nach § 2 Abs. 2 BetrVG. Dieses Zutrittsrecht beschränkt sich allerdings auf die Wahrnehmung der im BetrVG genannten Aufgaben. Keine derartige Aufgabe ist die Mitgliederwerbung. Insoweit besteht kein Zutrittsrecht der Gewerkschaften.

Ergebnis: C durfte somit nicht bei der B-AG während der Arbeitszeit für seine Gewerkschaft werben. Die Untersagung des Zutritts des C durch die B-AG war damit zulässig.

Lösung Fall 46
Die umständliche Betriebsratswahl

Die Betriebsratswahl könnte erfolgreich angefochten werden, wenn gegen wesentliche Vorschriften über das Wahlrecht, die Wählbarkeit oder das Wahlverfahren verstoßen worden ist, es sei denn, dass durch den Verstoß das Wahlergebnis nicht geändert oder beeinflusst werden konnte, § 19 Abs. 1 BetrVG.

Seit dem 28. 7. 2001 gilt das durch das Betriebsverfassungsreformgesetz geänderte BetrVG. Die Betriebsratswahl ist daher an dem neuen BetrVG zu messen (zum neuen BetrVG vgl. auch *Michalski*, Arbeitsrecht, 7. Aufl., Rdn. 987 ff).

I. Errichtung von Betriebsräten
In Betrieben mit i. d. R. mindestens fünf ständig wahlberechtigten Arbeitnehmern, von denen drei wählbar sind, werden Betriebsräte gewählt, § 1 BetrVG.

Da im Betrieb der B-KG 60 Arbeitnehmer beschäftigt sind, bestehen insofern keine Bedenken. Der Sachverhalt enthält keine Anhaltspunkte dafür, dass die Arbeitnehmer allesamt jünger als 18 Jahre wären. Damit sind diese Arbeitnehmer auch wahlberechtigt, § 7 BetrVG.

Zumindest A, B und C sind seit dem 1. Januar 2007, mithin mehr als sechs Monate bei der B-KG beschäftigt. Damit sind zumindest drei Arbeitnehmer, die wählbar sind, im Betrieb der B-KG vorhanden, § 8 Abs. 1 BetrVG.

II. Vorbereitung und Durchführung der Wahl
1. Die Einleitung und Durchführung der Wahl obliegt dem Wahlvorstand, § 18 Abs. 1 BetrVG.

In den Fällen, in den ein Betriebsrat bereits besteht, bestellt dieser den Wahlvorstand, § 16 Abs. 1 S. 1 BetrVG.

Besteht – wie hier – kein Betriebsrat, so obliegt diese Aufgabe an sich dem Gesamtbetriebsrat oder, falls ein solcher nicht besteht, dem Konzernbetriebsrat, § 17 Abs. 1 BetrVG. Da aber auch diese Vertretungsorgane vorliegend nicht bestehen, muss der Wahlvorstand in einer Betriebsversammlung von der Mehrheit der anwesenden Arbeitnehmer gewählt werden, § 17 Abs. 2 BetrVG.

Die Wahl des Wahlvorstands musste nach bisherigem Recht stets in einer Betriebsversammlung erfolgen, deren Durchführung aufwendig und kostenintensiv ist. Indem diese Aufgaben nun dem Gesamtbetriebsrat bzw. dem Konzernbetriebsrat übertragen werden, sollen das Wahlverfahren vereinfacht und die Kosten einer Betriebsratswahl verringert werden.
Ebenfalls neu durch das Betriebsverfassungsreformgesetz ist § 14 a BetrVG eingeführt wurden. Dieser legt fest, dass in Betrieben mit i. d. R. fünf bis fünfzig Arbeitnehmern der Betriebsrat in einem zweistufigen Verfahren gewählt wird. Auf einer ersten Wahlversammlung wird der Wahlvorstand nach § 17 a Nr. 3 BetrVG von der Mehrheit der anwesenden Arbeitnehmer gewählt. Auf einer zweiten Wahlversammlung wird dann der Betriebsrat unter Wahrung der Grundsätze der geheimen und unmittelbaren Wahl gewählt. Diese Wahlversammlung findet eine Woche nach der Wahlversammlung

zur Wahl des Wahlvorstandes statt. Dieses vereinfachte Wahlverfahren soll dazu beitragen, dass wieder in mehr Betrieben Interessenvertretungen gebildet werden. Da vorliegend bei der B-KG jedoch i. d. R. 60 Arbeitnehmer beschäftigt sind, kann nicht auf das vereinfachte Wahlverfahren zurückgegriffen werden.

2. Die Einladung zu dieser Betriebsversammlung kann von drei wahlberechtigten Arbeitnehmern des Betriebs vorgenommen werden oder durch eine im Betrieb vertretene Gewerkschaft erfolgen, § 17 Abs. 3 BetrVG.

Nach h. M. soll auch der Arbeitgeber die Betriebsversammlung einberufen können (vgl. BAG, AP Nr. 1 zu § 17 BetrVG 1972; a. A. MünchArbR/*Joost*, § 304 Rdn. 151).

Hier erfolgte die Einladung zur Betriebsversammlung durch die Gewerkschaft des A. Dadurch, dass der A Mitglied der Gewerkschaft ist, war diese Gewerkschaft im Betrieb der B-KG vertreten (vgl. auch BAG, AP Nr. 4 zu § 2 BetrVG 1972). Die Gewerkschaft war daher befugt, zur Betriebsversammlung einzuladen. Bedenken gegen die Einladung zur Betriebsversammlung mittels Aushang am Schwarzen Brett bestehen nicht. Das BetrVG enthält hierfür keine Formvorschriften. Deshalb kann eine Einladung beispielsweise durch einen Aushang am Schwarzen Brett oder durch ein Rundschreiben oder ggf. durch ein Faltblatt, welches verteilt wird, vorgenommen werden. Voraussetzung ist lediglich, dass die Arbeitnehmer des Betriebs in jedem Fall über Zeit, Ort und Verhandlungsgegenstand der Betriebsversammlung informiert werden, damit sie Gelegenheit haben, an der Versammlung teilzunehmen (vgl. auch BAG, AP Nr. 6 zu § 17 BetrVG 1972).

3. Bei der Betriebsversammlung erschien jedoch nur der A. Für einen derartigen Fall enthält § 17 Abs. 4 BetrVG eine gesetzliche Regelung: findet trotz Einladung keine Betriebsversammlung statt oder wählt die Betriebsversammlung keinen Wahlvorstand, so bestellt das Arbeitsgericht auf Antrag von mindestens drei wahlberechtigten Arbeitnehmern oder einer im Betrieb vertretenen Gewerkschaft einen Wahlvorstand. Eine derartige Antragstellung beim zuständigen Arbeitsgericht war durch die im Betrieb der B-KG vertretene Gewerkschaft erfolgt.

Das BetrVG enthält keine Aussage dazu, ob die Durchführung einer Betriebsversammlung eine bestimmte Anzahl von anwesenden Arbeitnehmern voraussetzt. Daher wird zum Teil angenommen, dass schon die Anwesenheit eines Arbeitnehmers zur Durchführung einer Betriebsversammlung ausreichen soll. Jedoch stellt § 17 Abs. 2 BetrVG bei der Wahl auf die „Mehrzahl der anwesenden Arbeitnehmer" ab, ist also in der Mehrzahl formuliert, so dass eine Betriebsversammlung vorausgesetzt, dass mindestens drei Arbeitnehmer der Einladung gefolgt sein müssen und zum angegebenen Ort im Versammlungssaal gekommen waren (vgl. auch *Kreutz*, GK-BetrVG, § 17 Rdn. 19 und 36).

4. Der so bestellte Wahlvorstand muss aus wahlberechtigten Mitgliedern bestehen, § 16 Abs. 1 S. 1 BetrVG. Da der Sachverhalt keine anderslautenden Angaben enthält, ist davon auszugehen, dass A, D und E das 18. Lebensjahr vollendet haben und daher gem. § 7 BetrVG wahlberechtigt waren.

Die Vertretung der Arbeiter- und Angestelltengruppen im Wahlvorstand ist durch den Wegfall von § 10 BetrVG und Abschaffung des Gruppenprinzips obsolet geworden. Beibehalten ist, dass dem Wahlvorstand Männer und Frauen angehören sollen, wenn dem Betrieb beide Geschlechtergruppen angehören. Jedoch ist diese Bestimmung nicht zwingend; ein Verstoß führt nicht zur Anfechtbarkeit.

5. Die Wahl wurde vom Wahlvorstand durchgeführt.

Anhaltspunkte, die gegen eine ordnungsgemäße Durchführung der Wahl sprechen würden, enthält der Sachverhalt nicht.

6. Das Wahlergebnis wurde vom Wahlvorstand festgestellt, § 18 Abs. 1 BetrVG, und unverzüglich bekannt gegeben, § 18 Abs. 3 BetrVG.

Ergebnis: Die wesentlichen Vorschriften über das Wahlrecht, die Wählbarkeit und das Wahlverfahren wurden eingehalten. Eine Anfechtung der Wahl wird daher nicht erfolgreich sein.

Lösung Fall 47
Mitbestimmung bei der Erstellung einer Betriebsbußen-Ordnung

Frage 1: Mitbestimmungsrecht des Betriebsrats

Der Betriebsrat hätte dann ein Mitbestimmungsrecht, wenn es sich bei den „beförderungshemmenden Missbilligungen" um eine Betriebsbuße handeln würde.

I. Das BAG hat wiederholt festgestellt, dass das Mitbestimmungsrecht des Betriebsrats nach § 87 Abs. 1 Nr. 1 BetrVG auch das Recht beinhaltet, bei der Verhängung einer Betriebsbuße im Einzelfall mitzubestimmen (BAG, AP Nr. 1, 2 und 4 zu § 87 BetrVG 1972 Betriebsbuße).

Dieses Mitbestimmungsrecht folgt aus der in § 87 Abs. 1 Nr. 1 BetrVG gewährten Befugnis, Fragen der Ordnung des Betriebes und des Verhaltens der Arbeitnehmer im Betrieb gemeinsam und i.d.R. durch Betriebsvereinbarung normativ zu regeln. Das Zusammenleben und das Zusammenwirken von Arbeitnehmer und Arbeitgeber im Betrieb kann in einer Betriebsvereinbarung dergestalt geregelt werden, dass für Verfehlungen eines Arbeitnehmers eine Betriebsbuße ausgesprochen werden kann. Zweck der Mitbestimmung des Betriebsrats ist es, den Arbeitnehmer an der Gestaltung dieser betrieblichen Ordnung eine gleichberechtigte Teilhabe zu gewähren (BAG, AP Nr. 12 zu § 87 BetrVG 1972 Betriebsbuße).

Zu trennen ist dabei jedoch zwischen mitbestimmungspflichtigen Regelungen, die das Ordnungsverhalten zum Gegenstand haben und solchen Regelungen und Maßnahmen, die das Arbeitsverhalten des Arbeitnehmers betreffen. Bei Rügen des Arbeitgebers gegenüber dem Arbeitnehmer muss demnach unterschieden werden, ob eine Abmahnung zur Erinnerung an die arbeitsvertraglichen Pflichten oder eine Verwarnung mit moralischem Unwerturteil und Sanktionsfunktion erteilt wird. Nur im zweiten Fall hat der Betriebsrat ein Mitbestimmungsrecht.

Ob nun eine mitbestimmungsfreie Abmahnung oder eine mitbestimmungspflichtige Verwarnung vorliegt, ist im Zweifel durch Auslegung nach § 133 BGB zu bestimmen

(BAG, AP Nr. 2 zu § 87 BetrVG Betriebsbuße; *v. Hoyningen-Huene*, Betriebsverfassungsrecht, S. 263).

II. Damit ein Mitbestimmungsrecht des Betriebsrats besteht, müssen sich die vom Arbeitgeber ausgesprochenen „beförderungshemmenden Missbilligungen" als Betriebsbußen darstellen. Sie müssen also über das hinausgehen, was dem Arbeitgeber an individualrechtlichen Mitteln zur Verfügung steht, um auf ein pflichtwidriges Verhalten eines Arbeitnehmers zu reagieren.

1. Grundsätzlich kann der Arbeitgeber ein Verhalten eines Arbeitnehmers, welches er als eine Verletzung des Arbeitsvertrages ansieht, abmahnen. Zweck einer Abmahnung ist es, dem Arbeitnehmer dessen Verhalten als Vertragsverletzung aufzuzeigen, ihn für die Zukunft zur Einhaltung der vertraglichen Pflichten aufzufordern und für den Fall eines erneuten Verstoßes dessen Rechtsfolgen anzudrohen.

Regelmäßig wird eine solche Beanstandung als „Abmahnung" bezeichnet. Auf die äußere Bezeichnung kommt es allerdings nicht an, so dass auch eine „Rüge" oder ein „Verweis" eine Abmahnung darstellen kann. Abmahnungen unterliegen nicht der Mitbestimmung des Betriebsrats (MünchArbR/*Matthes*, § 333 Rdn. 24).

Weitere individualrechtliche Möglichkeiten des Arbeitgebers, auf Vertragsverletzungen zu reagieren, wären etwa die Zuweisung einer anderen Arbeit, die verhaltensbedingte Kündigung, Schadensersatz sowie bei entsprechender Vereinbarung die Durchsetzung einer Vertragsstrafe.

2. Über diese individualrechtlichen Maßnahmen hinaus kann der Arbeitgeber Verstöße gegen die kollektive betriebliche Ordnung auch mittels Betriebsbuße beanstanden. Kennzeichnend für diese ist, dass sie einen über den Warnzweck hinausgehenden Strafcharakter zur Sicherung der kollektiven Ordnung hat (vgl. BAG, AP Nr. 96 zu § 611 BGB Fürsorgepflicht) und gerade über die individualrechtlich zulässige Reaktion hinausgeht (vgl. MünchArbR/*Matthes*, § 333 Rdn. 22).

Der Sanktionscharakter kann sich unter Umständen schon aus der besonderen Form der Sanktion ergeben, etwa bei einer „strengen Rüge". Der Wortlaut ist aber nicht allein maßgebend, so dass es sich auch bei einer Rüge um eine Abmahnung handeln kann (BAG, AP Nr. 3 zu § 87 BetrVG 1972 Betriebsbuße). Deshalb sollte bei der Feststellung des Strafcharakters primär auf materielle Kriterien abgestellt werden, etwa ob eine „Brandmarkung" des Arbeitnehmers vorliegt oder eine Geldbuße oder andere Strafe bzw. Disziplinarmaßnahme verhängt wird.

Schutzgegenstand der Betriebsbuße ist die betriebliche Ordnung. Verstöße gegen die betriebliche Ordnung sind zugleich aber auch Vertragsverletzungen, die der Arbeitgeber mit individualrechtlichen Sanktionen ahnden kann. Bei der Abgrenzung von Betriebsbuße und individualrechtlicher Maßnahme kann daher nicht darauf abgestellt werden, ob mit ihr auf einen Verstoß gegen die betriebliche Ordnung reagiert wird (MünchArbR/*Matthes*, § 333 Rdn. 23).

III. Die vorliegend ausgesprochenen förmlichen Beanstandungen der C-GmbH sind also dann mitbestimmungspflichtig nach § 87 Abs. 1 Nr. 1 BetrVG, wenn deren Auslegung nach § 133 BGB ergibt, dass es sich bei ihnen um Missbilligungen mit Strafcharakter handelt.

Folge der Beanstandungen ist u.a., dass die davon betroffenen Arbeitnehmer Nachteile bei der Beförderung in der Weise erleiden, dass von einer befristeten Beförderungssperre gesprochen werden kann.

Damit geht von einer solchen Missbilligung mehr als nur eine Ermahnung des Arbeitnehmers sowie dessen Aufforderung zu zukünftigem vertragstreuen Verhalten aus. Die Beförderungssperre stellt eine zusätzliche Sanktion für das gerügte Verhalten dar.

Es liegt damit nicht nur lediglich eine Abmahnung vor, sondern eine Sanktion, die als Betriebsbuße einzuordnen ist. Mithin besteht ein Mitbestimmungsrecht des Betriebsrats nach § 87 Abs. 1 Nr. 1 BetrVG.

Frage 2: Zulässigkeit der „Ermahnung"

Wie gezeigt, handelt es sich bei der „Ermahnung" um eine mitbestimmungsrechtliche Betriebsbuße. Die Verhängung einer Betriebsbuße wird von der h. M. allgemein als zulässig angesehen, wenngleich eine derartige „Betriebsjustiz" der Strafgewalt des Staates überlassen bleiben sollte (vgl. *v. Hoyningen-Huene,* Betriebsverfassungsrecht, S. 263). Diese Strafgewalt hat ihre Grundlage in der Befugnis der Betriebspartner nach § 87 Abs. 1 Nr. 1 BetrVG zur gemeinsamen Regelung der Ordnung des Betriebes. Sie obliegt mithin nicht allein dem Arbeitgeber, sondern den Betriebspartnern gemeinsam. Der Strafcharakter einer Betriebsbuße erfordert es dabei, dass vor Verhängung einer Betriebsbuße eine Bußordnung mit Bußtatbeständen aufgestellt und bekannt gemacht wird. Eine solche Betriebsbußenordnung setzt zwingend die Mitbestimmung des Betriebsrats voraus (BAG, AP Nr. 1, 2 zu § 87 BetrVG 1972 Betriebsbuße).

Aus dem Strafcharakter folgt weiter, dass die Tatbestände der Bußordnung klar und eindeutig gefasst sind, ein rechtsstaatliches und ordnungsgemäßes Verfahren eingehalten und dem Betroffenen rechtliches Gehör gewährt wird (vgl. *Schaub,* Arbeitsrechtshandbuch, 12. Aufl., § 235 Rdn. 34).

Schließlich ist auch zu beachten, dass sich eine Betriebsbußenordnung nicht über zwingendes Recht hinwegsetzen darf. So ist beispielsweise eine Anprangerung des Arbeitnehmers durch Aushang der Rüge am schwarzen Brett als Verstoß gegen das Persönlichkeitsrecht unzulässig (vgl. MünchArbR/*Matthes,* § 333 Rdn. 27 f).

Für den vorliegenden Fall bleibt festzuhalten, dass allein die Mitbestimmung des Betriebsrats die Betriebsbußen nicht rechtmäßig macht. Zunächst ist vielmehr erforderlich, dass zwischen der C-GmbH und dem Betriebsrat eine dem Strafcharakter von Betriebsbußen gerecht werdende Bußordnung vereinbart und bekannt gemacht wird.

Lösung Fall 48
Der teure Betriebsrat

Die Auskunft des R:

I. Der Arbeitgeber ist gem. § 40 Abs. 1 BetrVG verpflichtet, die durch die Tätigkeit des Betriebsrats entstehenden Kosten zu tragen. Hierzu gehören zum einen die sachlichen Kosten des Betriebsrats, wie etwa Geschäftsführungskosten, ggf. Dolmetscherkosten, Druckkosten für Informationsblätter. Zum anderen werden auch die persönlichen Kosten der Betriebsratsmitglieder, z. B. Telefonauslagen und Fahrtkosten, von § 40 Abs. 1 BetrVG erfasst.

Daneben hat der Arbeitgeber für Sitzungen sowie für Sprechstunden und die laufende Geschäftsführung in erforderlichen Umfang Räume, sachliche Mittel und Büropersonal zur Verfügung zu stellen, § 40 Abs. 2 BetrVG. Da die Mitglieder des Betriebsrates in Arbeitsverhältnissen zum Arbeitgeber stehen, hat der Arbeitgeber die Lohnkosten ohnehin zu zahlen. Im Falle der Wahrnehmung von Betriebsratsaufgaben gilt der Grundsatz „ohne Arbeit kein Lohn" nicht, § 37 Abs. 2, 6 BetrVG. Um Streitigkeiten zwischen Arbeitgeber und Betriebsrat über die Arbeitsbefreiung nach § 37 Abs. 2 BetrVG vorzubeugen, sieht § 38 Abs. 1 BetrVG eine gesetzliche Pauschalierung vor, nach der Betriebsratmitglieder in bestimmtem Umfang vollständig von ihrer beruflichen Tätigkeit freizustellen sind.

Durch das Betriebsverfassungsreformgesetz wurde § 38 BetrVG geändert. Während bisher nur in Betrieben mit mindestens 300 Arbeitnehmern ein Betriebsratsmitglied vollständig von der Arbeit freizustellen war, erfolgt die Freistellung künftig schon in Betrieben mit mindestens 200 Arbeitnehmern. Hier erfolgte bisher eine teilweise Freistellung von der Arbeit unter entsprechender Entgeltfortzahlung. Die Zahl der von der Arbeit freigestellten Betriebsratsmitglieder erhöht sich beispielsweise
– in einem Betrieb mit 1000 Arbeitnehmern von bisher 2 auf 3 Mitglieder und
– in einem Betrieb mit 5000 Arbeitnehmern von bisher 6 auf 7 Mitglieder (vgl. im Einzelnen § 38 BetrVG).

II. Die Kosten für die Schulung des M könnten ebenfalls von § 40 Abs. 1 BetrVG erfasst sein.

1. Es war früher umstritten, ob zu den erstattungsfähigen Kosten i. S. d. § 40 Abs. 1 BetrVG auch solche für Schulungs- und Bildungsveranstaltungen gehören (vgl. *Schaub*, Arbeitsrechtshandbuch, 12. Aufl., § 222 Rdn. 10), da die Teilnahme an derartigen Veranstaltungen nicht zur Betriebsratstätigkeit als solcher gehört. § 37 Abs. 6 BetrVG enthält nur eine Regelung für die erstattungsfähige Arbeitszeit, nicht aber für die Kosten der Schulung selbst.

Das BAG hat jedoch entschieden, dass auch die erforderliche betriebsbezogene Schulung zur Tätigkeit eines Betriebsrats gehört (BAG, AP Nr. 2, 5, 7 zu § 40 BetrVG 1972). Daher sind die anfallenden Kosten für Fahrt, Übernachtung und Verpflegung, aber auch die Schulungskosten selbst gem. § 40 Abs. 1 BetrVG vom Arbeitgeber zu tragen.

Dem Grundsatz nach wären die Kosten für die Schulung des M und der A daher von der S-GmbH zu tragen.

2. Allerdings gilt für die Kostenerstattung der Grundsatz der Verhältnismäßigkeit. Daraus folgt einerseits, dass die Betriebsratsmitglieder die Kosten für den Betrieb möglichst gering halten müssen und etwa eine möglichst kurze Schulungsdauer am nächstgelegenen Schulungsort anzustreben ist. Zum anderen sind die Kosten für die Teilnahme an einer Schulungsveranstaltung nur dann zu erstatten, wenn die Schulung für die Betriebsratstätigkeit tatsächlich erforderlich ist, vgl. § 37 Abs. 1 S. 1 BetrVG. Die Vermittlung von Kenntnissen und Fähigkeiten ist dabei nur dann für die Betriebsratstätigkeit erforderlich, wenn sie unter Berücksichtigung der konkreten Situation im Betrieb und Betriebsrat benötigt werden, damit die Betriebsratsmitglieder ihre derzeit und demnächst anfallenden gesetzlichen Aufgaben sachgerecht wahrnehmen können. Kenntnisse, die für die Betriebsratstätigkeit nur verwertbar und nützlich sind, erfüllen diese Voraussetzungen nicht (BAG, NZA 1995, 381 f).

Bei einer Schulung, die von einer Gewerkschaft veranstaltet wird, braucht der Arbeitgeber zudem nur die tatsächlichen Kosten zu tragen, nicht den darüber hinausgehenden Gewinn für die Gewerkschaft (vgl. BAG, AP Nr. 42 und 48 zu § 30 BetrVG 1972) Dadurch soll verhindert werden, dass Koalitionskosten dem Arbeitgeber in Rechnung gestellt werden.

3. Bei der für M ausgewählten Schulungsveranstaltung geht es überwiegend um die rhetorische Schulung. Ein konkreter Bezug zwischen den durch die Schulung vermittelten Kenntnissen und der Betriebsratstätigkeit des M ist nicht ersichtlich. Die Veranstaltung mag für M zwar nützlich sein, bei einem 19-köpfigen Betriebsrat (vgl. § 9 BetrVG) ist jedoch nicht ersichtlich, dass gerade der M, der mit zahlreichen Funktionen betraut ist, nicht über die erforderlichen Mindestfähigkeiten verfügt, um sein Amt sachgerecht auszuüben.

Daraus folgt letztlich auch, dass Schulungs- und Bildungsveranstaltungen i. S. d. § 37 Abs. 7 BetrVG, die für die Ausübung der Betriebsratstätigkeit nicht erforderlich, sondern nur von der zuständigen Behörde als geeignet anerkannt worden sind, nicht von der Kostentragungspflicht des Arbeitgebers erfasst sind. Insofern hat das Betriebsratsmitglied zwar einen Anspruch auf Arbeitsfreistellung. Die weiteren Kosten der Teilnahme sind jedoch nicht erforderlich und daher vom Arbeitgeber nicht zu tragen (vgl. BAG, AP Nr. 6 zu § 37 BetrVG 1972).

Ergebnis: Mangels Erforderlichkeit sind die Kosten für die Teilnahme des M an der Schulungsveranstaltung nicht von der S-GmbH zu tragen.

4. Die beabsichtigte Schulungsveranstaltung der A ist dagegen angesichts des bestehenden erheblichen Aufklärungsbedarfs ohne weiteres erforderlich. Die Schulung der A soll gerade die Kenntnisse vermitteln, die notwendig und damit erforderlich sind, um die anstehenden Aufgaben des Betriebsrats auch nach den Neuerungen durch das Betriebsverfassungsreformgesetz fachgerecht zu erfüllen. Ein unmittelbarer Zusammenhang zur Betriebsratstätigkeit ist daher gegeben.

Ergebnis: Die S-GmbH ist gem. § 40 Abs. 1 BetrVG verpflichtet, die Kosten der Schulungsveranstaltung der A zu tragen.

III. Die Kosten für den Kommentar zum BetrVG und für das „Handelsblatt" sind dann von der B-GmbH dem Betriebsrat zu erstatten, wenn es sich um für die Betriebsratstätigkeit erforderliche sachliche Mittel handelt, § 40 Abs. 2 BetrVG.

1. Seinen Aufgaben kann der Betriebsrat nur gerecht werden, wenn er die ihm durch Gesetz zugewiesenen Handlungsspielräume kennt und die sich daraus ergebenden Problemstellungen einer sachgerechten Lösung zuführt. Dazu bedarf es einer laufenden aktuellen Unterrichtung über die mit seinen Aufgaben zusammenhängenden arbeits- und sozialrechtlichen Entwicklungen in Gesetzgebung und Rechtsprechung. Um diesem Informationsbedürfnis zu genügen, hat der Arbeitgeber dem Betriebsrat die jeweils auf aktuellem Stand befindlichen Gesetze und Kommentare zur Verfügung zu stellen. Dabei hat der Betriebsrat Anspruch auf die jeweils neueste Auflage von Kommentaren und auch ein Wahlrecht darüber, ob er an dem bisherigen Kommentar festhalten will oder ein anderes Werk wünscht (BAG, NZA 1995, 386 f).

Ergebnis: Die B-GmbH hat dem Betriebsrat den neuen Kommentar von Fitting/Kaiser/ Heither/Engels zur Verfügung zu stellen.

2. Zur notwendigen Ausstattung des Betriebsrates gehören neben Gesetzestexten und Kommentaren auch Fachzeitschriften jedenfalls dann, wenn es sich um einen Großbetrieb handelt (vgl. *Schaub,* Arbeitsrechtshandbuch, 12. Aufl., § 222 Rdn. 19). Dabei kann der Betriebsrat auf Kosten des Arbeitgebers auch tendenzbezogene Zeitschriften anschaffen (BAG, NJW 1984, 2309).

Die Überlassung einer Tageszeitung kann allerdings nicht verlangt werden, da keine spezifische Verbindung zur Tätigkeit des Betriebsrats besteht (BAG, NZA 1990, 448). Da es sich bei dem „Handelsblatt" um eine Tageszeitung mit wirtschaftlichem Schwerpunkt handelt, ist ein konkreter Bezug zur Tätigkeit des Betriebsrats der B-GmbH nicht ersichtlich.

Ergebnis: Die Kosten für die Anschaffung des „Handelsblatts" sind vom Arbeitgeber nicht zu erstatten.

IV. Gem. § 37 Abs. 2 BetrVG sind die Mitglieder des Betriebsrats von ihrer beruflichen Tätigkeit ohne Minderung des Arbeitsentgelts zu befreien, wenn und soweit es nach Umfang und Art des Betriebes zur ordnungsgemäßen Durchführung ihrer Aufgaben erforderlich ist. Über den Verweis des § 37 Abs. 6 BetrVG gilt dies auch dann, wenn die Betriebsratsmitglieder an einer für die Betriebsratstätigkeit erforderlichen Schulungs- und Bildungsveranstaltung teilnehmen. Zusätzlich gewährt § 37 Abs. 7 BetrVG einen Anspruch auf bezahlte Freistellung für die Teilnahme an Bildungs- und Schulungsveranstaltungen, die die oberste Arbeitsbehörde des jeweiligen Landes als geeignet anerkannt hat.

1. Wie bereits gezeigt, ist die von M beabsichtigte Schulung für dessen Betriebsratstätigkeit nicht erforderlich und fällt daher nicht unter § 37 Abs. 6 S. 1 BetrVG. Auch eine Berufung auf § 37 Abs. 7 BetrVG scheidet aus, da der Sachverhalt keine Anhaltspunkte für eine Anerkennung i. S. d. § 37 Abs. 7 S. 1 BetrVG enthält. Eine Arbeitsbefreiung des M nach § 37 Abs. 2 BetrVG scheidet aus.

2. Dagegen steht der A über § 37 Abs. 6 S. 1 BetrVG i. V. m. § 37 Abs. 2 BetrVG ein Befreiungsanspruch von der Arbeit zu, da sie eine für die Betriebsratstätigkeit erforderliche Schulung besuchen will.

V. Nach § 37 Abs. 3 BetrVG haben Betriebsratsmitglieder Anspruch auf entsprechende Arbeitsbefreiung unter Fortzahlung des Arbeitsentgelts, wenn ihre Betriebsratstätigkeit aus betriebsbedingten Gründen außerhalb der Arbeitszeit durchzuführen ist. Durch das Betriebverfassungsreformgesetz wird nun in § 37 Abs. 3 S. 2 BetrVG klargestellt, dass erforderliche Betriebsratsarbeit, die wegen unterschiedlicher Arbeitszeiten der Betriebsratmitglieder nicht innerhalb der persönlichen Arbeitszeit des einzelnen Betriebsratmitglieds durchgeführt werden kann, auch die Ausgleichsansprüche des Abs. 3 auslöst. Zudem enthält § 37 Abs. 6 S. 1 BetrVG jetzt neben dem bisher schon bestehenden Verweis auf § 37 Abs. 2 BetrVG auch einen solchen auf § 37 Abs. 3 BetrVG. Schulungen von Betriebsratmitgliedern außerhalb ihrer Arbeitszeit lösen nach der neuen Rechtslage daher einen Freizeitausgleichsanspruch aus.

Da A vorliegend einen ganztägigen Kurs besuchen will, steht ihr für die Kurszeit, die über die Arbeitszeit ihrer Halbtagsbeschäftigung hinausreicht, ein Freizeitausgleichsanspruch zu. Kann diese Arbeitsbefreiung aus betriebsbedingten Gründen nicht vor Ablauf eines Monats gewährt werden, so ist die zusätzlich aufgewendete Zeit wie Mehrarbeit zu vergüten, § 37 Abs. 3 S. 3 BetrVG.

> **Exkurs**
> Der Anspruch auf Kostenerstattung bezieht sich auf eine Betriebsratstätigkeit und ist daher eine betriebsverfassungsrechtliche Streitigkeit, über die das Arbeitsgericht im Beschlussverfahren nach §§ 2 a Abs. 1 Nr. 1, 80 ff ArbGG entscheidet. Bei einem Rechtsstreit über die Fortzahlung des Arbeitsentgelts bei Befreiung von der Arbeitstätigkeit infolge der Betriebsratstätigkeit oder darüber, ob der Arbeitgeber Freizeitausgleich bei Entgeltfortzahlung gewähren muss, handelt es sich dagegen um Streitigkeiten aus dem Arbeitsverhältnis, so dass das Arbeitsgericht im Urteilsverfahren nach § 2 Abs. 1 Nr. 3 a, 46 ArbGG entscheidet (vgl. *v. Hoyningen-Huene*, Betriebsverfassungsrecht, S. 180, 187).

Lösung Fall 49
Klagefrist und allgemeiner Feststellungsantrag

Das BAG wird folgende Entscheidung treffen (vgl. BAG, Urteil vom 7. 12. 1995 – 2 AZR 772/94 = NZA 1996, 334):

1. Auf die Revision des A wird das Urteil des LAG Hannover (Datum, Aktenzeichen) insoweit aufgehoben, dass es die Beendigung des Arbeitsverhältnisses der Parteien durch die Kündigung vom 5. Januar 2008 feststellt, die Abweisung der auf die gegenteilige Feststellung gerichteten Klage im Urteil des ArbG (Datum, Aktenzeichen) bestätigt und die hiergegen gerichtete Berufung des Klägers zurückgewiesen wird. Insoweit wird die Sache zur anderweitigen Entscheidung an das LAG zurückverwiesen.

2. Die Revision der Stadt Hannover wird als unzulässig verworfen.

Die Revision der Stadt Hannover ist mangels Zulassung unzulässig (§ 72 Abs. 1 ArbGG). Dagegen führt die Revision des A insoweit zur Aufhebung des angegriffenen Urteils und zur Zurückverweisung (§§ 562 Abs. 1, 563 Abs. 1 Satz 1 ZPO), als das LAG die Kündigung vom 5. Januar 2008 für wirksam erachtet hat.

I. Die Erwägungen des LAG zur Kündigung vom 12. Dezember 2007 hat das BAG nicht zu überprüfen, weil die Revision der Stadt Hannover nicht statthaft ist. In dem angegriffenen Urteil ist die Revision nämlich nur für A, nicht auch für die Stadt Hannover zugelassen. Für diese Beschränkung der Revisionszulassung spricht bereits der verkündete Tenor. Danach hat das LAG die Kosten des Rechtsstreits allein A auferlegt, also keine nennenswerte Beschwer der Stadt Hannover gesehen. Hinzu kommt, dass die Zulassung der Revision mit der Zurückweisung der weitergehenden Berufung des A in einem Absatz verbunden ist. Schon der verkündete Tenor lässt es daher höchst zweifelhaft erscheinen, ob die Revision unbeschränkt, d. h. auch für die Stadt Hannover eröffnet werden sollte. Jedenfalls bei einer derart offensichtlich auslegungsbedürftigen Rechtsmittelzulassung kann für die Auslegung auf die Entscheidungsgründe zurückgegriffen werden.

Etwa noch bestehende Zweifel werden vorliegend durch die Entscheidungsgründe ausgeräumt, wonach die Revision zugelassen wurde, soweit es die Rechtzeitigkeit der Klageerweiterung vom 9. Februar 2008 bezüglich der Kündigung vom 5. Januar 2008 anbelangt. Zwar konnte das LAG die Zulassung nicht auf einen einzelnen rechtlichen Gesichtspunkt beschränken, sondern nur auf einen solchen des Streitstoffes, über den auch durch Teil- oder Zwischenurteil entschieden werden könnte. Die Entscheidungsgründe lassen aber eindeutig erkennen, dass die Zulassung der Revision nur den Teil des Streitstoffes betreffen sollte, in dem es um die Wirksamkeit der Kündigung vom 5. Januar 2008 ging. Insoweit handelte es sich um einen abtrennbaren Streitgegenstand, weshalb gegen eine entsprechende Beschränkung der Revisionszulassung keine Bedenken bestehen. Durch die Entscheidung des LAG über diesen Teil des Streitgegenstandes war allein A beschwert, nicht die Stadt Hannover. Ihre Revision ist schon deshalb auch als unselbständige Anschlussrevision unzulässig, so dass offen bleiben kann, ob und ggf. unter welchen Voraussetzungen für die Bestimmung des Umfangs der Rechtsmittelzulassung auf die Rechtsmittelbelehrung des Urteils zurückgegriffen werden kann.

II. Der Auffassung des LAG zur Wirksamkeit der Kündigung vom 5. Januar 2008 folgt das BAG nicht.

1. A hat in der Revisionsbegründungsschrift ausgeführt, hinsichtlich der Wirksamkeit der ersten Kündigung der Stadt Hannover sei das Urteil des LAG zutreffend und solle aufrecht erhalten bleiben. In der mündlichen Verhandlung hat A ferner auf Fragen des Vorsitzenden gem. § 139 ZPO klargestellt, dass sein Hauptantrag auf die Feststellung der Unwirksamkeit der Kündigung abziele und die allgemeine Feststellung des Bestehens des Arbeitsverhältnisses der Parteien nunmehr mit dem Hilfsantrag begehrt werde. Der Hauptantrag des A ist deshalb dahingehend auszulegen, dass A unter teilweiser Aufhebung des Urteils des LAG und insoweit in Abänderung des Urteils des ArbG die Feststellung begehrt, das Arbeitsverhältnis der Parteien sei auch durch die Kündigung vom 5. Januar 2008 nicht aufgelöst worden. Mit diesem Antrag ist die Revision des A zulässig.

2. Die Revision ist ferner begründet, weil entgegen der Ansicht des LAG A ursprünglich zumindest auch einen Feststellungsantrag gem. § 256 Abs. 1 ZPO erhoben und hinsichtlich der Kündigung vom 5. Januar 2008 die Klagefrist der §§ 13 Abs. 1 Satz 2, 4 Satz 1 KSchG gewahrt hat.

a) Ob im Zeitpunkt des Ablaufs der Klagefrist ein Feststellungsantrag gem. § 256 ZPO vorliegt, mit dem das Fortbestehen des Arbeitsverhältnisses geltend gemacht und damit jeglicher Auflösungstatbestand negiert wird, ist im Zweifelsfall durch Auslegung zu ermitteln. Vorliegend hat A in erster Linie die Feststellung begehrt, dass das Arbeitsverhältnis zwischen den Parteien weiterhin bestehe. Sein Antrag auf allgemeine Feststellung des Fortbestehens des Arbeitsverhältnisses war schon von daher nicht bloß ein unselbständiger, floskelartiger Hinweis auf die üblichen Rechtsfolgen der Unwirksamkeit einer gem. §§ 13 Abs. 1 S. 2, 4 S. 1 KSchG angegriffenen Kündigung, sondern als das erstrangige Rechtsschutzbegehren des A ausgewiesen. Hinzu kommt, dass A bereits in der Klageschrift auf andere arbeitsrechtliche Auseinandersetzungen mit der Stadt Hannover sowie darauf hingewiesen hatte, die Stadt Hannover habe das Kündigungsschreiben vom 12. Dezember 2007 mehrfach zugestellt. Dies deutete zumindest objektiv auf die Gefahr weiterer Auflösungstatbestände und möglicher Folgekündigungen hin, woraus sich ein über den bloßen Kündigungsantrag hinausgehendes Feststellungsinteresse ergeben konnte. Unter diesen Umständen kann dem erstrangigen Feststellungsantrag des A selbständige Bedeutung nicht abgesprochen werden. Der Antrag war als solcher ernst zu nehmen, unabhängig davon, ob bereits damals ein ausreichendes Feststellungsinteresse wirklich bestand. Die Reichweite des Rechtsschutzbegehrens hängt nicht von seiner Zulässigkeit ab. Eine mangels Feststellungsinteresse zunächst unzulässige Klage kann im Laufe des Verfahrens zulässig werden, wenn eine Veränderung der Umstände das Feststellungsinteresse begründet. Es kann danach vorliegend offen bleiben, ob schon der bloße Zusatz „... sondern fortbesteht" zum Kündigungsantrag gem. § 4 KSchG regelmäßig als Antrag i. S. d. § 256 ZPO auszulegen ist, weil er meist von Anwälten und Rechtssekretären in Kenntnis des Senatsurteils vom 21. Januar 1988 (NZA 1988, 2691) zur Vermeidung eines möglichen Rechtsverlustes durchaus bewusst und von daher ernst gemeint angefügt wird. Es bedarf auch keiner Entscheidung, inwieweit erst nach Ablauf der Klagefrist – z. B. auf richterlichen Hinweis gem. § 139 Abs. 1 S. 2 ZPO – erfolgte Klarstellungen noch zur Antragsauslegung herangezogen werden können. Unabhängig davon hatte A hier eine „echte" Feststellungsklage gem. § 256 Abs. 1 ZPO erhoben.

b) Im Rahmen dieser Feststellungsklage, mit der A jeglichen Auflösungstatbestand für den Zeitraum bis zum Schluss der mündlichen Verhandlung negierte, konnte sich der

Kläger auf die Unwirksamkeit weiterer Kündigungen, hier also auf die der Kündigung vom 5. Januar 2008, berufen, auch wenn er sie erst später als drei Wochen nach Zugang der Kündigung in den Prozess einführte. Dies entspricht der ständigen Rechtsprechung des BAG. An ihr hält der Senat trotz der zum Teil in der Literatur geäußerten Kritik jedenfalls für den Fall fest, dass die Unwirksamkeit der Kündigung gem. § 1 Abs. 2 und 3 KSchG bzw. i. S. v. §§ 13 Abs. 1 S. 2 KSchG, 626 BGB bis zum Schluss der mündlichen Verhandlung erster Instanz geltend gemacht wird (§ 6 KSchG). Der speziellen Geltendmachung der Unwirksamkeit steht nicht die schon mit dem Feststellungsantrag nach § 256 ZPO gegebene Rechtshängigkeit entgegen. In der nachträglichen Erhebung des Kündigungsschutzantrages i. S. d. § 4 KSchG liegt nämlich grundsätzlich zugleich eine – gem. §§ 264 Nr. 2 ZPO, 6 KSchG stets zulässige – Änderung des Feststellungsantrages insoweit, als dieser den Zeitraum vor dem mit der nun speziell angegriffenen Kündigung vorgesehenen Auflösungszeitpunkt erfasst. Wird daneben der allgemeine Feststellungsantrag gem. § 256 ZPO aufrecht erhalten, bezieht er sich nunmehr auf die Zeit danach und gewöhnlich weiterhin bis zum Schluss der mündlichen Verhandlung. Spätestens zum letztgenannten Zeitpunkt muss für den weiterhin gestellten allgemeinen Feststellungsantrag allerdings ein nicht mehr aus den speziell angegriffenen Kündigungen herleitbares Rechtsschutzinteresse an alsbaldiger Feststellung i. S. d. § 256 Abs. 1 ZPO vorliegen, soweit sich die Zulässigkeit nicht ausnahmsweise aus § 256 Abs. 2 ZPO ergibt; andernfalls ist die Klage teilweise abzuweisen.

Danach hat A für die Kündigung vom 5. Januar 2008 die Klagefrist der §§ 13 Abs. 1 S. 2, 4 S. 1 KSchG jedenfalls dadurch gewahrt, dass er mit Schriftsatz vom 9. Februar 2008 die Feststellung beantragt hat, das Arbeitsverhältnis sei durch die genannte Kündigung nicht beendet worden, wobei er sich zur Begründung u. a. auf das Fehlen eines wichtigen Grundes und die Nichteinhaltung der Frist des § 626 Abs. 2 BGB berufen hat. Ob die genannte Kündigung gem. § 626 BGB rechtswirksam ist, kann das BAG mangels ausreichender tatsächlicher Feststellungen des LAG nicht selbst entscheiden. Das angegriffene Urteil war deshalb insoweit aufzuheben und die Sache zur erneuten Verhandlung und Entscheidung, auch über die in der Revisionsinstanz angefallenen Kosten, zurückzuverweisen.

Das hier nachgebildete Urteil des BAG (NZA 1996, 334 ff) ist durch die BAG-Entscheidung vom 13. 3. 1997 (vgl. BAG, NZA 1997, 844 ff) bestätigt wurden. Vgl. zur Entwicklung der Rechtsprechung zum allgemeinen Feststellungsantrag und zum punktuellen Kündigungsschutzantrag auch *Michalski*, Arbeitsrecht, 6. Aufl., Rdn. 1359 ff; *Diller*, NZA 1994, 830 ff; NJW 1996, 2141; NZA 1998, 663. In der Entscheidung vom 21. 6. 2001 (NZA 2001, 271) stellt das BAG klar, dass „sonstige Unwirksamkeitsgründe" i. S. d. § 13 Abs. 3 KSchG mit der allgemeinen Feststellungsklage nach § 256 ZPO geltend gemacht werden müssen und insofern die Klagefrist des § 4 KSchG nicht gilt (vgl. dazu *Berkowsky*, NZA 2001, 801).

Lösung Fall 50
Fristwahrende Schriftsätze und das Telefax

Mit der vom LAG zugelassenen Revision begehrt der Arbeitgeber die Wiedereinsetzung in den vorherigen Stand gegen die Versäumung der Berufungsbegründungsfrist sowie die Aufhebung des angefochtenen Urteils des LAG.

Die Revision ist unbegründet. Dem Arbeitgeber kann die Wiedereinsetzung gegen die Versäumung der Berufungsbegründungsfrist nicht gewährt werden, weil die Voraussetzungen des § 233 ZPO nicht dargelegt sind.

Die Berufung wurde nicht fristgerecht begründet. Gem. §§ 66 Abs. 1 S. 1 und 4 ArbGG, 187 Abs. 1, 188 Abs. 1 BGB hätte die Berufungsbegründung beim LAG spätestens am 8. Mai 2008 eingehen müssen. Der Eingang per Telefax beim Gewerbeaufsichtsamt an diesem Tag konnte die Frist nicht wahren. Beim LAG ging die Berufungsbegründung erst am 9. Mai 2008 und damit verspätet ein.

Gegen die Fristversäumung hat der Arbeitgeber zwar in zulässiger Weise Wiedereinsetzung in den vorherigen Stand beantragt; insbesondere hat er den Antrag in der gebotenen Form (§ 236 ZPO) und innerhalb der hierfür geltenden Frist (§ 234 ZPO) gestellt. Der Antrag ist jedoch sachlich unbegründet. Es kann nämlich nicht ausgeschlossen werden, dass die Fristversäumung auf einem Organisationsverschulden des Prozessbevollmächtigten des Arbeitgebers i. S. v. § 233 ZPO beruht, welches dem Arbeitgeber gem. § 85 Abs. 2 ZPO zuzurechnen ist. Fristgebundene Schriftsätze können mit Telefax fristwahrend übermittelt werden. Dabei darf der Rechtsanwalt das Absenden der Telekopie auch einer zuverlässigen, hinreichend geschulten und überwachten Bürokraft übertragen. Allerdings ist der Rechtsanwalt gehalten, durch entsprechende organisatorische Maßnahmen Fehlerquellen bei der Behandlung von Fristsachen in größtmöglichem Umfang auszuschließen. Für die richtige Adressierung des Schriftsatzes trägt der Rechtsanwalt auch bei der Übermittlung per Telefax die persönliche Verantwortung; soweit er die Adressierung seinem Büropersonal überlässt, hat er sie selbst auf Vollständigkeit und Richtigkeit zu überprüfen.

Streitig ist allerdings, ob dies auch für die Ermittlung der richtigen Telefaxnummer des zutreffend bezeichneten Empfängers gilt. Selbst wenn man aber annehmen wollte, der Anwalt müsse die zutreffende Telefaxnummer weder selbst feststellen noch selbst überprüfen, so ist doch nicht zu übersehen, dass bei der Ermittlung und der Eingabe der Empfängernummer leicht Fehler unterlaufen können, sei es, dass – wie hier – die Nummer im Telefaxverzeichnis aus einer falschen Zeile entnommen wird, sei es, dass bei der Ermittlung aus der Akte statt der Nummer des Gerichts die Nummer eines anderen Prozessbeteiligten abgelesen wird oder bei der Eingabe der richtig ermittelten Nummer versehentlich eine falsche Ziffer verwendet wird. Zur Vermeidung der Fristversäumung auf Grund solcher und ähnlicher Fehler hat der Rechtsanwalt die möglichen und zumutbaren organisatorischen Vorkehrungen zu treffen. Dazu gehört die Anweisung an das Büropersonal, den Sendebericht nicht nur auf die vollständige und fehlerfreie Übermittlung des Textes, sondern auch auf die richtige Empfängernummer abschließend zu kontrollieren, denn die Verwendung der richtigen Empfängernummer kommt im Telefaxverkehr der Adressierung des Schriftsatzes gleich.

Dass im Büro des Prozessbevollmächtigten eine solche Anweisung bestanden hätte, hat die Beklagte nicht vorgetragen. Es ist auch nicht ersichtlich, dass eine solche abschließende Kontrolle des Sendeberichts einschließlich der Empfängernummer erfolgt ist, denn anderenfalls hätte der unterlaufene Ablesefehler festgestellt und die Berufungsbegründung dem LAG noch fristgerecht übermittelt werden können. Das LAG hat demnach die Berufung zu Recht gem. §§ 64 Abs. 6 ArbGG, 522 Abs. 1 ZPO als unzulässig verworfen.

Die Zurechnung des Verschuldens des Prozessbevollmächtigten ist eine in allen Gerichtszweigen auftauchende Problematik (§ 85 ZPO findet über Verweisungen zumeist auch in anderen Gerichtsordnungen Anwendung; vgl. etwa § 173 VwGO, § 202 SGG). Nach § 85 Abs. 2 ZPO wird der prozessführenden Partei das Verschulden ihres Bevollmächtigten zugerechnet. Dagegen ist das Verschulden von Hilfspersonen des Prozessbevollmächtigten nicht zurechenbar. Wie der vorliegende Fall zeigt, ist aber weiter zu prüfen, ob nicht doch ein zurechenbares Verschulden des Prozessbevollmächtigten gerade darin lag, dass er Aufgaben durch seine Bürokräfte erledigen lies, die an sich durch ihn selbst vorzunehmen waren oder ihn sonst ein Organisationsverschulden trifft (vgl. zum Anwaltsverschulden auch BVerfG, NZA 2000, 789; allgemein *Thomas/Putzo/Hüßtege*, ZPO, 28. Aufl., § 85 Rdn. 7 ff; 233 Rdn. 10 ff; zur Zurechnung des Verschuldens des Prozessbevollmächtigten i. R. d. § 5 KSchG vgl. HK-*Hauck*, § 5 Rdn. 53).

Stichwortverzeichnis

(Die Zahlen verweisen auf die Seite)